50 IDEIAS DE ECONOMIA QUE VOCÊ PRECISA CONHECER

4ª reimpressão

EDMUND CONWAY

50 IDEIAS DE ECONOMIA QUE VOCÊ PRECISA CONHECER

Tradução de
Marcello Borges

Planeta

Título original: *50 economics ideas you really need to know*

Preparação: Arlete Sousa
Revisão: Juliana Caldas e Iracy Borges
Diagramação: Balão Editorial
Capa: Compañía

CIP-BRASIL. CATALOGAÇÃO NA FONTE
SINDICATO NACIONAL DOS EDITORES DE LIVROS, RJ

C74c
Conway, Edmund
50 ideias de economia que você precisa conhecer / Edmund Conway; tradução Marcello Borges. - 1. ed. - São Paulo: Planeta, 2015.

Tradução de: 50 economy ideas you really need to know
ISBN 978-85-422-0519-0

1. Economia. I. Título: cinquenta ideias de economia que você precisa saber.

15-20773 CDD: 330
CDU: 330

2020

EDITORA PLANETA DO BRASIL LTDA.
Rua Bela Cintra, 986 – 4º andar
01411-000 – Consolação
São Paulo – SP
www.planetadelivros.com.br
faleconosco@editoraplaneta.com.br

Sumário

Introdução *7*

O BÁSICO

01. A mão invisível *10*
02. Oferta e demanda *14*
03. A armadilha malthusiana *18*
04. Custo de oportunidade *22*
05. Incentivos *26*
06. Divisão do trabalho *30*
07. Vantagem comparativa *34*

OS MOVIMENTOS

08. Capitalismo *38*
09. Keynesianismo *42*
10. Monetarismo *46*
11. Comunismo *50*
12. Individualismo *54*
13. Economia do lado da oferta *58*
14. A revolução marginalista *62*

COMO FUNCIONA A ECONOMIA

15. Dinheiro *66*
16. Micro e macro *70*
17. Produto Interno Bruto *74*
18. Bancos centrais e taxas de juros *78*
19. Inflação *82*
20. Dívida e deflação *86*
21. Impostos *90*
22. Desemprego *94*
23. Moedas e taxas de câmbio *98*
24. Balança de pagamentos *102*
25. A confiança e a lei *106*
26. Energia e petróleo *110*

FINANÇAS E MERCADOS

27. Mercados de títulos *114*
28. Bancos *118*
29. Ações e valores *122*
30. O risco nos negócios *126*
31. O ciclo econômico *130*
32. Pensões e o Estado de bem-estar social *134*
33. Mercados monetários *138*
34. Estourando bolhas *142*
35. Crises de crédito *146*

OS PROBLEMAS

36. Destruição criativa *150*
37. Casa própria e preços de imóveis *154*
38. Déficit público *158*
39. Desigualdade *162*
40. Globalização *166*
41. Multilateralismo *170*
42. Protecionismo *174*
43. Revoluções tecnológicas *178*

ECONOMIA ALTERNATIVA

44. Economia do desenvolvimento *182*
45. Economia ambiental *186*
46. Economia comportamental *190*
47. Teoria dos jogos *194*
48. Economia da vida diária *198*
49. Economia da felicidade *202*
50. Economia do século XXI *206*

Glossário *208*
Índice *212*

Introdução

"Uma [matéria] triste, árida e, na verdade, muito abjeta e dolorosa. É como poderíamos chamar, a título honorífico, a ciência triste."

Essa descrição da economia feita por Thomas Carlyle data de 1849, mas, por bem ou por mal, acabou permanecendo. E não deveríamos nos surpreender. A economia é um assunto que, de modo geral, as pessoas só percebem quando as coisas vão mal. Só quando a economia enfrenta uma crise e milhares perdem seus empregos, os preços sobem muito ou caem depressa demais, é que damos atenção a essa disciplina. Sem dúvida, nesses momentos ela parece bem triste, especialmente quando acentua os desafios e as restrições com que nos defrontamos, destaca a realidade de que não podemos ter tudo aquilo que queremos e ilustra o fato de que os seres humanos são intrinsecamente imperfeitos.

À maneira típica dos economistas, devo acrescentar que a verdade é bem menos simples. Se fosse meramente o estudo de números, estatísticas e teorias, então talvez a analogia da ciência triste pudesse encontrar uma base mais sólida. Contudo, a economia é, em essência, o estudo das pessoas. É uma investigação sobre a maneira como as pessoas têm sucesso, sobre o que as faz felizes ou contentes, sobre como a humanidade conseguiu, ao longo de gerações, tornar-se mais saudável e próspera do que antes.

A economia examina aquilo que leva os seres humanos a fazer o que fazem, e observa como reagem quando enfrentam dificuldades ou o sucesso. Investiga as escolhas feitas pelas pessoas quando estão diante de um conjunto limitado de opções e a maneira como negociam essas opções com outras pessoas. É uma ciência que abrange a história, a política, a psicologia e, claro, uma ou outra equação. Se cabe à história nos dizer os erros que cometemos no passado, cabe à economia descobrir como fazer as coisas de maneira diferente da próxima vez.

Se ela terá êxito nisso, já é outra questão. Quando este livro estava quase concluído, o mundo enfrentava uma das maiores crises financeiras da história: décadas de dívidas sobrecarregaram os mercados internacionais. Algumas das maiores e mais antigas instituições financeiras, lojas e fábricas entraram em colapso. A crise teve muitos aspectos inéditos – instrumentos financeiros novos e complexos, por exemplo, e novos relacionamentos econômicos, pois, pela primeira vez desde o término da Guerra Fria, a posição dos Estados Unidos como superpotência global foi questionada. Na verdade, porém, foi muito semelhante a diversas crises do passado. Se podemos cometer novamente os mesmos erros – questionaram-se muitos – qual é a finalidade da economia?

A resposta é bem simples. O conhecimento que acumulamos durante séculos sobre a melhor maneira de administrar nossas economias tornou-nos mais ricos, mais saudáveis e longevos do que nossos antepassados poderiam imaginar. Mas isso não é, de forma alguma, um fato consumado. Basta olhar para países da África subsaariana ou de partes da Ásia, nos quais as pessoas estão nas mesmas condições da Europa medieval, para perceber que nossa prosperidade não está assegurada. Com efeito, ela é extremamente frágil, mas, como é usual na economia, consideramos esse sucesso algo líquido e certo, e preferimos nos concentrar no lado triste das coisas.

A natureza humana é assim. Muitos livros de economia tentam desfazer tais ilusões. É meio desesperador e, para ser sincero, não é do meu feitio. A meta deste livro é, simplesmente, explicar o funcionamento da economia. O segredo bom da economia é que ela não é nem um pouco complicada; e por que deveria sê-lo? É o estudo da humanidade, e, como tal, suas ideias são pouco mais do que bom senso.

Este livro não deve ser lido como uma narrativa contínua: cada uma dessas cinquenta ideias faz sentido sozinha, embora eu tenha sublinhado pontos de outros capítulos que podem ser interessantes.

Minha esperança é que, depois de ter lido a maioria das ideias, você possa pensar um pouco mais como um economista, fazendo perguntas sobre a razão para agirmos tal como agimos, rejeitando a sabedoria convencional, compreendendo que até as coisas mais simples da vida são mais complicadas do que parecem – e que são ainda mais belas por causa disso.

Um exemplo disso é esta introdução. O normal é o autor agradecer a todos que ajudaram a fazer com que o livro fosse produzido. Mas, por onde começar? Devo começar agradecendo aos donos da floresta em que a madeira usada para fazer as páginas foi derrubada? Ou aos operários que fabricaram a tinta que ocupa as páginas? Ou aos operadores das máquinas na encadernadora chinesa onde o livro foi composto? Como tantas coisas deste mundo interconectado, milhões de pessoas tiveram seu papel na criação deste livro – desde os editores e produtores do livro que você tem em mãos às empresas de transporte que o levaram da China até sua livraria, entre muitas outras. (Para descobrir por que o livro foi impresso na China, leia o capítulo sobre globalização.)

No caso deste livro, ele é fruto de milhares de conversas que tive com economistas, professores, financistas, empresários e políticos nos últimos anos, e da excelente literatura sobre economia disponível nas prateleiras das livrarias e, o que é ainda mais excitante, na internet.

Muitas das ideias fazem eco com aquelas apresentadas por economistas proeminentes e não tão proeminentes, numerosos demais para poderem ser citados. Todavia, devo agradecer ainda a Judith Shipman, da Quercus, por me permitir participar desta excelente série; a meus revisores, Nick Fawcett e Ian Crofton; a Vicki e Mark Garthwaite por me proporcionarem um lugar para escrevê-lo; a David Litterick, Harry Briggs e Olivia Hunt por suas sugestões; e à minha mãe e meus demais familiares por seu apoio.

Edmund Conway, 2009

01 A mão invisível

"A cobiça é boa", declarou Gordon Gekko, vilão do filme clássico da década de 1980, *Wall Street – poder e cobiça*, confirmando, em uma única frase, os piores receios da sociedade educada sobre os financistas. Nesse mundo cruel de Manhattan, a avareza declarada não era motivo para vergonha: devia ser envergada com orgulho, como camisas listradas e suspensórios vermelhos.

Se o filme foi chocante no final do século XX, tente imaginar como uma declaração dessas teria soado dois séculos antes, quando a vida intelectual ainda era dominada pela Igreja e definir seres humanos como animais econômicos era quase uma blasfêmia. Agora você pode ter uma noção do impacto causado pela ideia radical da "mão invisível", de Adam Smith, quando a propôs no século XVIII. Apesar disso, tal como seu descendente hollywoodiano, seu livro foi um grande sucesso comercial, esgotando-se em sua primeira edição e mantendo-se, desde então, como parte do cânone.

O papel do interesse pessoal A "mão invisível" é uma forma sintética de expressar a lei da oferta e da demanda (veja o capítulo 2), e explica como o "puxa e empurra" desses dois fatores serve para beneficiar toda a sociedade. Em termos simples, o conceito é o seguinte: não há nada de errado se as pessoas agem em interesse pessoal. Num mercado livre, a força combinada de todos que lutam por seus interesses individuais beneficia a sociedade como um todo, enriquecendo todos.

Smith usou a frase apenas três vezes em sua obra-prima *A riqueza das nações*, de 1776, mas um trecho fundamental realça sua importância:

> [O indivíduo] não tem a intenção de promover o interesse público, nem sabe o quanto o promove... ao dirigir [sua] atividade de maneira a valorizar ao máximo a sua produção, visa apenas seu próprio lucro, e nisto, como em muitos outros casos, é guiado por uma mão invisível a

linha do tempo

350 a. C.	1723	1759
Aristóteles declara que a propriedade deve ser privada	Nascimento de Adam Smith	Publicação de *Teoria dos sentimentos morais*, de Adam Smith

> promover um fim que não fazia parte de sua intenção... Ao buscar seu interesse pessoal, frequentemente ele promove o da sociedade de maneira mais eficiente do que quando de fato tem a intenção de promovê-lo. Nunca soube de bons feitos por parte daqueles que afetam as trocas em nome do bem público.

A ideia ajuda a explicar por que os mercados livres têm sido tão importantes para o desenvolvimento de sociedades modernas complexas.

Aprendendo com a mão Vamos tomar como exemplo um inventor, Thomas, que teve a ideia de criar um novo tipo de lâmpada, mais eficiente, duradoura e luminosa que as demais. Ele o fez para atender a seu interesse pessoal, esperando ficar rico ou talvez famoso. O subproduto será o benefício da sociedade como um todo, criando empregos para aqueles que produzem as lâmpadas e melhorando a vida (e a sala de visitas) daqueles que as compram. Se não houvesse demanda para a lâmpada elétrica, ninguém as teria comprado de Thomas e, na verdade, a mão invisível teria lhe dado um tapa por cometer tal erro.

De modo análogo, como Thomas conseguiu se estabelecer, outros podem vê-lo ganhando dinheiro e, assim, tentam superá-lo criando lâmpadas melhores e mais luminosas, de maneira que também começam a ganhar dinheiro. Entretanto, a mão invisível nunca dorme. Thomas reduz seus preços, que ficam abaixo da concorrência, garantindo mais vendas. Os consumidores, encantados, beneficiam-se de lâmpadas ainda mais baratas.

Em cada estágio do processo, Thomas estaria atuando segundo seu interesse pessoal, e não o da sociedade, mas, contrariamente ao que sugeriria a intuição, todos se beneficiariam disso. De certo modo, a teoria da mão invisível é análoga à ideia da matemática – dois negativos produzem um positivo. Se uma pessoa age em seu próprio interesse, mas todos os demais estão sendo altruístas, a sociedade não terá benefícios.

Um exemplo é o da Coca-Cola, que mudou a receita de seu refrigerante efervescente na década de 1980 para atrair bebedores mais jovens e interessantes. No entanto, a New Coke foi um completo desastre: o público não gostou da mudança e as vendas despencaram. A mensagem da mão invisível foi clara, e a Coca-Cola, com lucros

1776
Publicação de *A riqueza das nações*, de Adam Smith

2007
A contribuição de Smith como pai da economia é reconhecida na nota de £ 20

ADAM SMITH (1723-1790)

O pai da economia foi um herói radical, um tanto quanto inesperado, da pequena cidade escocesa de Kirkcaldy. Apropriadamente para o primeiro economista, Smith era um acadêmico excêntrico que se considerava um forasteiro, e de vez em quando se lamentava por sua aparência física incomum e pela falta de atributos sociais. Como muitos de seus herdeiros modernos, seu gabinete na Universidade de Glasgow tinha pilhas caoticamente altas de documentos e livros. De vez em quando, viam-no falando sozinho – e ainda por cima era sonâmbulo!

Smith criou a expressão "mão invisível" em seu primeiro livro, *Teoria dos sentimentos morais* (1759), que se concentrava na maneira como os seres humanos interagem e se comunicam e no relacionamento entre retidão moral e a busca inata do homem pelo interesse pessoal. Após deixar Glasgow para ser tutor do jovem Duque de Buccleuch, começou a trabalhar no livro que depois se tornaria, em seu título completo, *Uma investigação sobre a natureza e as causas da riqueza das nações*.

Depois disso, Smith tornou-se uma espécie de celebridade, e suas ideias não apenas influenciaram todos os grandes nomes da economia como ajudaram a impelir a Revolução Industrial e a primeira onda de globalização, que terminou com a Primeira Guerra Mundial. Nos últimos 30 anos, Smith voltou a se tornar herói, com suas ideias sobre mercados livres, livre-comércio e divisão do trabalho (veja o capítulo 6) embasando o pensamento econômico moderno.

Merecidamente, em 2007, Smith foi homenageado na qualidade de primeiro escocês a aparecer no papel-moeda do Banco da Inglaterra, com seu rosto estampado na nota de £ 20.

em queda, tirou a New Coke do mercado após alguns meses. A versão anterior tornou a circular, e os consumidores ficaram felizes – bem como os diretores da Coca-Cola, uma vez que seus lucros voltaram a crescer rapidamente.

Smith admitiu que havia circunstâncias nas quais a teoria da mão invisível não funcionava. Entre elas, um dilema conhecido como a "tragédia dos comuns". O problema é que, quando existe uma oferta limitada de determinado recurso, como pastos em uma área comum, aqueles que exploram a terra fazem-no em detrimento de seus vizinhos. É um argumento que tem sido usado com veemência por aqueles que fazem campanhas contra as alterações climáticas (veja o capítulo 45).

Limites aos mercados livres Apesar de a ideia da mão invisível ter sido aproveitada ocasionalmente por políticos de direita nas últimas décadas, não é uma teoria que representa necessariamente uma posição política específica. É uma teoria econômica positiva (veja o capítulo 16), embora desautorize seriamente aqueles que pensam que as economias podem ser mais bem administradas de cima para baixo, com os governos decidindo o que deve ser produzido.

“Não é da benevolência do açougueiro, do cervejeiro ou do padeiro que esperamos o jantar, mas da consideração que têm por seus próprios interesses. Apelamos não à sua humanidade, mas ao seu amor-próprio, e nunca lhes falamos de nossas necessidades, mas das vantagens que eles podem obter.”
Adam Smith

A mão invisível destaca o fato de que os indivíduos – e não governos ou administradores – deveriam poder decidir o que produzir e consumir, mas há algumas condições importantes. Smith tomou o cuidado de distinguir o interesse pessoal da pura cobiça egoísta. É de nosso interesse pessoal ter um conjunto de leis e regulamentos que nos protejam de sermos tratados injustamente como consumidores. Incluem-se aí os direitos de propriedade, patentes, direitos autorais e leis que protegem os trabalhadores. A mão invisível precisa ser apoiada pela regra da lei.

Foi isso que Gordon Gekko não entendeu. Alguém que é movido pura e simplesmente pela cobiça pode decidir burlar a lei na tentativa de enriquecer em detrimento dos demais. Adam Smith nunca teria aprovado isso.

A ideia condensada: o interesse pessoal é bom para a sociedade

02 Oferta e demanda

No coração da economia e no centro das relações humanas encontra-se a lei da oferta e da demanda. A maneira como essas duas forças interagem determina os preços dos produtos nas lojas, os lucros das empresas e a razão pela qual uma família fica rica e outra se mantém pobre.

A lei da oferta e da demanda explica por que os supermercados cobram bem mais por salsichas *premium* do que pelas normais, e também qual a razão de uma empresa de informática cobrar mais dos consumidores por um notebook só porque mudou sua cor. Assim como algumas regras elementares determinam a matemática e a física, a interação simples entre oferta e demanda pode ser encontrada em todos os lugares.

Ela está nas ruas movimentadas de Otavalo, no Equador, e nas largas avenidas próximas a Wall Street, em Nova York. Apesar das diferenças superficiais – as ruas empoeiradas da América do Sul cheias de agricultores e Manhattan repleta de banqueiros em ternos risca de giz –, aos olhos do economista fundamentalista os dois lugares são praticamente idênticos. Olhe um pouco mais de perto e entenderá a razão: as duas cidades são mercados importantes. Otavalo tem um dos maiores e mais famosos mercados a céu aberto da América Latina; Wall Street, por sua vez, é o lar da Bolsa de Valores de Nova York. São lugares onde as pessoas vão comprar ou vender coisas.

O mercado reúne compradores e vendedores, seja num conjunto físico de bancas sobre as quais os produtos são expostos, seja em um mercado virtual como o da Wall Street, no qual a maioria das negociações é feita por meio de redes de computadores. E o nexo entre demanda e oferta é o preço. Essas três informações, aparentemente inócuas, podem nos dizer muito sobre a sociedade. São a base da economia de mercado.

linha do tempo

1776

Publicação de *A riqueza das nações*, de Adam Smith

1807

Jean-Baptiste Say, economista francês, estabelece sua lei – que com o tempo a demanda sempre se iguala à oferta

A demanda representa a quantidade de bens ou serviços que as pessoas estão dispostas a comprar de um vendedor a um preço específico. Quanto maior o preço, menos pessoas vão querer comprar, chegando a um ponto em que simplesmente se recusarão a comprar. De modo análogo, a oferta indica a quantidade de bens ou de serviços fornecidos por um vendedor a determinado preço. Quanto menor o preço, menos bens o vendedor desejará vender, pois, para produzi-los, despende dinheiro e tempo.

“É tão razoável perguntar se é a lâmina superior ou inferior da tesoura que corta o papel quanto determinar se o valor é regido pela demanda ou pela oferta.”

Alfred Marshall, economista vitoriano

O preço é justo? Os preços são o sinal que nos diz se a oferta ou a demanda de determinado produto está aumentando ou diminuindo. Vejamos o caso dos preços de imóveis, por exemplo. No começo do século XXI, nos EUA, os preços foram aumentando cada vez mais depressa à medida que mais e mais famílias se davam ao luxo de adquirir sua casa própria, incentivadas por ofertas de financiamento hipotecário a juros baixos. Essa demanda levou os construtores a erguer mais casas, especialmente em Miami e em áreas da Califórnia. Quando as casas ficaram prontas, o surto repentino de oferta fez com que o preço dos imóveis caísse – e bem depressa.

O segredo de polichinelo da economia é que, na verdade, os preços raramente estão em equilíbrio. O preço das rosas aumenta e diminui ao longo do ano: quando o verão se transforma em inverno e os supermercados e as floriculturas precisam buscá-las mais longe, a oferta de rosas diminui e seus preços aumentam. Do mesmo modo, após 12 de junho, os preços caem por causa da demanda por flores no Dia dos Namorados.

Os economistas chamam isso de “sazonalidade” ou “ruído”. Alguns, entretanto, procuram enxergar além disso para descobrir o preço de equilíbrio. Analisemos novamente o preço dos imóveis: nenhum economista descobriu quanto deve valer uma casa média. A história nos diz que deveriam valer algumas vezes o salário anual da pessoa – em média, de três a quatro vezes –, mas não há como saber ao certo.

Podemos aprender algumas lições elementares sobre as pessoas com base no preço de certos produtos. Há alguns anos, a Apple, fabricante

1890
Alfred Marshall populariza curvas e tabelas de oferta e demanda

Década de 1930
Sir John Hicks refina a economia de oferta e demanda

Oferta e demanda em ação

No Equador, Maria vende belos cobertores artesanais de estilo andino em sua banca no mercado. Ela sabe que não adianta vender cada cobertor por US$ 10 ou menos, pois por esse preço ela não conseguiria fazer o cobertor nem alugar a banca. Portanto, primeiro ela fixa o preço em US$ 50, o que lhe permite fazer 80 cobertores, mas esse preço é elevado demais para os possíveis compradores e ela não venderá nenhum. Assim, começa a baixar o preço para se livrar do estoque. Lenta mas firmemente, aumenta a demanda pelos cobertores. Cada vez que ela baixa o preço, aparecem mais compradores. A US$ 40 vende 20 peças, e a US$ 30 vende 40 cobertores. Quando o preço chega a US$ 20, ela percebe que está baixo demais. Com o esgotamento do estoque, vê que não está produzindo novos cobertores a tempo de acompanhar a demanda. Observa que se o preço for US$ 30, o número de cobertores que confeccionava antes consegue acompanhar o número buscado pelas pessoas. Ela acaba de traçar o mais importante entre os gráficos da economia: a curva oferta--demanda. Acaba de descobrir o preço de equilíbrio dos cobertores.

Gráfico de oferta e demanda

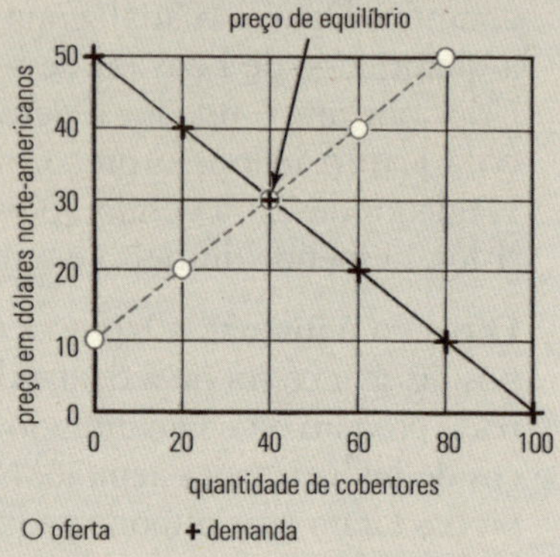

A linha negra sólida indica quantas pessoas procuram os cobertores de Maria; a linha tracejada, a oferta. Quando os cobertores custam zero, há demanda por cem deles, mas não há oferta (pois custam mais do que isso para serem feitos).

Quando seu preço é US$ 20, há uma demanda potencial para 60 unidades, mas Maria só consegue produzir 20. O preço de equilíbrio dos cobertores, segundo o gráfico, é de US$ 30. É quando a oferta se iguala à demanda, como mostra o gráfico.

de computadores, apresentou seu novo laptop Macbook em duas cores: branco e preto – esta, uma versão especial, mais cara. Apesar de ser idêntica à versão branca – velocidade, espaço disponível em disco e assim por diante –, a versão preta foi vendida por US$ 200 a mais. Mesmo assim, venderam muito bem. Isso não teria acontecido se a demanda não fosse suficiente, e assim ficou claro que as pessoas se dispuseram a pagar um pouco mais só para se diferenciarem de seus vizinhos e seus laptops banais, brancos.

Elasticidade fantástica Ocasionalmente, oferta e demanda demoram um pouco para reagir às mudanças nos preços. Se uma companhia telefônica aumenta o custo das ligações, os consumidores tendem a reduzir rapidamente o número de ligações que fazem, ou então mudam de provedora de serviços telefônicos. Em termos econômicos, sua demanda é *elástica* – altera-se com as mudanças nos preços.

Em outros casos, os consumidores reagem lentamente a mudanças de preços – são *inelásticos* a preços. Quando, por exemplo, os preços do petróleo aumentaram bruscamente no início deste milênio, os consumidores viram-se diante de preços elevados de combustíveis, mas não podiam encontrar uma alternativa nem comprar um carro novo e caro, elétrico ou híbrido, para reduzir suas despesas. Do mesmo modo, empresas que consomem muito combustível não puderam fazer muito mais do que absorver os custos adicionais. Lentamente, alguns consumidores começaram a usar transportes públicos. Algumas mudanças são conhecidas como substituições, que se afastam de itens dispendiosos e buscam alternativas. Muitas famílias, porém, não tiveram escolha senão absorver o custo mais elevado de combustível durante o maior tempo possível.

> **“Ensine a um papagaio a expressão ‘oferta e demanda’ e você terá um economista.”**
>
> **Thomas Carlyle**

Naturalmente, aquilo que se aplica à demanda aplica-se igualmente à oferta, que também pode ser elástica ou rígida. Muitas empresas tornaram-se extremamente adaptáveis – ou com preços elásticos: quando cai a demanda por seus produtos, despedem funcionários ou reduzem seus investimentos como resposta. Outras, no entanto, são mais rígidas e têm mais dificuldade nesses assuntos. Um produtor de bananas do Caribe, por exemplo, pode ter muita dificuldade para reduzir os custos de seu negócio caso seja suplantado por produtores latino-americanos mais corpulentos ou descubra que os consumidores não estão lá muito ávidos por suas bananas.

Seja a dona da banca no Equador, seja o banqueiro de Wall Street ou qualquer outra pessoa, a principal força por trás das decisões econômicas é sempre o jogo entre preços e os compradores e vendedores que os determinam; em outras palavras, oferta e demanda.

A ideia condensada: uma coisa tem o preço perfeitamente adequado quando a oferta é igual à demanda

03 A armadilha malthusiana

Paradoxalmente, uma das mais populares, poderosas e duradouras teorias da economia mostra-se errada geração após geração. Contudo, há poucas ideias mais cativantes do que esta: a de que a raça humana está se expandindo e explorando tão rapidamente os recursos do planeta que ela está rumando para uma inevitável autoaniquilação. Eis a armadilha malthusiana.

Provavelmente, você se lembra das aulas de biologia e daquelas imagens microscópicas de células se multiplicando. Você começa com um par de células: cada uma se divide para formar outro par; multiplicam-se rapidamente, segundo a segundo, espalhando-se pelos cantos da placa de Petri até preencherem-na completamente e não haver mais espaço. E então, o que acontece?

Agora, vejamos o caso dos humanos. Eles também se reproduzem em ritmo exponencial. Será que estamos nos expandindo tão depressa que não conseguiremos nos sustentar? Há dois séculos, o economista inglês Thomas Malthus estava convencido de que estávamos. Calculou que os humanos estavam crescendo muito mais depressa do que suas fontes de alimentação. Em termos mais específicos, teve a ideia de que a população humana estava crescendo geometricamente (ou seja, por múltiplos – 2, 4, 8, 16, 32...), enquanto os alimentos disponíveis para os humanos aumentavam aritmeticamente (ou seja, por adição – 2, 4, 6, 8...).

Como disse o próprio Malthus em seu *Ensaio sobre o princípio da população*, de 1798, o homem precisa de alimento para sobreviver, e o homem está se multiplicando num ritmo acelerado. Ele concluiu:

> Afirmo que o poder [de crescimento] da população é infinitamente maior do que o poder que tem a terra de produzir meios de subsistência para o homem. A população, se não for controlada, aumenta em pro-

linha do tempo

1776
Publicação de *A riqueza das nações*, de Adam Smith

1798
Publicação de *Ensaio sobre o princípio da população*, de Thomas Robert Malthus

> gressão geométrica. Os meios de subsistência aumentam apenas em progressão aritmética. Uma pequena familiaridade com os números já mostra a imensidade do primeiro poder em relação ao segundo.

A seu ver, a raça humana estava rumando para uma ruína inevitável. A menos que reduzisse voluntariamente a taxa de natalidade (o que considerava inconcebível), a população humana sofreria um entre três males nada palatáveis impostos pela natureza para mantê-la dentro de certos limites sustentáveis: fome, doença ou guerra. As pessoas não conseguiriam comer, sucumbiriam a alguma praga ou lutariam umas com as outras para obter recursos cada vez mais escassos.

Dá para entender por que a armadilha malthusiana costuma ser chamada de catástrofe ou dilema malthusiano. Esse problema profundo é usado até hoje por diversos especialistas que defendem a necessidade de se controlar o tamanho da população mundial. É uma ideia que tem sido adotada por muitos movimentos ambientalistas para ilustrar a insustentabilidade da raça humana.

“Malthus já foi enterrado muitas vezes, e a escassez malthusiana, junto com ele. Mas, como disse Garrett Hardin, quem teve de ser enterrado tantas vezes certamente não está de todo morto.”

Herman E. Daly, economista norte-americano

Problemas com a teoria Mas Malthus estava enganado. Desde o momento em que encostou a pena no papel, a população global, que achava que estava atingindo um apogeu natural, passou de 980 milhões para 6,5 bilhões. A projeção é de mais de 9 bilhões por volta de 2050. Mas a maioria das pessoas do planeta se alimenta melhor, é mais saudável e longeva do que antes. Malthus estava errado em dois pontos:

1. Os próprios seres humanos têm experiência em idealizar tecnologias que resolvem esses problemas. Graças, em parte, às leis de oferta e demanda, que estimularam os produtores a encontrar meios melhores e mais eficientes de gerar alimentos, o mundo tem visto uma série de revoluções agrícolas, cada uma aumentando drasticamente os recursos disponíveis. Com a ajuda do mercado, os seres humanos resolveram o problema do alimento.

1805
Malthus torna-se professor de economia em Haileybury

1859
Publicação de *A origem das espécies*, de Charles Darwin, influenciado pelas ideias de Malthus

THOMAS ROBERT MALTHUS (1766-1834)

Apesar de ser o homem que inspirou Thomas Carlyle a acusar a economia de ser "a ciência triste", na verdade Thomas Malthus foi uma figura bem popular e divertida, sociável e benquisto, malgrado suas ideias sombrias. Nasceu em uma família rica e com pendores intelectuais – seu pai conhecia pessoalmente os filósofos David Hume e Jean-Jacques Rousseau – e passou a maior parte da vida estudando ou ensinando, salvo por um período em que foi sacerdote anglicano. A economia era vista como um assunto tão multifacetado que não era aceita por seus próprios méritos por muitas universidades, e por isso Malthus estudou matemática e depois a ensinou no Jesus College de Cambridge. Entretanto, o fato de ter se tornado o primeiro professor de economia do mundo no início do século XIX testemunha a crescente popularidade dessa ciência, ensinando-a na East India Company College (hoje conhecida como Haileybury), em Hertfordshire. E, em 1818, num sinal claro da importância da disciplina, Malthus tornou-se Fellow da Royal Society em reconhecimento por seu trabalho pioneiro na economia.

2. A população não aumenta sempre de forma exponencial. Tende a se estabilizar naturalmente após certo tempo. Ao contrário das células, que se multiplicam até ocuparem toda a placa, os humanos tendem, após atingir certo nível de afluência, a se reproduzir menos. Com efeito, a fertilidade humana tem caído significativamente nos últimos tempos, e as taxas de natalidade no Japão, Canadá, Brasil, Turquia e Europa mostram-se insuficientes para impedir a depopulação. O fato de a vida estar durando mais significa que a população está ficando lentamente mais velha, mas isso já é outra história (veja o capítulo 32).

Em seu controvertido livro *A Farewell to Alms*, o historiador econômico Gregory Clark alega que até 1790 o homem estava mesmo preso em uma armadilha malthusiana, mas, em virtude de uma combinação posterior de fatores – entre os quais o infortúnio da morte de pobres causada por doenças, a necessidade de substituí-los por crianças das classes alta e média ("mobilidade social descendente") e a propensão dessas classes a trabalhar mais –, a Inglaterra escapou dela. Afirma que muitas partes do mundo que não passaram por essa experiência permanecem presas à armadilha.

Todavia, o que certamente não estava errado era a teoria por trás do malthusianismo: a *lei dos retornos decrescentes*. Ela traz lições importantes para as empresas. Vejamos o caso de uma pequena fábrica ou propriedade rural. O dono decide acrescentar à equipe um funcionário a cada semana. No começo, todo empregado novo provoca um grande aumento na produção. Algumas semanas depois, porém, percebe-se que cada empregado novo faz um pouco menos de diferença que o anterior. Não há tanta diferença que um par de mãos extra possa fazer quando há um número finito de pastos ou de máquinas para trabalhar.

Apocalipse onde? A forma como a maior parte do que chamamos hoje de mundo ocidental (Europa, EUA, Japão e um punhado de outras economias avançadas) escapou da armadilha malthusiana foi aumentar a produtividade agrícola; além disso, à medida que ficavam mais ricas, as pessoas tinham menos filhos. Isso, juntamente com a invenção de novas tecnologias, ajudou a provocar a Revolução Industrial e acabou elevando ainda mais os níveis de riqueza e de saúde. Infelizmente, ainda há regiões do mundo presas à armadilha.

Em muitos países da África subsaariana, a terra produz tão pouco alimento que a grande maioria da população precisa trabalhar em agricultura de subsistência. Quando elevam a produção agrícola usando novas tecnologias para conseguir colheitas mais abundantes, suas populações crescem e as fomes que costumam se seguir aos anos de colheitas fracas impedem a população de crescer e de enriquecer nos anos seguintes.

Apocalipse quando? Os neomalthusianos argumentam que, apesar da engenhosidade humana ter conseguido retardar a catástrofe por dois séculos, estamos agora à beira de outra crise. Dizem que, apesar de os argumentos de Malthus fundamentarem-se nos alimentos, seria perfeitamente possível inserir o petróleo e as fontes de energia como os principais “meios de sustento do homem”. Com o ponto do “pico do petróleo” próximo de nós, ou mesmo no passado recente, a população global não tardará em atingir níveis insustentáveis. Resta ver se, desta vez, o que vai impedir Malthus de mostrar que estava certo será o progresso tecnológico ou a limitação da população.

A ideia condensada: cuidado com aumentos implacáveis da população

04 Custo de oportunidade

Por mais que sejamos ricos e influentes, nunca encontraremos tempo suficiente num dia para fazer tudo aquilo que queremos. A economia lida com esse problema por meio do conceito de custo de oportunidade, que se refere simplesmente a entender se o tempo ou o dinheiro de alguém poderia ser investido em algo melhor.

Cada hora de nosso tempo tem seu valor. Cada hora que nos dedicamos a determinada tarefa poderia muito bem ser dedicada a outra, a dormir ou a assistir a um filme. Cada uma dessas opções tem um custo de oportunidade diferente – ou seja, *aquilo que nos custam em termos de oportunidades perdidas*.

Digamos que você queira assistir a uma partida de futebol, mas os ingressos são caros e você vai demorar duas horas para ir e voltar do estádio. Por que não assistir à partida em casa, você pensa, usando o tempo e o dinheiro poupados para jantar com amigos? Isso – o uso alternativo de seu dinheiro e tempo – é o custo de oportunidade.

Outro exemplo: cursar uma faculdade ou não? Por um lado, o tempo passado nela pode ser muito gratificante, intelectual e socialmente; quem tem um título universitário costuma receber melhores oportunidades de emprego. Por outro, há o custo do curso, dos livros e dos trabalhos acadêmicos. Entretanto, esse raciocínio ignora o custo de oportunidade: nos quatro ou cinco anos de curso, você pode muito bem exercer uma atividade remunerada, ganhando dinheiro e melhorando seu currículo com valiosas experiências profissionais.

Oportunidades descartadas O conceito de custo de oportunidade é tão importante para empresas quanto para indivíduos. Veja, por exemplo, o caso de uma fábrica de calçados. O proprietário planeja investir £ 500.000 em uma nova máquina que vai acelerar drasticamente seu ritmo de produção de sapatos de couro. Esse dinheiro po-

linha do tempo

1776
Publicação de *A riqueza das nações*, de Adam Smith

1798
Publicação de *Ensaio sobre o princípio da população*, de Thomas Robert Malthus

“Do ponto de vista da sociedade como um todo, o ‘custo’ de qualquer coisa é o valor que ela tem em usos alternativos.”

Thomas Sowell, economista norte-americano

deria ser depositado em uma conta bancária, na qual renderia 5% de juros ao ano. Portanto, o custo de oportunidade do investimento é de £ 25.000 por ano – o valor descartado ao se investir na máquina.

Para os economistas, cada decisão é temperada pelo conhecimento daquilo de que se deve abrir mão – em termos de dinheiro e satisfação – para fazer o que se deseja. Sabendo exatamente o que está recebendo e o que está deixando de lado, você pode tomar decisões mais racionais e bem embasadas.

Pense na mais famosa regra da economia: não existe almoço gratuito. Mesmo que alguém lhe ofereça um almoço sem esperar que você retribua o convite ou converse durante a refeição, o almoço não saiu de graça. O tempo que você passou no restaurante custou-lhe alguma coisa em termos de oportunidades descartadas.

Há quem considere muito deprimente a ideia de custo de oportunidade: imagine passar a vida toda calculando se o seu tempo seria melhor empregado noutro lugar, fazendo alguma coisa mais lucrativa ou prazerosa. Porém, de certo modo, é da natureza humana fazer exatamente isso – estamos sempre avaliando os prós e os contras das decisões.

No mundo dos negócios, um lema popular é “relação preço-qualidade”. Dizem que as pessoas querem que seu dinheiro obtenha o máximo que puder. Porém, há outro lema ganhando terreno rapidamente: o “valor do tempo investido”. A maior limitação de nossos recursos é o número de horas que podemos dedicar a alguma coisa, e por isso procuramos maximizar o retorno do tempo investido. Lendo este capítulo, você está dedicando a ele uma pequena parcela de seu tempo, que poderia ser gasta em outras atividades – dormir, comer, assistir a um filme, e assim por diante. Em troca, porém, este capítulo vai ajudá-lo a pensar como um economista, prestando atenção no custo de oportunidade de cada uma de suas decisões.

1817

Publicação de *Princípios de economia política e tributação*, de David Ricardo

1889

Friedrich von Wieser formaliza o conceito de custo de oportunidade

Fazendo o dinheiro trabalhar para você

Muitos já tiveram uma sensação deprimente ao apostar no time errado em uma partida desportiva ou ao fazer um investimento que fracassa em vez de ganhar um milhão. Essa sensação é a percepção do custo de oportunidade: a oportunidade perdida. Imagine o cenário de uma libra investida em títulos do Tesouro da Grã-Bretanha – uma espécie de dívida governamental – em 1900. Cem anos depois, seu valor seria de £ 140. Uma libra que tivesse simplesmente acompanhado a inflação valeria apenas £ 54, mas se aplicada em ações inglesas seu valor teria subido para £ 16.946. Nesse caso, o custo de oportunidade de não investir em ações foi imenso.

Quando se trata de adquirir uma casa, os custos de oportunidade são bem mais imprevisíveis. Por um lado, quando os preços dos imóveis estão aumentando rapidamente, aqueles que alugam em vez de comprar podem achar que estão deixando de lado um investimento muito bom. No entanto, ficarão bem melhor quando os preços dos imóveis estiverem baixando, pois estarão imunes ao impacto. Do mesmo modo, quando você aplica uma parcela de sua renda, está abrindo mão dos lucros que poderia ter caso investisse o dinheiro em outra coisa.

Custo de oportunidade dentro de casa Percebamos ou não, todos nós tomamos decisões com base no conceito de custo de oportunidade. Se o encanamento de casa começa a vazar, você pode resolver consertar o vazamento pessoalmente após perceber que, mesmo pagando as ferramentas, o livro sobre encanamentos e demais custos ainda vai economizar muito em comparação ao custo da visita de um profissional. Contudo, o custo invisível adicional está nas coisas que você poderia ter feito com o tempo dedicado ao conserto – para não falar no fato de que provavelmente o encanador teria feito um serviço melhor. Essa ideia está intimamente ligada à teoria da vantagem comparativa (veja o capítulo 7).

Custo de oportunidade no governo De modo análogo, governos do mundo todo empregam o argumento do custo de oportunidade quando o assunto é a privatização. Raciocinam não só que as empresas de utilidade pública costumam ser mais bem administradas pelo setor privado como também que o dinheiro gerado pela venda pode ser usado de forma mais eficiente em investimentos públicos.

Entretanto, volta e meia as decisões tomadas tendo em mente o custo de oportunidade dão errado. Em 1999, o primeiro-ministro britânico Gordon Brown decidiu vender quase 400 toneladas – a grande maioria – das reservas de ouro do Reino Unido. Nessa época, havia muito que o ouro estava guardado ociosamente nos cofres do Banco da Inglaterra, e seu valor tinha caído, pois muitos consideravam o ouro um investimento ruim. Se o seu valor em dinheiro tivesse sido aplicado em investimentos como títulos do governo, teria aumentado regularmente nesses anos todos. Por isso, o Tesouro da Grã-Bretanha decidiu vender o ouro ao preço médio de US$ 276 por onça* em troca de diversos tipos de títulos.

Poucos poderiam ter previsto que, menos de uma década depois, o preço do ouro aumentaria muito, chegando a pouco menos de US$ 981 por onça, o que significa que o ouro vendido por Gordon Brown por US$ 3,5 bilhões estaria valendo cerca de US$ 12,5 bilhões. O governo britânico lucrou um pouco quando investiu aquela soma – mas uma mera fração do que teria lucrado caso tivesse deixado o ouro onde estava, vendendo-o posteriormente. Isso ilustra um dos riscos do custo de oportunidade – ele o estimula a acreditar que a grama é sempre mais verde.

> **“O custo de alguma coisa é aquilo de que você abre mão para obtê-la.”**
>
> **Greg Mankiw, professor de economia em Harvard**

A ideia condensada: tempo é dinheiro

* Aproximadamente US$ 8,87 por grama, considerando a onça troy – 31,1 g – como base de peso do ouro (N. do T.).

05 Incentivos

Durante anos, foi um dos segredos mais bem guardados da Jamaica. A praia Coral Spring era uma das mais brancas e gloriosas áreas do litoral norte dessa ilha do Caribe. Contudo, numa manhã de 2008, incorporadores que estavam construindo um hotel perto dali chegaram lá e descobriram algo estranho. A areia tinha sumido. Ladrões tinham estado no local na calada da noite e furtaram o equivalente a 500 caminhões de areia.

Barris de areia não valem muito na maior parte do mundo, mas evidentemente isso não se aplica à Jamaica. Mas, quem cometeu o crime? Algum rival da indústria hoteleira que queria a areia para sua própria praia? Uma construtora que desejava usá-la como matéria-prima para seus edifícios? Seja como for, uma coisa ficou clara: alguém se esforçou desesperadamente para ficar com a areia – alguém com um sério incentivo para fazê-lo.

Como os detetives que trabalharam no caso, geralmente a tarefa de um economista é descobrir o que leva as pessoas a tomarem certas decisões. Ele precisa se isolar das questões morais, políticas ou sociológicas por trás daquilo que leva as pessoas a fazerem certas coisas para determinar empiricamente as forças que as levaram a tomar suas decisões.

Descobrindo o motivo Um criminoso assalta um banco porque considera maior o incentivo de tomar posse do dinheiro do que o desincentivo de uma temporada na cadeia. Os habitantes de um país se esforçam menos quando os impostos aumentam, pois a tributação mais elevada sobre o dinheiro extra representa um desincentivo para aquela hora extra. Portanto, as pessoas reagem a possíveis recompensas. Essa é a regra mais importante da economia.

Pense bem na razão pela qual você e as pessoas que o cercam tomam certas decisões. Um mecânico não conserta seu carro porque você

linha do tempo

1723
Nascimento de Adam Smith

1798
Publicação de *Ensaio sobre o princípio da população*, de Thomas Robert Malthus

1803
Jean-Baptiste Say afirma que nunca haveria falta de demanda em uma economia

precisa voltar para a estrada, mas porque será pago para fazê-lo. A garçonete que leva o seu almoço o faz pelo mesmo motivo – e não porque você está com fome. E ela o faz com um sorriso – não porque seja boazinha, mas porque, para sobreviver, os restaurantes dependem muito de clientes habituais.

Embora seja importante o papel do dinheiro na economia, os incentivos não se aplicam apenas a ele. Homens e mulheres gastam um pouco mais de tempo preparando-se para um encontro em função do incentivo do romance. Você pode recusar um emprego bem remunerado que exige um horário mais prolongado em troca de um salário menos generoso por causa do incentivo do tempo livre.

Há incentivos ocultos por trás de tudo. A maioria das redes de supermercados norte-americanos, por exemplo, oferece cartões de recompensa a seus clientes, que lhes dão descontos adicionais em suas compras. O cliente recebe o incentivo de comprar com mais frequência naquele estabelecimento, o que, por sua vez, garante mais vendas à rede. Todavia, outro incentivo importante para o supermercado é o fato de o cartão permitir saber o que certos clientes estão comprando. Com isso, o supermercado não só consegue saber o que deve estocar nas prateleiras como também pode oferecer aos clientes ofertas especiais, personalizadas, ganhando mais dinheiro ainda vendendo informações sobre os hábitos de consumo de seus clientes a agentes de marketing externos, para os quais essas informações são muito valiosas. Por causa da mão invisível (veja o capítulo 1), ambas as partes da equação se beneficiam, reagindo a fortes incentivos em cada etapa do caminho.

> **“Chame do que quiser, mas o que faz as pessoas trabalharem mais são os incentivos.”**
> **Nikita Kruschev**

Por mais controvertido que possa parecer, podemos considerar até mesmo atos altruístas como decisões econômicas racionais. Até que ponto as pessoas fazem doações a instituições de caridade por bondade pessoal ou por causa da recompensa emocional (a satisfação e o senso de dever cumprido) que esse ato acarreta? O mesmo poderia ser dito da doação de órgãos. Apesar de a economia comportamental ter encontrado exemplos claros de humanos que reagem de maneira

1817
Publicação de *Princípios de economia política e tributação*, de David Ricardo

1871
Carl Menger determina pela primeira vez o princípio básico da utilidade marginal, revolucionando o estudo dos incentivos

1890
Publicação de *Princípios de economia*, de Alfred Marshall

Incentivos em saúde

A percepção da importância dos incentivos provocou uma abordagem diferente em relação ao problema da Aids na África. Após tentar, sem resultados, impedir a disseminação da doença com a distribuição de preservativos e a educação das populações africanas sobre os perigos das doenças sexualmente transmissíveis, o Banco Mundial fez algo incomum. Concordou em pagar a 3.000 homens e mulheres da Tanzânia com a verba de um fundo de US$ 1,8 milhões para evitar sexo inseguro. Para provarem que tinham seguido as instruções, os voluntários tinham de fazer exames regulares, mostrando que não tinham contraído nenhuma doença sexualmente transmissível. Chamaram o esquema de "prostituição invertida".

Chamados de "transferências financeiras condicionais", esses incentivos têm sido usados na América Latina com ótimos resultados, incentivando famílias pobres a visitar clínicas de saúde e a vacinar e dar educação aos filhos. Geralmente, são mais baratas do que outras medidas.

inesperada a recompensas (veja o capítulo 46), a grande maioria das decisões pode ter raízes em uma simples combinação de incentivos.

Embora esses incentivos nem sempre sejam financeiros, os economistas costumam se concentrar no dinheiro – e não na fama ou fortuna – porque é mais fácil quantificá-lo do que a autoestima ou a felicidade.

Governo e incentivos Em tempos de dificuldade econômica, geralmente os governos reduzem os impostos pagos pelos cidadãos – tal como fizeram os EUA durante a recessão que se seguiu à crise financeira de 2008. A ideia é dar às pessoas um incentivo para continuarem a gastar, reduzindo, assim, o impacto da desaceleração econômica.

Mas as pessoas reagem tanto a recompensas quanto a punições, e por isso os governos também usam desincentivos para fazer seus cidadãos respeitarem certas normas. Exemplos claros são as multas de trânsito, por exemplo. Outros são os chamados "impostos do pecado" – aplicados com mais peso a itens nocivos como fumo e álcool – e impostos ambientais sobre combustíveis, emissões de resíduos e assim por diante. Ironicamente, em geral esses impostos são uma das maiores fontes de receita de governos do mundo todo.

Incentivos e desincentivos são tão poderosos que a história está repleta de exemplos de governos que causam sérias crises ao tentar impedir o vaivém dos interesses pessoais.

São numerosos os casos de preços de alimentos que dispararam e os governos retrucaram impondo controles sobre eles. A ideia evidente é dar mais alimentos às famílias mais pobres, mas essas políticas têm fracassado repetidamente – na verdade, em geral fazem com que a produção de alimentos diminua. Como os controles de preço prejudicam os incentivos dos agricultores para produzirem alimentos, ou eles mudam de atividade ou tendem a produzir menos e a reter o que podem para suas próprias famílias.

No mais famoso exemplo recente, o presidente Richard Nixon, contrariando seus próprios instintos e os de seus consultores, impôs controles sobre preços e salários em 1971. O resultado foi uma grave crise econômica, e, em última análise, o aumento da inflação. No entanto, a administração Nixon teve um incentivo óbvio para impor tais controles: estava enfrentando uma eleição, e sabia que os efeitos desagradáveis da política adotada levariam algum tempo até ficarem aparentes. Em curto prazo, o plano mostrou-se imensamente popular junto ao público – e Nixon foi reeleito em novembro de 1972, em uma vitória consagradora.

Outro exemplo foi a experiência da União Soviética durante o comunismo. Como a administração central impôs controles de preços sobre os alimentos, os agricultores tiveram poucos incentivos para arar até mesmo suas terras mais férteis; enquanto isso, milhões morreram de fome pelo país.

A lição que se extrai de tais exemplos é que o interesse pessoal é a força mais poderosa da economia. Ao longo da vida, somos atraídos de um incentivo para outro. Ignorar isso é ignorar a própria essência da natureza humana.

A ideia condensada: as pessoas respondem a incentivos

06 Divisão do trabalho

O espanhol observou a magnífica cena à sua frente e não conteve o espanto. O ano era 1436, e ele estava em Veneza para entender como a cidade-Estado italiana armava seus navios de guerra. Em casa, esse processo era laborioso e levava dias, mas diante de seus próprios olhos os venezianos armavam navio atrás de navio em menos de uma hora. Como faziam isso?

Na Espanha, os navios eram amarrados a uma doca e hordas de operários lotavam o navio de munições e víveres. Em Veneza, por contraste, cada navio era puxado para um canal e cada fabricante de armas, de variados tipos, baixava seus produtos sobre o convés enquanto a embarcação passava. Atônito, o turista espanhol registrou o processo em seu diário. Ele acabara de testemunhar a apoteose da divisão do trabalho: uma das primeiras linhas de produção do mundo.

A ideia é simplesmente esta: podemos produzir bem mais e melhor dividindo o trabalho e especializando-nos naquilo em que cada um sabe fazer bem. A divisão do trabalho vem sendo praticada há milênios. Já estava bem estabelecida na Grécia antiga; era praticada em fábricas espalhadas pelo país na época de Adam Smith, mas levou até o início do século XX para que culminasse na forma de Henry Ford e seu automóvel Modelo T.

A divisão do trabalho ajudou a impulsionar a primeira Revolução Industrial, permitindo que países do mundo todo aprimorassem drasticamente sua produtividade e sua riqueza. É o método de produção por trás de quase todo objeto manufaturado que você possa imaginar.

A complexidade da manufatura Pense em um simples lápis de grafite. Sua produção envolve múltiplas etapas: cortar a madeira, extrair e modelar o grafite, acrescentar a marca, a pintura e a borracha

linha do tempo

360 a.C.
Platão fala da especialização em sua obra *República*

1430
O arsenal de Veneza – peças padronizadas e técnicas de linha de montagem

Divisão em grande escala

Dividir o trabalho faz sentido, tanto em pequena quanto em grande escala. Vejamos o caso de uma região particularmente adequada para o cultivo de trigo, com a densidade de solo e níveis pluviométricos adequados, mas que frequentemente precisa deixar partes da terra em pousio porque seus habitantes não conseguem colher uma quantidade suficiente do trigo na época da safra. Moradores de uma região próxima são hábeis fabricantes de lâminas para espadas e ferramentas, mas sua terra é quase estéril e volta e meia os habitantes passam fome.

A lógica poderosa da divisão do trabalho diz que as duas regiões precisam se especializar naquilo que sabem fazer bem e importar aquilo que têm dificuldades para produzir. Os moradores de cada região teriam alimentos suficientes e tantas lâminas quantas precisassem para colher o trigo ou para se proteger.

da extremidade. Foram necessárias inúmeras mãos para produzir um único lápis, como escreveu Leonard Read, fundador do instituto Foundation for Economic Education, em seu conto inspirador *I, Pencil* ("Eu, lápis"), de 1958: "Simples? Mesmo assim, não há uma única pessoa na face desta terra que saiba me produzir. Parece fantástico, não? Especialmente quando se sabe que entre um bilhão e um bilhão e meio da minha espécie são produzidos nos EUA a cada ano".

Só na época de Adam Smith é que a divisão do trabalho foi resumida em uma teoria simples. O famoso exemplo usado por Smith em *A riqueza das nações* foi o de uma fábrica de alfinetes da Grã-Bretanha do século XVIII, em que pequenos alfinetes eram produzidos à mão. O homem médio mal conseguiria fazer um alfinete por dia, mas em uma fábrica de alfinetes o trabalho era dividido entre vários especialistas:

> Um homem desenrola o fio, outro o endireita, um terceiro o corta, um quarto faz sua ponta, um quinto o esmerilha na extremidade para que receba a cabeça; para confeccionar a cabeça, requerem-se duas ou três operações distintas... a importante atividade da fabricação de um alfinete é, dessa forma, dividida em cerca de dezoito operações distintas.

1776

Adam Smith explica como funciona a divisão do trabalho, descrevendo o processo em uma fábrica de alfinetes

1913

Henry Ford e a linha de montagem – automação da fabricação de carros

> **“Onde o homem como um todo está envolvido não há trabalho. O trabalho começa com a divisão do trabalho.”**
>
> **Marshall McLuhan, teórico canadense da mídia**

Segundo Smith, uma fábrica com dez homens poderia produzir 48.000 alfinetes por dia com a divisão do trabalho – um aumento estupendo de 400.000% de produtividade. Trabalhando dessa maneira, a equipe produz consideravelmente mais do que a soma de suas partes.

Naturalmente, esse é o protótipo da fábrica criada por Henry Ford há um século. Ele idealizou uma linha de produção móvel na qual o carro, ao ser construído, passaria por uma esteira rolante diante de várias equipes de operários, e cada uma acrescentaria a ele uma nova parte padronizada. Como resultado, Ford conseguia produzir um carro por uma fração do preço (e em uma fração do tempo) de seus concorrentes.

Explorando seus pontos fortes Todavia, a divisão do trabalho não para por aí. Veja o caso de uma empresa na qual o diretor-gerente é bem melhor que seus funcionários na administração, gerenciamento, contabilidade, marketing e limpeza do prédio. Ele se sairia bem melhor se delegasse todas essas tarefas, exceto uma, encarregando-se daquela que fosse mais lucrativa.

De modo análogo, não faz sentido um fabricante de automóveis produzir cada componente de seus veículos, desde o couro dos assentos até o motor e o sistema de som. É melhor deixar alguns, ou todos, processos especializados nas mãos de outras empresas, adquirindo delas os produtos e montando-os, pura e simplesmente.

Smith levou a ideia um pouco mais longe: ele sugeriu que o trabalho fosse dividido não apenas entre indivíduos diferentes, mais adequados para certas tarefas, como também entre cidades e países diferentes.

Os perigos da divisão Há, no entanto, problemas inerentes à divisão do trabalho. O primeiro, como qualquer trabalhador que se tornou redundante pode confirmar, é que pode ser extraordinariamente difícil encontrar trabalho quando você se especializa em um ofício que não tem mais demanda. Centenas de milhares de operários da indústria automobilística, mineiros de carvão, metalúrgicos e outros viram-se, em décadas recentes, fadados longamente ao desemprego depois que as fábricas, usinas e minas nas quais trabalhavam foram fechadas. Segundo, uma fábrica pode se tornar totalmente dependente de uma pessoa, ou de um pequeno grupo de pessoas, o que pode lhes dar um poder desproporcional sobre o processo todo – como uma greve, por exemplo, caso tenham alguma reclamação.

Terceiro, pode ser perigoso para o moral do indivíduo ser forçado a se especializar apenas em um ofício ou especialidade. Ter de realizar diariamente uma única tarefa repetitiva leva àquilo que Smith chamou de "mutilação mental" no trabalhador, degradando sua mente e alienando-o dos demais. Karl Marx concordou inteiramente com essa análise. Para dizer a verdade, ela faz parte da base de seu *Manifesto comunista*, que prediz que os trabalhadores ficariam tão desencantados que, mais cedo ou mais tarde, iriam se voltar contra empregadores que lhes impusessem tais condições.

Mas a alienação produzida pela divisão do trabalho precisa ser sopesada com os ganhos fenomenais que ela produz. A divisão do trabalho tem participado do crescimento e do desenvolvimento das economias modernas, a ponto de ser um dos componentes mais importantes e poderosos da lógica econômica.

A ideia condensada: concentre-se em suas especialidades

07 Vantagem comparativa

Se a economia de mercado tivesse de ser decomposta em dois artigos cruciais de fé, seriam os seguintes: primeiro, a mão invisível significa que até atos motivados por interesse pessoal são, em massa, benéficos para a sociedade (veja o capítulo 1); segundo, o crescimento econômico não é um jogo de soma zero, no qual há um perdedor para cada vencedor. Crenças assim contrariam a intuição, especialmente esta última. É da natureza humana presumir que, quando alguém fica mais rico, mais gordo ou mais saudável, faz isso à custa de outrem, que fica mais pobre, mais magro ou mais doente.

Tomemos como exemplo dois países, como Portugal e Inglaterra. Digamos que ambos comercializam bens um com o outro – vinho e tecidos – e que Portugal é mais eficiente na produção desses dois bens. Este país pode fabricar tecidos por metade do preço da Inglaterra, e vinhos por um quinto do preço.

Portugal tem o que os economistas chamam de *vantagem absoluta* na produção desses dois tipos de bens. Diante disso, aparentemente a regra da divisão do trabalho – que diz que cada um deve se especializar naquilo que faz melhor – não apresenta uma solução. Você poderia supor que a Inglaterra não pode fazer muita coisa para competir, e que deveria se resignar a perder sua riqueza lentamente. Não é bem assim.

Nesse caso, se a Inglaterra dedicasse todos os seus recursos à produção de tecidos e Portugal se concentrasse em vinhos, ambos, juntos, acabariam produzindo mais tecidos e vinhos. Então, Portugal poderia trocar o vinho excessivo pelos tecidos ingleses. Isso porque, em nosso exemplo, a Inglaterra tem uma *vantagem comparativa* na confecção de tecidos, ao contrário do que ocorre com vinhos, área na qual é muito menos eficiente do que os portugueses. O pai da vantagem compara-

linha do tempo

1776
Publicação de *A riqueza das nações*, de Adam Smith

1798
Publicação de *Ensaio sobre o princípio da população*, de Thomas Robert Malthus

tiva, o economista David Ricardo, usou esse exemplo em seu revolucionário livro de 1817, *Princípios de economia política e tributação*. À primeira vista, parece ilógico, pois estamos acostumados com a ideia

A lei da vantagem comparativa em ação

Tomemos como exemplo dois países do mesmo tamanho, A e B. Eles comercializam sapatos e milho, e o país A produz ambos os produtos com mais eficiência. Contudo, enquanto o país A consegue produzir 2.032 kg* de milho por homem-hora (contra 762 kg de B), também produz 25 sapatos por homem-hora contra 20 de B. Portanto, o país B tem uma vantagem comparativa na manufatura de calçados. Isso é o que aconteceria caso cada país tentasse produzir os dois bens:

	País A homens-hora	**produção de A**	**País B homens-hora**	**produção de B**
Milho	600	1.219.200 (600x2.032)	600	457.200
Sapatos	400	10.000 (400x25)	400	8.000

Produção combinada = 1.676.400 kg de milho e 18.000 sapatos

No entanto, se o país A se concentrasse em produzir milho e B em produzir sapatos, eis o que iria acontecer:

	País A homens-hora	**produção de A**	**País B homens-hora**	**produção de B**
Milho	1.000	2.032.000 (1.000x2.032)	0	0
Sapatos	0	0	1.000	20.000

Produção combinada = 2.032.000 kg de milho e 20.000 sapatos

Nenhum país precisou de horas extras: combinando suas vantagens comparativas, os dois países podem, juntos, produzir significativamente mais, e ambos se beneficiarão.

A única circunstância sob a qual a vantagem comparativa não iria funcionar seria se um país fosse não só mais eficiente do que outro na produção dos dois tipos de bens, como também mais eficiente na mesma proporção para cada um. Na prática, isso é tão improvável que se pode dizer que é efetivamente impossível.

---

* A tabela original indicava respectivamente 80 e 30 bushels de milho (equivalente a 25,40 kg) por homem-hora como produção do país A e do país B. Esses valores foram convertidos para quilogramas para a edição brasileira (N. do T.).

1817

David Ricardo estabelece os fundamentos da vantagem comparativa em *Princípios de economia política e tributação*

1945

Após a Segunda Guerra Mundial, começam as iniciativas para um comércio mais livre

> **"Cite uma proposição, em todas as ciências sociais, que seja ao mesmo tempo verdadeira e não trivial."**
>
> **Stanislaw Ulam, matemático**

de que só pode haver vencedores e perdedores quando as pessoas concorrem umas com as outras. Porém, a lei da vantagem comparativa mostra que quando países mantêm relações comerciais, o resultado pode ser do tipo ganha-ganha.

A razão é que cada país tem um número finito de pessoas, que só podem dedicar um número finito de horas a determinada tarefa. Mesmo que, em teoria, Portugal pudesse produzir alguma coisa por um custo menor que o da Inglaterra, não poderia produzir tudo a custo menor, pois o tempo gasto na confecção de tecidos, por exemplo, não poderá ser empregado na produção de vinho ou de qualquer outra coisa.

Apesar de a vantagem comparativa ser mais aplicável à economia internacional, é igualmente importante em uma escala menor. No capítulo sobre divisão do trabalho (veja o capítulo 6), imaginamos um empresário mais talentoso do que sua equipe em tudo, desde a gerência até a faxina do prédio. Podemos usar a vantagem comparativa para explicar por que ele se sairia melhor se dedicasse seu tempo àquilo que gera mais receita (a administração), deixando as tarefas menos lucrativas para seus empregados.

Sempre livre-comércio? A teoria da vantagem comparativa de Ricardo costuma ser usada como espinha dorsal dos argumentos a favor do livre-comércio – em outras palavras, a abolição de tarifas e cotas sobre bens importados de outros países. Afirma-se que, comercializando livremente com outros países – mesmo aqueles que, no papel, são mais eficientes na produção de bens e serviços – um país consegue ser mais próspero do que se fechasse suas fronteiras.

Entretanto, alguns – inclusive Hillary Clinton e o renomado economista Paul Samuelson – lembraram que, por mais elegantes que sejam as ideias de Ricardo, não se aplicam estritamente ao mundo econômico atual, bem mais sofisticado. Lembram especificamente que, no início do século XIX, quando Ricardo apresentou sua teoria, havia restrições efetivas à movimentação do capital individual (dinheiro e ativos) no exterior. Hoje isso não se aplica mais, pois com um toque no teclado um empresário pode transferir eletronicamente bilhões de dólares em ativos de um lado para outro do mundo.

Jack Welch, antigo CEO da General Electric, dizia que "toda fábrica deveria estar sobre uma barcaça" – indicando que, idealmente, as fábricas deveriam poder ir flutuando para onde quer que as despesas com pessoal, materiais e impostos fossem menores. Hoje, pode-se dizer que tal cenário é uma realidade, pois as empresas, não mais presas a nações específicas como na época de Ricardo, levam seus funcionários e seu dinheiro para o lugar que preferirem. Na verdade, segundo alguns economistas, isso faz com que os salários caiam rapidamente, e os cidadãos de alguns países fiquem pior do que os de outros. O contra-argumento é que, em troca, o país que cria empregos no exterior beneficia-se com os lucros elevados dessa empresa, redistribuídos a seus investidores, e com os preços mais baixos nas lojas.

"Vantagem comparativa. O fato de que é logicamente certa não precisa ser discutido na frente de um matemático; que não é trivial, é atestado por milhares de homens importantes e inteligentes que nunca conseguiram compreender a doutrina sozinhos ou acreditar nela depois que alguém a explicou para eles."

Paul Samuelson, economista norte-americano, em resposta ao matemático Stanislaw Ulam

Outros alegam que a vantagem comparativa é uma teoria simplista demais, presumindo, entre outras coisas, que cada mercado é perfeitamente competitivo (na verdade, o protecionismo interno e os monopólios garantem que os mercados não sejam assim), que não existe emprego pleno e que os trabalhadores deslocados podem muito bem encontrar outros empregos nos quais terão a mesma produtividade. Alguns reclamam que, se as economias devessem se especializar em determinadas indústrias, como sugere a teoria da vantagem comparativa, reduziriam significativamente sua diversidade econômica, deixando-as muito vulneráveis a circunstâncias variáveis – como uma queda repentina no apetite dos consumidores por seus produtos. Na Etiópia, onde o café representa 60% das exportações, uma mudança na demanda do exterior ou uma safra ruim deixariam o país em uma posição econômica mais fraca.

Apesar de tudo, a maioria dos economistas alega que a vantagem comparativa ainda é uma das mais importantes e fundamentais entre todas as ideias econômicas, pois destaca o comércio mundial e a globalização, provando que as nações podem prosperar ainda mais caso olhem para fora em vez de olharem para dentro.

A ideia condensada: especialização + livre comércio = ganha-ganha

08 Capitalismo

Para Francis Fukuyama, foi o momento que marcou o "Fim da História". Para milhões da Europa Oriental, e outros, representou uma liberdade e uma prosperidade nunca vividas antes. Para David Hasselhoff, foi o concerto triunfal de uma carreira musical encorajadoramente breve. A queda do Muro de Berlim significou muitas coisas para muitas pessoas.

Mais importante de tudo, porém, foi o que esse momento revelou sobre a maneira como as economias são estruturadas e geridas. Para a maior parte dos observadores, o colapso da União Soviética provou incontrovertidamente que a economia de mercado é a melhor maneira de administrar um país, torná-lo próspero e deixar seus cidadãos felizes. Foi uma vitória para o capitalismo.

Talvez o capitalismo tenha atraído mais críticas do que qualquer outro modelo econômico. Na verdade, originalmente seu nome era uma expressão pejorativa idealizada pelos socialistas e marxistas do século XIX para se referirem aos aspectos mais reprováveis da vida econômica moderna: exploração, desigualdade e repressão, para citar apenas três. Em seus primeiros dias, o modelo recebeu críticas da Igreja, pois a prioridade que dava ao lucro e ao dinheiro era considerada uma ameaça aos ensinamentos religiosos. As críticas mais persistentes são: gera a desigualdade, promove o desemprego e a instabilidade e tende a altos e baixos. Outros advertem que não leva em conta seu impacto sobre o meio ambiente (veja o capítulo 46).

Um sistema híbrido Capitalismo é o sistema no qual o capital (empresas, estruturas e equipamentos usados na produção de bens e serviços) não pertence ao Estado, mas a particulares. Isso significa que é o público que possui empresas – correndo riscos com elas ao adquirir ações ou emprestando-lhes dinheiro em troca de títulos. Às vezes, as pessoas fazem isso diretamente; em geral, porém, fazem-no por meio de fundos de pensão. Quase todo cidadão de uma economia importan-

linha do tempo

Década de 1000	Década de 1500
O feudalismo toma o poder	O mercantilismo torna-se dominante

te possui, sem saber, ações de suas principais empresas graças a seu fundo de pensão, o que, teoricamente, significa que todos têm interesse em ver os negócios prosperarem.

A maioria dos manuais de economia não se dá ao trabalho de definir o capitalismo. Talvez isso seja compreensível. Ao contrário de sistemas econômicos puros e relativamente unidimensionais como o comunismo, o capitalismo é um híbrido. Complexo e multifacetado, toma emprestado aspectos de muitos outros sistemas, e é extremamente difícil rotulá-lo com uma definição precisa. Não apenas isso, sendo o sistema econômico sob o qual vive a maioria dos países do mundo, parece infundado tentar defini-lo.

Monopólios e outros problemas

Os críticos do capitalismo têm alertado que esse sistema costuma gerar *monopólios* (quando uma empresa controla sozinha uma indústria), *oligopólios* (quando um grupo de empresas compartilha um monopólio) e *oligarquias* (quando as economias são dominadas por pequenos grupos de pessoas poderosas). Isso contrasta com a concorrência perfeita, na qual os compradores sempre têm muitas alternativas de produtos para comprar e as empresas precisam competir umas com as outras para conquistar os consumidores.

Os monopólios são um dos maiores obstáculos para uma economia plenamente saudável, e os governos passam um bom tempo tentando fazer com que as empresas não formem cartéis nem dominem uma indústria inteira em função de seu tamanho excessivo. O problema é que os monopólios conseguem cobrar mais de seus clientes do que se tivessem concorrentes. Isso os desestimula de tomarem decisões difíceis para reduzirem custos e ficarem mais eficientes, o que, por sua vez, solapa a lei da destruição criativa (veja o capítulo 36).

Como são as pessoas e não os governos que dominam a economia, geralmente o capitalismo anda de mãos dadas com o livre mercado. Porém, uma economia capitalista pode assumir muitas facetas diferentes.

Na prática, as economias que hoje costumamos chamar de capitalistas – como as dos Estados Unidos, Grã-Bretanha e de outros países europeus e de muitas partes do mundo em desenvolvimento – podem ser descritas mais adequadamente como "economias mistas", combinando o livre mercado com a intervenção governamental. Economias totalmente livres – em geral chamadas de *laissez-faire*, que em

Década de 1800
A Revolução Industrial inaugura a era do capitalismo

1989
Queda do Muro de Berlim, provocando a disseminação do capitalismo em todo o antigo mundo comunista

francês significa "deixem(-nas) fazer (como quiserem)" – nunca existiram. Com efeito, a maioria das nações mais importantes tem uma dose ligeiramente menor de liberdade de mercado do que tinha há alguns séculos, como mostra a história da ideia.

A evolução do capitalismo Em sua forma primária, o capitalismo desenvolveu-se como o sistema *feudal* da Europa medieval – no qual os agricultores tinham de trabalhar para o lucro da aristocracia rural. No final do século XVI, ele deu lugar ao *mercantilismo*. Era um precursor identificável do capitalismo, embora mais tosco, movido pelo comércio entre diversas nações e pela descoberta europeia de recursos lucrativos nas Américas. Os operadores dessas rotas comerciais tornaram-se extremamente ricos, e, pela primeira vez na história, pessoas comuns começaram a ganhar dinheiro por méritos próprios, em vez de dependerem do patrocínio de um monarca ou aristocrata rico.

Foi uma epifania crítica, e embora Adam Smith implicasse com alguns detalhes do mercantilismo, sua força motriz – o fato de indivíduos poderem lucrar mediante o comércio com outros – é um dos preceitos cruciais do capitalismo, conforme ele mostrou em *A riqueza das nações*. Os comerciantes eram bem mais mimados pelo Estado do que hoje, e podiam operar monopólios, sendo ainda ajudados pelas tarifas impostas pelo governo sobre bens importados. Todavia, as estruturas legais que se desenvolveram ao longo de 200 anos – propriedade privada, sociedades anônimas – e os preceitos econômicos do lucro e da concorrência formaram as bases do capitalismo moderno.

"O vício inerente ao capitalismo é a distribuição desigual de benesses; a virtude inerente ao socialismo é a distribuição por igual das misérias."
Winston Churchill

No século XIX, os comerciantes foram substituídos como principais geradores de riquezas pelos industriais e donos de fábricas, no que muitos consideram a era de ouro do livre mercado. Nos Estados Unidos e no Reino Unido havia menos restrições aos mercados e ao comércio, e menos intervenção governamental, do que há hoje nesses mesmos países. Entretanto, a tendência de algumas indústrias de gerarem monopólios, e o trauma econômico e social da Grande Depressão da década de 1930 – com a Segunda Guerra Mundial logo depois – levou os governos a intervirem mais em suas economias, nacionalizando certos setores específicos e criando um Estado de bem-estar social para seus cidadãos. Pouco antes da Queda da Bolsa em 1929, os gastos do governo norte-americano representavam menos de um décimo da produção econômica do país. Quarenta anos depois, era mais ou menos um terço. Hoje, representa cerca de 36%, uma proporção que aumenta com rapidez. Para compreender exatamente por que houve esse salto, não é preciso procurar mais do que o próximo capítulo deste livro, que trata do keynesianismo. A história do capitalismo no século passado girou essencialmente em torno da questão de quanto os governos devem gastar e até que ponto devem interferir nas economias.

Capitalismo e democracia O sistema capitalista traz implicações importantes para a política e a liberdade. O capitalismo é intrinsecamente democrático. Permitindo o funcionamento da mão invisível, estimulando empreendedores a se esforçarem e se aperfeiçoarem, priorizando o interesse pessoal dos indivíduos e não as decisões do Estado sobre o que poderia ser melhor para as pessoas, e permitindo que os acionistas controlem as empresas, valoriza os direitos democráticos individuais e o voto da população de uma maneira que outros sistemas geridos de cima para baixo não conseguem fazer. Não por coincidência, as sociedades não capitalistas tendem quase que exclusivamente a ter governos ditatoriais, não eleitos. Não obstante, no caso da China moderna, muitos preveem que a adoção dos valores de livre mercado pelo país vai acabar provocando a passagem para a democracia.

> **“A história sugere que o capitalismo é uma condição necessária para a liberdade política.”**
>
> **Milton Friedman**

Assim como existe uma tensão constante nas sociedades democráticas entre a interferência do Estado e os direitos do indivíduo, há uma discussão importante e constante sobre o tratamento injusto dispensado a alguns cidadãos e a prosperidade desproporcional permitida a outros. No entanto, é difícil encontrar um economista que discorde da afirmação de que, sob sistemas capitalistas, as economias ficaram mais ricas e saudáveis, desenvolveram-se mais depressa, criaram tecnologias mais sofisticadas e tiveram existências políticas mais serenas do que sob outros sistemas. Quando caíram o Muro de Berlim e a União Soviética, ficou claro para todos que o capitalismo tinha deixado as economias ocidentais em uma posição bem mais saudável do que aquelas previamente administradas pelo comunismo. Por isso, muitos economistas concluíram que, apesar de suas várias falhas, o capitalismo ainda é o melhor meio encontrado para se administrar uma economia moderna e próspera.

A ideia condensada: a maneira menos ruim de se administrar uma economia

09 Keynesianismo

Encontra-se, bem no centro da economia keynesiana, a ideia de que a política fiscal (tributação e gastos governamentais) deve ser usada como ferramenta de controle de uma economia. Foi uma teoria esposada por um dos maiores pensadores do século XX, o economista John Maynard Keynes, cujas ideias ajudaram a modelar a economia do mundo atual, sendo muito respeitadas e seguidas até hoje.

A obra-prima de Keynes – *Teoria geral do emprego, do juro e da moeda* (1936) – foi uma resposta direta à Grande Depressão. Ele disse que os governos tinham o dever, até então negligenciado, de ajudar a economia a se manter em pé durante tempos traumáticos. Foi a réplica repreensiva a uma ideia apresentada pelo francês Jean-Baptiste Say (1767–1832), que dizia que na economia como um todo "a oferta cria sua própria demanda", ou seja, a mera produção de bens produz a demanda por eles.

Dando a partida na economia Até a Grande Depressão, supunha-se que a economia era autorregulada, em sua maior parte – que a mão invisível (veja o capítulo 1), deixada por conta própria, elevaria automaticamente o nível de emprego e a produção econômica a um ponto ideal. Keynes discordou frontalmente. Durante um período de queda, a baixa demanda por bens poderia causar uma grave depressão, fazendo com que a economia se contraísse e gerasse desemprego. O governo teria a responsabilidade de dar a partida na economia emprestando dinheiro e gastando-o, contratando pessoal para o setor público e destinando verbas para projetos de infraestrutura pública – por exemplo, construindo estradas e ferrovias, hospitais e escolas. O corte da taxa de juros pode ajudar a melhorar a economia (veja o capítulo 18), mas não consegue resolver tudo.

Segundo Keynes, os valores adicionais gastos pelo governo iriam se infiltrar pela economia. A construção de uma nova estrada, por

linha do tempo

1929
A Queda da Bolsa de Nova York faz com que as ações despenquem e provoca a Grande Depressão

1933
Franklin D. Roosevelt anuncia seu *New Deal* – um programa de obras governamentais para tentar conter a Depressão

JOHN MAYNARD KEYNES (1883-1946)

John Maynard Keynes era algo raro: um economista que teve a chance de colocar em ação as suas ideias. Chamado de Maynard por seus amigos, foi um intelectual célebre em vida, participando do Grupo de Bloomsbury, que incluía, entre outros, Virginia Woolf e E.M. Forster. Na Primeira Guerra Mundial, foi conselheiro do Ministro das Finanças do Reino Unido, mas seu nome se consagrou mesmo depois da guerra. Com certa antevisão, advertiu que os termos duros do Tratado de Versalhes poderiam levar a Alemanha à hiperinflação, com o potencial para outra grande guerra. A história, como se viu, confirmou seus temores.

Keynes ganhou uma fortuna no mercado de ações, embora tenha perdido boa parte dela na Grande Quebra de 1929, obtendo resultados razoáveis especulando com o câmbio.

Antes de sua morte, logo após a Segunda Guerra Mundial, Keynes negociou um empréstimo essencial com os Estados Unidos, e ajudou a idealizar o Fundo Monetário Internacional e o Banco Mundial – as duas principais instituições econômicas internacionais a moldar a economia mundial nas décadas seguintes.

exemplo, cria trabalho para construtoras, cujos funcionários saem e gastam seu dinheiro em alimentos, bens e serviços, o que, por sua vez, ajuda a manter ativa a economia como um todo. O ponto central de seu argumento era a ideia do multiplicador.

Digamos que o governo dos Estados Unidos encomende um porta-aviões de US$ 10 bilhões aos estaleiros Northrop Grumman. Você presumiria que o efeito disso seria a mera injeção de US$ 10 bilhões na economia. Segundo o argumento multiplicador, o efeito real seria maior. A Northrop Grumman contrata mais operários e gera mais lucros; seus trabalhadores gastam mais em bens de consumo. Dependendo da "propensão ao consumo" do consumidor médio, isso poderia elevar a produção econômica total a um valor bem superior ao do dinheiro público gasto na compra.

1936
Keynes argumenta, em *Teoria geral do emprego, do juro e da moeda*, que os governos devem emprestar mais nas épocas de recessão

Década de 1970
O keynesianismo perde prestígio quando as nações ocidentais enfrentam a inflação

2008
As ideias keynesianas voltam quando governos do mundo todo emprestam e gastam a fim de combater a recessão

> **“Na verdade, somos todos keynesianos agora. Uma parcela bastante significativa daquilo que os macroeconomistas modernos fazem deriva diretamente de *Teoria geral*; a estrutura introduzida por Keynes sustenta-se muito bem até hoje.”**
>
> **Paul Krugman, economista norte-americano**

Se os US$ 10 bilhões injetados fizessem com que a produção econômica total dos Estados Unidos crescesse US$ 5 bilhões, o multiplicador seria 0,5; se o crescimento fosse de US$ 15 bilhões, o multiplicador seria 1,5.

Os seis princípios fundamentais Segundo o antigo conselheiro presidencial Alan Blinder, o keynesianismo tem seis princípios fundamentais:

1. Os keynesianos acreditam que o desempenho de uma economia é influenciado tanto por decisões públicas quanto privadas, e que às vezes se comporta de forma errática.
2. O curto prazo é importante; às vezes, até mais do que o longo prazo. Um aumento do desemprego a curto prazo pode causar ainda mais danos a longo prazo, pois deixa uma marca permanente na economia de um país. Como diz uma frase famosa de Keynes, “A longo prazo, estaremos mortos”.
3. Os preços e, em particular, os salários, respondem lentamente a mudanças na oferta e demanda, o que, por sua vez, significa que o desemprego frequentemente está mais alto ou mais baixo do que deveria segundo a força da economia.
4. Com frequência, o desemprego fica demasiadamente alto e volátil, enquanto recessões e depressões são males econômicos – e não, como quer a mão invisível, respostas eficazes do mercado a oportunidades pouco atraentes.
5. O ciclo natural de altos e baixos da economia é um problema que os governos devem tentar estabilizar de forma ativa.
6. Os keynesianos tendem a se preocupar mais com o combate ao desemprego do que com o controle da inflação.

Uma teoria controvertida O keynesianismo sempre foi polêmico. Com base em que, perguntam muitos de seus críticos, devemos presumir que os governos sabem administrar melhor a economia? A volatilidade econômica é mesmo uma faceta perigosa? Apesar disso, os argumentos de Keynes parecem ter oferecido uma solução para a Grande Depressão na década de 1930, e o *New Deal* de Franklin D.

Roosevelt – apresentado em resposta à crise – é considerado um exemplo clássico de como um governo pode "dar corda" em sua economia gastando bilhões em meio à recessão. Embora ainda se discuta se foi o *New Deal* ou a Segunda Guerra Mundial que pôs fim à Depressão, a mensagem poderosa foi que os gastos do governo fizeram efeito.

Após o lançamento de *Teoria geral*, governos do mundo todo aumentaram drasticamente seus níveis de gastos públicos, em parte por motivos sociais – para criar Estados de bem-estar social para enfrentar as consequências dos altos níveis de desemprego – e em parte porque a economia keynesiana destaca a importância do controle governamental sobre parcelas significativas da economia.

Durante um bom tempo, isso pareceu funcionar, com a inflação e o desemprego em níveis relativamente baixos e uma forte expansão econômica, mas na década de 1970 as políticas keynesianas foram alvo de críticas, especialmente por parte dos monetaristas (veja o capítulo 10). Um de seus principais argumentos era que os governos não conseguem fazer o "ajuste fino" de uma economia ajustando regularmente as políticas fiscais e monetárias para manter um alto nível de emprego. Há uma defasagem longa demais entre o momento em que se identifica a necessidade de tais políticas (digamos, uma redução nos impostos) e o momento em que a política tem efeito – mesmo que os legisladores identifiquem rapidamente o problema, leva tempo até uma lei ser redigida e aprovada, e mais tempo ainda até o corte nos impostos gotejar na economia. Quando os cortes estiverem tendo efeito real, o problema que deveriam solucionar pode ter piorado – ou desaparecido.

Ironicamente, no entanto, as ideias de Keynes voltaram ao cenário com força após a crise financeira de 2008. Quando ficou claro que as reduções nas taxas de juros não seriam suficientes para impedir que as economias dos Estados Unidos, do Reino Unido e outras entrassem em recessão, os economistas disseram que os governos deveriam emprestar dinheiro a fim de reduzir os impostos e aumentar os gastos. Foi exatamente o que fizeram, no que foi considerada uma séria ruptura com as políticas adotadas nas duas décadas e meia anteriores. Contra todos os prognósticos, Keynes estava de volta.

A ideia condensada: os governos devem gastar para impedir recessões profundas

10 Monetarismo

John Maynard Keynes *versus* Milton Friedman: o embate econômico supremo. Não se trata apenas de dois polemistas fenomenalmente inteligentes e com frequência ácidos; não importa se tiveram formações muito diferentes, o primeiro um inglês educado em Eton e o outro nascido no Brooklyn, filho de imigrantes judeus da Hungria. O fato é que os dois representam doutrinas radicalmente opostas. Representam a batalha ideológica por trás da economia dos últimos 50 anos.

Enquanto Keynes prestava mais atenção no desemprego do que na inflação, advertindo que a economia poderia melhorar com certa dose de interferência estatal, Friedman sustentava que as pessoas deveriam ficar por conta própria, sendo a principal tarefa do Estado o monitoramento e o controle da quantidade de dinheiro que circula na economia. Em seu livro seminal *Uma história monetária dos Estados Unidos 1867–1960*, escrito com Anna Schwartz, ele expôs as teorias do monetarismo.

Combata sempre a inflação "A inflação sempre e em toda parte é um fenômeno monetário", disse Friedman. Em síntese, ao injetar dinheiro extra no sistema (como os keynesianos tendiam a fazer), os governos faziam a inflação aumentar, provocando o risco de danos importantes à economia. Friedman acreditava que se os bancos centrais se encarregassem de manter o controle dos preços, a maioria dos outros aspectos da economia – desemprego, crescimento econômico, produtividade – seriam resolvidos sozinhos.

Enquanto Keynes afirmava que era muito difícil convencer os trabalhadores a aceitar salários mais baixos, a teoria monetarista clássica afirmava o contrário: que salários mais baixos para os trabalhadores e preços mais baixos para as empresas eram aceitáveis diante de uma inflação crescente. A taxa de crescimento de uma economia, dizia Friedman, pode ser determinada controlando-se a quantidade de dinheiro impressa pelos bancos centrais. Quanto mais dinheiro se imprime, mais as pessoas

linha do tempo

1912	1971
Nascimento de Milton Friedman	Publicação de *Uma história monetária dos Estados Unidos*, de Milton Friedman e Anna Schwartz

MILTON FRIEDMAN (1912-2006)

Milton Friedman foi um dos pensadores mais influentes da economia moderna. Nasceu no Brooklyn, Nova York, em uma família pobre de judeus húngaros que migrou para os Estados Unidos, e não tardou para se revelar como um aluno brilhante na escola. Depois de se formar na Universidade Rutgers, foi cursar a pós-graduação na Universidade de Chicago, que, sob sua influência, em pouco tempo tornou-se um dos principais fóruns acadêmicos da economia mundial. Durante a Segunda Guerra Mundial, trabalhou para o governo federal, chegando a defender políticas de gastos governamentais ao estilo keynesiano. Foi na década de 1960 que suas ideias sobre monetarismo ganharam destaque, e em 1976 recebeu o Prêmio Nobel de Economia.

gastam, e vice-versa. Isso é bem diferente do que pregava o keynesianismo, que minimizava a importância do dinheiro. Assinalava ainda uma importante posição política: enquanto Keynes dizia que os políticos deveriam tentar controlar a economia mediante políticas fiscais, Friedman dizia que bancos centrais independentes deveriam controlar a economia por meio de taxas de juros (sob regras estritas).

Numa recessão, disse Friedman, os bancos centrais devem prevenir a deflação injetando mais dinheiro no sistema. Com base nisso, afirmou que, no período que antecedeu a Grande Depressão, o Sistema de Reserva Federal cometeu o erro de ser severa demais com os bancos norte-americanos, permitindo que muitos quebrassem, o que, por sua vez, fez com que a crise econômica ficasse ainda mais dolorosa. Com efeito, culpava o Fed por ter transformado o que teria sido uma pequena recessão na depressão que de fato foi.

Uma ideia cujo momento havia chegado No começo, a classe dirigente não prestou muita atenção nos argumentos de Friedman, que foram apresentados juntamente com uma verdadeira salada de propostas radicais sobre o livre mercado, inclusive o serviço militar voluntário, a flutuação livre das taxas de câmbio, vouchers para a educação, a privatização da seguridade social e a instituição de um imposto negativo sobre a renda. Afinal, na década de 1960 o keynesianismo parecia funcionar bem: crescia-se constantemente, a inflação era baixa e o desemprego estava sob controle. Quem era esse jo-

Década de 1980
As ideias de Friedman são defendidas pelos governos Reagan e Thatcher nos dois lados do Atlântico

2006
Morte de Friedman

vem economista que dizia que as políticas tinham o poder de alimentar a inflação e o desemprego – algo que a Curva de Phillips dizia que era quase impossível? (veja o capítulo 22)

Então vieram os choques do petróleo e o caos econômico da década de 1970. O mundo ocidental enfrentou a estagflação, com a redução do crescimento econômico, inflação crescente e aumento do desemprego. Aparentemente, a economia keynesiana não tinha resposta para isso, abrindo caminho para a teoria de Friedman. Ele previra a possibilidade desse resultado e propôs uma solução: combater a inflação e não o desemprego.

> **“A estrutura monetária de Friedman foi tão influente que, ao menos em suas linhas gerais, tornou-se quase idêntica à teoria monetária moderna.”**
>
> **Ben Bernanke**

Dos dois lados do Atlântico, os políticos começaram a abraçar lentamente a doutrina. Na década de 1980, Paul Volcker, presidente da Reserva Federal, conduziu os Estados Unidos por uma dolorosa e traumática recessão para fazer com que os preços ficassem novamente sob controle. No Reino Unido, Margaret Thatcher, recém-empossada no cargo de primeira-ministra, acolheu a mensagem monetarista. Na Alemanha, o Bundesbank também começou a prestar atenção na velocidade com que se imprimia o dinheiro.

Problemas do monetarismo O problema é que, tivesse Friedman razão ou não, foi tão difícil encontrar uma medida apropriada de crescimento monetário – a quantidade de dinheiro circulando na economia – que o desafio de pôr em prática sua doutrina foi muito grande. A inflação pode ser um fenômeno monetário, mas a quantidade de dinheiro em circulação costuma aumentar e diminuir por motivos que nada têm a ver com a inflação. Quando, por exemplo, especialistas da City londrina ou de Wall Street idealizam um novo tipo de instrumento financeiro, volta e meia isso faz com que aumente a quantidade de dinheiro no sistema. Porém, é difícil, ou mesmo impossível, julgar o que motiva o aumento senão após algum tempo, quando os bancos centrais já tiverem tomado decisões sobre taxas de juros. Isso significa que, na prática, todos os bancos centrais deixaram de tentar controlar a quantidade de dinheiro em circulação, exceto o Banco Central Europeu, que continua a fixar uma meta de inflação.

O sucessor de Volcker no Fed, Alan Greenspan, embora fosse defensor declarado do livre mercado e tivesse grande respeito pelo monetarismo, também ignorou as estatísticas monetárias, a ponto de o Fed ter, há alguns anos, parado de publicar valores de crescimento monetário.

Monetarismo *vs.* keynesianismo – o placar final O resultado do confronto entre Friedman e Keynes é, como geralmente acontece nas lutas entre gigantes, um empate. Os bancos centrais modernos costumam concentrar-se tanto em indicadores monetários quanto em outros mais tradicionais para decidir sobre as políticas a seguir. Apesar do foco sobre o dinheiro ter diminuído no final da década de 1990 e no início da seguinte, voltou à cena recentemente, quando os economistas afirmaram que a crise no crescimento monetário ajudou a explicar a recessão que se seguiu à crise creditícia de 2008.

Por outro lado, tem aumentado o consenso de que as políticas sugeridas por Friedman e defendidas por Thatcher e Reagan na década de 1980 – a liberalização dos mercados financeiros, a contenção da inflação e do crescimento monetário, a maior liberdade para as empresas pedirem empréstimos e para contratar e despedir funcionários – foram, em parte, responsáveis por causar o aumento da dívida que desencadeou a crise financeira. Como disse o comentarista econômico Martin Wolf pouco antes do mergulho do Reino Unido e dos EUA na recessão: "Assim como as ideias de Keynes foram testadas até sua destruição nas décadas de 1950, 1960 e 1970, as ideias de Milton Friedman podem sofrer um destino similar nas décadas de 1980, 1990 e 2000. Todos os deuses fracassam quando se acredita demais neles".

Quanto aos dois envolvidos, eles nunca se encontraram pessoalmente. A única vez em que estiveram em contato foi na década de 1930, quando Friedman apresentou um ensaio ao *Economic Journal*, publicação dirigida por Keynes nessa época. No texto, havia um ataque ácido a A.C. Pigou, professor de economia em Cambridge e colega de Keynes nessa instituição. Keynes mostrou o trabalho a Pigou, que discordou da crítica, e Keynes escreveu a Friedman informando-lhe que decidira não publicar o texto. "Essa foi uma das únicas duas cartas que recebi de Keynes", recordou-se depois Friedman; "a outra também foi uma rejeição!"

A ideia condensada: controle o crescimento do dinheiro

11 Comunismo

Há alguns anos, a BBC pediu a seus ouvintes radiofônicos que votassem em seu filósofo preferido. Quando os votos começaram a chegar, apareceram alguns candidatos óbvios – Platão, Sócrates, Aristóteles, Hume e Nietzsche, entre outros –, mas à medida que a contagem era feita, logo ficou evidente que havia um vencedor para o título de filósofo predileto dos britânicos: Karl Marx.

Não muito depois, no final de 2008, uma livraria alemã informou que as vendas da obra-prima de Marx, *Das Kapital* (O Capital), tinham aumentado mais do que o fizeram em décadas.

Como é que um imigrante alemão radical, cujas ideias e predições mostraram-se erradas vez após vez, e que parecia ter sido enterrado junto com a queda do Muro de Berlim, continuava a ser tão popular? Por que suas obras, em particular, inspiram tanta devoção num dos países mais dedicados à economia de livre mercado?

A teoria famosa O ponto nevrálgico da famosa teoria de Marx é que as sociedades estão em meio a um processo de evolução, rumando de sistemas econômicos pouco justos e sofisticados para um destino final ideal. Tendo começado nos Estados feudais e passado pelo mercantilismo até o moderno sistema capitalista, a sociedade humana evoluiria naturalmente para um sistema mais justo e utópico. Esse sistema, dizia, era o comunismo.

Em uma sociedade comunista, a propriedade e os meios de produção (fábricas, ferramentas, matérias-primas, etc.) não pertenceriam a indivíduos ou empresas, mas a todos. Inicialmente, o Estado possuiria e controlaria empresas e instituições, gerindo-as de cima para baixo, assegurando-se de que as empresas não oprimiriam seus trabalhadores. Com o tempo, porém, o Estado iria desaparecer. Esse, disse Marx, representaria o estágio final da sociedade humana, quando se dissolveriam as barreiras de classe que tinham estratificado as nações durante milhares de anos.

linha do tempo

1848	1867	1883
Publicação de *Manifesto comunista*, de Karl Marx	Publicação do primeiro volume de *O capital*	Marx morre em Londres

KARL MARX (1818-83)

Nascido numa família de classe média de judeus convertidos ao protestantismo, Marx passou a maior parte da vida na universidade ou escrevendo seus livros. Depois de seus estudos universitários em Bonn e depois em Berlim, onde estudou direito, história e filosofia e publicou uma tese sobre o filósofo grego Epicuro, sentiu-se atraído pela teoria política. Tornou-se editor de um jornal com tendências revolucionárias em 1842, sofrendo várias vezes a censura do governo. Depois que o jornal foi fechado, mudou-se para Paris, onde conheceu o industrial Friedrich Engels, com quem escreveu o *Manifesto comunista* em 1848. Marx foi expulso da França e depois da Bélgica, vivendo depois em Londres até sua morte. Na maior parte da vida, foi sustentado pela generosidade de seus amigos – especialmente Engels. Quando morreu, em 1883, o segundo e o terceiro volumes de sua obra-prima *O capital* ainda não tinham sido publicados; foram-no posteriormente por Engels, que reuniu suas anotações. Está enterrado no Cemitério de Highgate, em Londres.

Luta de classes Muitas formas de comunismo foram propostas antes que Marx e seu colega Friedrich Engels abordassem o tema no *Manifesto comunista* em 1848. Em 1516, por exemplo, o escritor e político inglês Thomas More esboçou uma sociedade baseada na propriedade comum dos bens em seu livro *Utopia*, e já havia diversas comunidades comunistas na Europa e nos Estados Unidos no começo do século XIX.

O argumento de Marx, no entanto, era que o comunismo seria adotado em massa à medida que os trabalhadores do mundo se revoltassem contra seus governos e os derrubassem para estabelecer uma sociedade mais justa. Para isso, fundamentou-se na ideia de que o sistema capitalista existente era claramente injusto, pois os ricos – com mais capital (bens) – ficavam cada vez mais ricos à custa do trabalhador comum. Marx afirmava que a história da humanidade era a história da luta de classes, na qual o conflito entre a aristocracia e a burguesia ascendente (a classe média capitalista, que dominava cada vez mais os meios de produção) deu lugar a um novo conflito entre a burguesia e o proletariado (as classes obreiras que trabalhavam para eles).

1917
A Revolução Russa coloca Lênin no poder, levando à fundação da União Soviética

1949
Mao Zedong estabelece a República Popular da China como Estado comunista

1991
Sob Mikhail Gorbachev, a União Soviética se dissolve

> **"A teoria do comunismo pode ser resumida em uma frase: abolir toda propriedade privada."**
>
> **Karl Marx**

No centro das teorias de Marx encontrava-se a teoria do valor-trabalho. Essa ideia, exposta em O *capital* (1867), afirma que uma mercadoria vale o tempo que leva para alguém produzi-la. Logo, por exemplo, um paletó que exige duas vezes mais tempo para ser cortado e costurado do que um par de calças deve custar duas vezes mais do que estas. Contudo, argumentou, aqueles que administram as empresas embolsam um lucro desproporcional. O motivo pelo qual os patrões conseguem fazê-lo, disse Marx, é que possuem os meios de produção e, assim, conseguem explorar seus trabalhadores. Há pontos de interrogação sobre a solidez da teoria do valor-trabalho. Ainda assim, o argumento amplo não perde a validade: existe uma lacuna muito grande entre a riqueza e a oportunidade daqueles que possuem terras e capital e as daqueles que não os possuem.

Quem ler hoje o *Manifesto comunista* pode se surpreender com o fato de que o mundo que descreve existiu há mais de um século e meio. Parece ser um mundo muito moderno, um mundo de globalização, cortes de pessoal, grandes corporações internacionais e assim por diante. Marx pintou um quadro no qual a concorrência entre capitalistas ficaria tão feroz que, mais cedo ou mais tarde, a maioria iria à falência ou seria engolida pelos demais, deixando apenas um punhado de monopólios controlando quase todo o sistema de produção; esses, por sua vez, teriam poder quase ilimitado para explorar os trabalhadores. Também predisse que, como o capitalismo era intrinsecamente caótico, seria propenso a altos e baixos cada vez maiores ao longo do tempo, causando uma série de graves crises econômicas e um aumento no desemprego. Chegaria uma época em que isso – somado ao drama cotidiano de fazer as mesmas tarefas repetitivas – acabaria ficando insuportável para o proletariado, e seria iniciada uma revolução.

Comunismo no mundo moderno Num dado momento do século XX, cerca de metade da população mundial vivia sob governos que afirmavam que Marx era a luz política a guiá-los. Entretanto, no final do século, apenas algumas ditaduras persistentes eram, de fato, nações comunistas. Por que a teoria não passou na prova do tempo?

Em parte, porque Marx estava errado quanto à eventual evolução do capitalismo. Ele não se degenerou num sistema monopolista – pelo menos, ainda não – graças, em parte, à regulação dos governos, e, em parte, à mão invisível (veja o capítulo 1). O mundo não se viu repleto de desempregados, e, apesar de ainda vermos altos e baixos (veja o capítulo 31), o controle governamental é tão culpado por eles quanto as forças desenfreadas do capitalismo.

Poucos (talvez nenhum) dos países que adotaram o comunismo após as revoluções socialistas poderiam se adequar estritamente aos critérios de Marx – eram, na maioria, nações agrícolas, de baixa renda e subdesenvolvidas, como a Rússia e a China.

Os experimentos marxistas do século XX também destacaram as falhas intrínsecas dessa teoria. A mais importante é que o controle centralizado da economia é extremamente difícil de se pôr em prática, se não impossível. Quando a Cortina de Ferro caiu na década de 1990 e os antigos Estados soviéticos se abriram para os olhos do Ocidente, ficou claro que, apesar de todo o alarido da época da Guerra Fria, todos eram dolorosamente subdesenvolvidos.

Enquanto as forças da oferta e da demanda criaram economias dinâmicas que geraram riqueza rapidamente, os sistemas centralizados e rígidos da União Soviética e da China inibiram a inovação. Sem a concorrência entre empresas – a principal força motriz do livre mercado – a economia avançou com dificuldades, empurrada pelos burocratas. Os soviéticos só se destacaram de fato em uma área: a da inovação militar e aeronáutica. Não foi à toa que a União Soviética só encontrou concorrência nessa área – no caso, com o Ocidente durante a Guerra Fria.

A ideia condensada: uma sociedade igualitária, totalmente gerida pelo Estado

12 Individualismo

A frase foi cunhada por Karl Marx, que a usou com desgosto: "O culto ao indivíduo". Mas, no final do século XX, a ideia de que as escolhas individuais têm importância primordial na criação de políticas econômicas tornou-se dominante. Essa filosofia, semente do thatcherismo e do reaganismo, proveio de uma pequena nação europeia: a Áustria.

Apesar de a economia ser o estudo daquilo que leva as pessoas a tomarem certas decisões, os economistas clássicos tendiam, em nome da facilidade, a enfatizar que de modo geral as pessoas agem em uníssono. Se, por exemplo, chega uma nova variedade de batata frita às prateleiras e se mostra popular, é porque os consumidores são atraídos por ela. A Escola Austríaca, no entanto – que nasceu no final do século XIX e ganhou forças no século XX –, concentrou-se nas razões específicas de cada indivíduo para decidir adquirir determinado produto.

> **"Não existe sociedade: o que existe são indivíduos, homens e mulheres, e famílias."**
>
> **Margaret Thatcher**

A economia convencional era – e ainda é – um assunto muito elevado, examinando o desempenho econômico de uma nação como um todo, ou um subconjunto desse país, usando medidas agregadas (em outras palavras, somando as diversas partes para chegar a um total) como Produto Interno Bruto e inflação. Em lugar disso, a Escola Austríaca enfatiza que a tomada individual de decisões precisa ficar em primeiro plano. Afinal, só indivíduos podem agir; países, empresas e instituições não têm mente própria – são uma entidade coletiva, compreendida por muitos indivíduos diferentes.

Os fenômenos econômicos – a riqueza ou os níveis de desigualdade de um país, por exemplo – são fruto de escolhas feitas por milhares de indivíduos, e não a consequência das políticas coordenadas de legisladores ou grandes empresas. Como consequência, pode não

linha do tempo

1871

Publicação de *Princípios de economia política*, de Carl Menger

1944

Publicação de um importantíssimo texto econômico austríaco, *O caminho da servidão*, de Friedrich Hayek

haver um modo de reduzir a desigualdade a determinado nível, pois ela não é produto do desígnio humano, mas uma manifestação da ação humana.

Arte ou ciência? Para a teoria austríaca do primado do indivíduo, é fundamental a ideia de que a economia é mais arte do que ciência. Essa ideia pode surpreender aqueles que estão familiarizados com a economia acadêmica convencional, com seus gráficos e equações. Usando modelos econômicos, diriam, é possível determinar o percentual de probabilidade de quase tudo, desde uma mudança na taxa de juros ou um período de recessão, até alguma coisa além do campo econômico, como a taxa de gravidez na adolescência ou mesmo a possibilidade de uma guerra.

Todavia, apesar da confiança de seus praticantes, esses prognósticos científicos costumam dar errado. Como advertia o antigo governador do Banco da Inglaterra Mervyn King ao apresentar suas previsões, a única coisa de que ele tinha 100% de certeza é que elas serão equivocadas – não existe maneira de prever o futuro com precisão.

Embora o pai da Escola Austríaca, Carl Menger – cujo livro *Princípios de economia política* foi publicado em 1871 –, afirme que a economia ainda é uma ciência social, destinada a classificar as ações das pessoas segundo uma estrutura lógica e um conjunto de padrões, seu principal interesse foi enfatizar a natureza caótica da economia. Com isso em mente, os economistas austríacos evitam, na medida do possível, introduzir números e equações em seus estudos – fato que levou muitos de seus trabalhos a serem rejeitados por publicações profissionais sob a alegação de que contêm dados, valores ou equações insuficientes.

A armadilha da generalização Como comentou o sucessor de Menger, o austríaco Friedrich Hayek, ganhador do Prêmio Nobel, todas as pessoas são diferentes, e assim – embora possam ser tratadas exatamente da mesma maneira – a forma como reagem a esse tratamento

> **“Uma sociedade que não reconhece que cada indivíduo tem seus próprios valores, e o direito de segui-los, não pode ter respeito pela dignidade do indivíduo nem saber o que é liberdade.”**
>
> **Friedrich Hayek, economista austríaco**

1955
Fundação do Instituto de Assuntos Econômicos – um grupo de especialistas que proporcionou bastante respaldo intelectual para Thatcher

1974
Friedrich Hayek recebe o Prêmio Nobel

Um marciano na Grande Estação Central

Imagine que você é um marciano que acaba de chegar à Terra e se vê na Grande Estação Central de Nova York. Todas as manhãs, por volta das 8h00, você presencia a chegada de grandes caixas retangulares sobre rodas, despejando na plataforma pessoas que depois saem às ruas. Ao cair da tarde, você vê milhares de pessoas que, como manadas, voltam às caixas. Observando diariamente esse comportamento, você pode idealizar algumas regras "científicas" razoavelmente confiáveis sobre o comportamento humano, e até predizer com precisão o que as pessoas fariam todos os dias, sem compreender o que as leva a participar dessa migração coletiva diária. Você teria uma visão bem míope da humanidade. É exatamente essa a crítica da Escola Austríaca à economia ortodoxa, que idealiza modelos complexos que não levam muito em conta a tomada de decisões dos seres humanos individuais. O problema é que os economistas têm tanta fé nos modelos que deixam de ver o que motiva as decisões das pessoas.

pode ser muito diferente. O único modo de garantir sua igualdade, afirmou, "seria tratando-os diferentemente. Portanto, a igualdade perante a lei e a igualdade material não só são diferentes, como também conflitam uma com a outra; podemos conseguir uma ou a outra, mas não ambas ao mesmo tempo".

Vejamos o caso do dono de uma loja. Um dos primeiros pressupostos da economia ortodoxa é que, ao longo do dia, ele vai procurar maximizar seus lucros – afinal, esse elemento de interesse pessoal é uma das regras mais importantes de Adam Smith (veja o capítulo 1). Entretanto, um economista austríaco diria que aquilo que ele vende pode ser determinado pelo fato de decidir abrir mais tarde a loja, ou que se recusa a vender para certa pessoa porque não gosta dela. Fatores pessoais como esses determinam seu comportamento, e, em massa, determinam o comportamento dos lojistas do mundo todo.

Oferta e demanda, aos olhos do economista austríaco, é uma descrição abstrata daquilo que faz com que os preços subam ou baixem – e não uma causa em si. Os economistas retrucam afirmando que todas as ciências sociais precisam dessas abstrações e generalizações, mas a principal realização da escola austríaca é forçar a ciência a levar em conta o fato de que os valores, planos, expectativas e visão da realidade de cada um são elementos subjetivos.

O individualismo se justifica? Mas, por que isso é tão importante? Uma escola de pensamento que adverte contra a tendência a suposições sobre o comportamento humano pode parecer menos útil do que a economia ortodoxa, que busca prever resultados e apresentar soluções para legisladores mediante essas mesmas suposições. Porém, o ceticismo da Escola Austríaca foi justificado, entre outras coisas, porque Hayek e seu compatriota Ludwig von Mises foram alguns dos primeiros a prever a queda do regime comunista, argumentando que um Estado planejado desde o centro está fadado ao fracasso, já que os responsáveis pelo planejamento nunca terão informações suficientes sobre o que leva seus cidadãos a tomarem decisões individuais.

“Depois que se percebe que a divisão do trabalho é a essência da sociedade, nada resta da antítese entre indivíduo e sociedade. A contradição entre o princípio individual e o princípio social desaparece.”

Ludwig von Mises, economista austríaco

Os economistas austríacos enfatizam a importância de dar liberdade ao indivíduo para tomar suas próprias decisões. Esse *laissez-faire* ideal acabou inspirando algumas das maiores reformas da economia do século XX, pois foram, pelo menos em parte, as ideias da Escola Austríaca que inspiraram tanto Ronald Reagan quanto Margaret Thatcher a buscarem a liberdade de mercado, informando suas reformas baseadas na economia do lado da oferta (veja o capítulo 13). Perceberam que o foco não deveria estar na economia imposta desde o alto, mas nas vontades e desejos dos indivíduos.

A ideia condensada: as escolhas dos indivíduos são fundamentais

13 Economia do lado da oferta

O governo aumenta os impostos, mas, em vez de recolher mais dinheiro em suas contas, acaba *reduzindo* suas receitas. Por outro lado, a diminuição dos impostos faz com que obtenha *mais* dinheiro. A lógica econômica virou pelo avesso. Mas não se trata de bruxaria; trata-se do principal fundamento da economia do lado da oferta.

A economia do lado da oferta é uma das teorias econômicas mais controvertidas. A discussão em torno dela envolve a divisão entre aqueles que defendem a maior distribuição da riqueza por parte do governo e aqueles que acreditam, acima de tudo, na liberdade individual e no livre mercado.

> **“Quando se reduzem os impostos dos contribuintes de mais alta renda, o governo consegue tirar mais dinheiro deles.”**
>
> **Arthur Laffer**

A expressão envolve mais do que os impostos. Em termos amplos, a economia do lado da oferta refere-se à reforma do lado da oferta da economia – ou seja, as instituições e empresas que produzem os bens consumidos pelas pessoas. No sentido tradicional, seus partidários são aqueles que gostariam que essas empresas fossem mais livres e eficientes; apoiam a privatização dos serviços públicos (como as empresas de fornecimento de água e de energia elétrica), cortes nos subsídios a setores em dificuldades (como a agricultura e a mineração) e a abolição dos monopólios (como as empresas de telecomunicações). Na verdade, poucos economistas discordariam dessas metas.

Porém, desde a década de 1980, a expressão “economia do lado da oferta” tem se referido mais especificamente a argumentos a favor da redução de impostos, uma ideia que foi notavelmente defendida pelo econo-

linha do tempo

Década de 1940

Governos do mundo todo aumentam impostos a níveis sem precedentes para pagar dívidas de guerra e financiar a criação de sistemas de bem-estar social

Década de 1970

Arthur Laffer desenvolve a ideia da Curva de Laffer

mista norte-americano Arthur Laffer no final da década de 1970. Quanto mais impostos as pessoas precisam pagar, disse, maior será o incentivo para sonegá-los ou para trabalhar menos.

A Curva de Laffer Laffer disse que se um governo não cobrasse impostos, sua arrecadação (logicamente) seria nula; tampouco entraria dinheiro em seus cofres caso cobrasse impostos de 100% (porque ninguém teria incentivo para trabalhar). Então, desenhou (na parte de trás de um guardanapo, diz a lenda) uma curva em forma de sino que mostrava que havia um ponto entre zero e 100% com o qual a arrecadação tributária do governo seria a maior possível. O argumento de que impostos menores conseguem aumentar as receitas governamentais encontrou admiradores em Ronald Reagan e Margaret Thatcher.

Alíquota única

O apogeu da economia do lado da oferta é a alíquota única: todos pagam a mesma alíquota. É um sistema que foi adotado em especial por algumas das antigas repúblicas comunistas, como a Letônia e a Estônia. Perceberam que agora mais gente paga imposto, o que aumentou as receitas tributárias malgrado a redução nas alíquotas cobradas.

A teoria se concentra particularmente na *alíquota tributária marginal*, a alíquota paga sobre a hora extra trabalhada. Muitas das maiores economias, inclusive os EUA e o Reino Unido, tinham alíquotas marginais em torno de 70%. Como os trabalhadores levariam para casa apenas 30% de cada libra ou dólar extra, isso afetava claramente o incentivo para alguém trabalhar mais.

Um exemplo claro deu-se em 2008, quando o Tesouro britânico elevou a alíquota máxima de impostos pela primeira vez desde a década de 1970. Decretou que a alíquota para qualquer renda superior a £ 150.000 seria de 45%, um pouco maior do que a alíquota máxima anterior, de 40%. Entretanto, os maiores tributaristas calcularam que isso não proporcionaria receitas adicionais ao governo, pois dissuadiria as pessoas de trabalhar mais. Com efeito, essa medida poderia até reduzir a arrecadação.

O problema é que as pessoas não só buscarão maneiras de evitar o pagamento desse imposto adicional, procurando, por exemplo, paraísos fiscais como Mônaco ou as Ilhas Cayman, como também as alíquotas

Início da década de 1980	Final da década de 1980	1994	1995
As ideias de Laffer são adotadas por Thatcher e Reagan	Redução de impostos no Reino Unido, EUA e em outros países ocidentais	A Estônia introduz a alíquota única	A Letônia faz o mesmo

Positivamente negativo

Outra ideia radical veio de Milton Friedman (veja o capítulo 10), que propôs a criação de um imposto de renda negativo. O argumento é que o Estado já precisa redistribuir o dinheiro para as famílias mais pobres na forma de seguridade social e seguro-desemprego. Se em vez disso existisse um sistema de imposto negativo sobre a renda, aqueles que ganham mais do que certo valor continuariam a pagar seus impostos normalmente, enquanto aqueles que ganhassem menos receberiam, na verdade, impostos negativos – em outras palavras, um abatimento instantâneo – do fisco. A ideia é que isso poderia eliminar o desajeitado e oneroso sistema de seguridade social e a infraestrutura de benefícios por desemprego.

tributárias marginais mais elevadas podem prejudicar a economia como um todo. Desestimular os trabalhadores que geram mais dinheiro (normalmente, aqueles com maiores salários) pode levá-los a sair do país ou a abandonar seus empregos, reduzindo a geração de riqueza da economia. Se isso acontece, é um sinal de que esse governo deve pensar em reduzir os impostos ou encontrar outros incentivos para estimular as empresas a ficar no país.

Por outro lado, quando as alíquotas tributárias são baixas, as pessoas se sentem estimuladas a trabalhar mais, mesmo que a parcela que o governo extrai de cada dólar extra seja menor. A Curva de Laffer mostra que o governo deve encontrar um equilíbrio entre os dois, expressando cientificamente a verdade contida na frase do ministro das finanças de Luís XIV, Jean-Baptiste Colbert, para quem a tributação era a arte de "depenar o ganso para se obter o máximo de penas com o mínimo de grasnidos".

O que seria alto demais? A grande pergunta – tendo em vista o fato de que além de certo ponto as alíquotas de impostos geram cada vez menos receitas – é: onde fica esse limite? Com certeza não estará nos 90% de alíquotas marginais pagas por alguns na década de 1960, nem em 15% que poderiam impedir o governo de financiar o bem-estar social e os gastos sociais.

A discussão continua em aberto até hoje: muitos economistas de tendência esquerdista propõem que o teto deveria ficar acima de 50%, e aqueles situados no extremo oposto do espectro político sugerem que deve ficar abaixo de 40%.

No mundo todo, o consenso tem sido o de alíquotas marginais mais baixas. O número de países com alíquota tributária máxima de 60% ou mais caiu de 49, em 1980, para apenas 3 na virada do milênio – Bélgica, Camarões e a República Democrática do Congo.

Problemas com Laffer Embora seja difícil discutir a lógica elegante da hipótese de Laffer, restam questionamentos importantes quanto a seu funcionamento na prática. De fato, no começo da década de 1980, os cortes nos impostos de Reagan foram ridicularizados por George H.W. Bush como "economia vodu". Segundo Jeffrey Frankel, professor de Harvard, a ideia, "embora teoricamente possível sob certas condições, não se aplica às alíquotas de imposto sobre a renda dos Estados Unidos: um corte nessas alíquotas reduz a receita, exatamente como sugere o bom senso".

"Quanto mais impostos o governo cobra, menos incentivo as pessoas têm para trabalhar. Que mineiro de carvão ou trabalhador em linha de montagem vai ficar exultante com a oferta de horas extras se sabe que o Tio Sam vai ficar com 60% ou mais desse rendimento adicional?"

Ronald Reagan

Com efeito, as evidências mostram que as reduções fiscais de Reagan e de George W. Bush em 2001-2003 reduziram as receitas governamentais e aumentaram o déficit orçamentário. Em outras palavras, as reduções fiscais não tinham fundamento, precisando ser compensadas mais cedo ou mais tarde. Os partidários da economia do lado da oferta afirmam que o governo errou na escolha dos impostos cortados, e não na decisão de reduzir a carga fiscal.

Embora a hipótese continue extremamente popular até hoje (talvez porque prometa aos políticos alguma coisa em troca de nada), estudos e mais estudos têm demonstrado sua ineficácia. Só em casos extremos – quando as alíquotas são extremamente elevadas, por exemplo – é que as reduções nos impostos podem gerar mais receita.

Dito isso, não há muita dúvida de que impostos excessivamente elevados podem frear o crescimento econômico. Destacando esse argumento, a economia do lado da oferta tem sido responsável por uma completa revisão na maneira como se percebem e se constroem os impostos no mundo.

A ideia condensada: impostos mais altos representam crescimento menor

14 A revolução marginalista

Em 2007, David Beckham causou furor no mundo ao sair do Real Madrid da Espanha para ir para o Los Angeles Galaxy, assinando um contrato de cinco anos pelo valor de US$ 250 milhões, segundo se noticiou. O que gerou mais interesse foi o valor do negócio. Ele podia ser um bom jogador de futebol; ele pode também ter sido um excelente chamariz de marketing tanto para seu novo clube quanto para a Major League,* que se esforçou para concorrer com associações como a NFL, de futebol americano, a NBA, de basquete, e as de outros esportes norte-americanos. Mas, falando sério, o sujeito vale US$ 250 milhões?

Por menos econômico que possa parecer, o preço parece ter sido mesmo bom. O time de futebol não teria pago tudo isso caso não esperasse gerar um bom lucro. Indiretamente, portanto, é o público que considera que Beckham, e outros jogadores de futebol como ele, merecem uma soma desse porte. Estão dispostos a pagar por produtos relacionados com Beckham – desde camisas com seu nome bordado até as roupas e lâminas de barbear promovidas por ele.

A margem Por que atribuímos a um ser humano um valor tão superior ao de outro? Grandes atletas podem ser bons em seus respectivos esportes, mas por que valem tão mais do que aqueles cujo papel é essencial para nosso bem-estar, como professores e médicos? A resposta pode ser encontrada naquilo que os economistas chamam de *margem*.

Há cerca de trezentos anos, Adam Smith mencionou um paradoxo não muito diferente do de Beckham em *A riqueza das nações*. Por que, perguntou, a diferença tão grande de preços entre diamantes e água?

---

* Primeira divisão entre os times profissionais (N. do T.).

linha do tempo

1700
Os primeiros mercantilistas começam a identificar ideias com utilidade marginal

1776
Adam Smith menciona o paradoxo da água e dos diamantes em *A riqueza das nações*

Ao contrário da água, os diamantes não são essenciais para a existência humana; são pedaços de carvão cristalino – embora sejam muito atraentes. Ele raciocinou que é preciso mais trabalho para fazer um diamante – extraí-lo, cortá-lo, poli-lo e assim por diante – do que para produzir água, o que justificaria o custo. Ademais, os diamantes são escassos, enquanto a água é abundante para a maioria da população ocidental.

> **“É na margem, e não com uma visão ampla, que tomamos decisões econômicas.”**
>
> **Eugen von Böhm-Bawerk, economista austríaco**

Do mesmo modo, é muito pequeno o número de pessoas que têm a habilidade de chutar em curva sobre a barreira e marcar gol, como fez David Beckham ao cobrar uma falta. A escassez faz com que o preço aumente. Todavia, essa é apenas metade da explicação. Afinal, a quantidade de esgrimistas muito talentosos também é reduzida, mas é muito provável que não ganhem em anos o que Beckham recebe por semana.

A resposta ao paradoxo, proposta por economistas no final do século XIX (inclusive Carl Menger da Escola Austríaca; veja o capítulo 12), é que o valor de determinada coisa – seja David Beckham, um diamante ou um copo de água – é subjetivo. Depende apenas do valor que as pessoas atribuem a essa coisa em um dado momento. A ideia parece simples, mas mostrou-se revolucionária. Antes, as pessoas presumiam que alguma coisa tinha valor inerente; após a revolução marginalista, ficou claro que as coisas só têm valor na medida em que as pessoas as desejam.

Utilidade marginal Voltemos ao nosso copo d'água. Para quem suportou dias e dias com sede em um deserto, o valor desse copo é incalculável; provavelmente, a pessoa pagaria qualquer preço pedido, mesmo um diamante, se tivesse um. Mas quanto mais copos essa pessoa encontrar à disposição, menos estará disposta a pagar por um deles. O que precisamos determinar não é o valor da água no mundo, mas de cada copo específico. E a satisfação obtida com cada porção extra de água é o que os economistas chamam de *utilidade marginal* de cada copo. Nesse caso, a utilidade marginal será decrescente.

1871
Carl Menger propõe o marginalismo

1890
Alfred Marshall populariza a utilidade marginal em seus *Princípios de economia*

São numerosos os exemplos de preços que aumentaram ou diminuíram em função da elevação ou queda da utilidade marginal do bem em questão. O preço de um barril de petróleo estava em torno de apenas US$ 20 nos primeiros anos do século XXI, mas alguns anos depois tinha aumentado para mais de US$ 100 por barril, chegando a custar US$ 140. O medo de racionamento, exacerbado pela demanda de economias que cresciam rapidamente, fez com que as pessoas se dispusessem a pagar preços maiores. Depois de apenas alguns meses, o preço despencou para menos de US$ 40 por barril, com a recessão econômica mundial.

O conceito de utilidade marginal floresceu graças a outro grande economista, Alfred Marshall (1842-1924), que apresentou a ideia de que os consumidores tomam decisões com base em considerações marginais. Anteriormente, a atenção voltava-se mais para a oferta do que a demanda, mas ele sustentou que essa abordagem unilateral equivalia a tentar cortar uma folha de papel (representando o preço) com apenas uma lâmina de tesoura. Em vez de considerar que alguma coisa – digamos, um copo d'água – tem determinado preço, estipulado pelos custos havidos pelo fornecedor em extraí-la e engarrafá-la, Marshall enfatizou que os desejos dos consumidores também devem ser levados em consideração. Argumentou que só vão adquirir um produto se o item (1) for atraente a seu ver; (2) tiver um preço exequível; (3) seu preço for razoável em comparação com outros bens. Cada uma dessas consi-

Coma tudo que puder

Muitos, em um dado momento, sentiram-se tentados a entrar em um restaurante cujo atrativo é o bufê do tipo coma-tudo-que-puder. Você paga adiantado – digamos, US$ 10,99 – e começa a comer. Em termos econômicos, o custo total é o mesmo – US$ 10,99 –, mas o custo marginal, ou seja, cada porção adicional, é zero, pois é esse o custo da comida extra. Contudo, a quantidade real de satisfação e de desfrute proporcionada pela comida (aquilo que os economistas chamam de "utilidade") diminui a cada porção pois vamos ficando cada vez mais saciados, até mesmo passando mal.

Portanto, embora o custo marginal de uma porção extra seja zero, a utilidade marginal começa alta e diminui. É um princípio universal na economia. Temos a tendência a extrair mais prazer na primeira vez em que consumimos determinado bem, mas depois o retorno é menor – assim como a primeira aquisição de um Penny Black, o primeiro selo postal, traz mais satisfação para um filatelista do que aquela auferida com a aquisição do segundo, terceiro ou quarto exemplar desse selo.

derações afeta o preço marginal, seja o de um copo d'água, seja o do passe de um jogador de futebol de renome mundial.

Pensando na margem A ênfase de Marshall recaiu sobre o marginal; as pessoas só fazem alguma coisa – fabricar lâmpadas ou varar a noite estudando para uma prova no dia seguinte – quando o estudo extra ou a lâmpada valem a pena. Em um dado ponto, dormir será um plano mais sensato do que estudar de madrugada; do mesmo modo, a receita proveniente da produção de uma nova lâmpada será menor do que o custo de produção. Pensamos sempre na margem – é uma forma prática de agir. Portanto, as economias avançam mediante incrementos graduais, e não em saltos gigantescos. A revolução marginalista lançou luzes sobre a verdadeira natureza da evolução econômica.

Apesar de o homem ser marginalista por natureza, foi preciso que Marshall estabelecesse a ideia de utilidade marginal como parte dos fundamentos da economia. Hoje, essas ideias informam planos de negócios no mundo inteiro. São vitais para o comércio.

E a parábola de Beckham não parou por ali. Dois anos depois de mudar de equipe, envolveu-se em um cabo de guerra com o clube italiano AC Milan. O incidente reforça a importância de se levar em conta a utilidade marginal. Os italianos acharam que um simples desembolso seria suficiente pelo jogador. Mas Tim Leiweke, presidente do LA Galaxy, disse: "O que o Milan não entende é que por trás desta história há fãs que estão parando de ir ao estádio e patrocinadores que ameaçam nos processar". Esse é um exemplo clássico de pensamento marginalista.

A ideia condensada: pessoas racionais pensam em termos marginalistas

15 Dinheiro

A economia não se limita ao dinheiro, mas o dinheiro transforma todos em economistas. Peça a uma pessoa para pagar um valor por alguma coisa – em vez de oferecê-la de graça, ou em troca de algum favor – e você terá acionado um interruptor invisível em seu interior.

O economista comportamental Dan Ariely usou um experimento para provar isso. Ofereceu a seus alunos um doce do Starbucks ao preço de um centavo cada. Em média, cada um pegou quatro doces. Depois, mudou o preço para zero – grátis. A economia tradicional diria que, com um preço mais baixo, a demanda deveria aumentar (veja o capítulo 2), mas não foi o que aconteceu. Quando o dinheiro foi retirado da equação, aconteceu uma coisa estranha. Quase nenhum dos estudantes pegou mais do que um doce.

O dinheiro faz o mundo girar O dinheiro é um dos elementos vitais de uma economia. Sem ele, seríamos forçados a praticar o escambo, ou seja, a trocar bens ou a oferecer um favor ou um serviço para pagar por alguma coisa. Assim como a comunicação entre duas pessoas fica bem mais fácil quando ambas falam a mesma língua, em vez de confiarem em gestos e ruídos, o dinheiro proporciona um meio de troca simples, sem o qual qualquer transação ficaria insuportavelmente complicada.

Em países onde as pessoas perdem a fé no dinheiro – talvez por culpa da hiperinflação –, geralmente recorrem a uma economia de escambo. No final da década de 1980, quando a União Soviética entrou em colapso, muitos começaram a usar cigarros como moeda. Porém, as economias à base do escambo são muito ineficazes – imagine se tivesse de levar uma oferta atraente e diferente de serviços ou de bens todas as vezes que fosse fazer compras. Seria melhor ficar em casa.

> **“O dinheiro é o nervo do amor e da guerra.”**
>
> Thomas Fuller

Além dessa função primária como meio de troca, o dinheiro tem outros dois propósitos. Primeiro, é uma unidade de contagem, o que significa que é

linha do tempo

ca. 10000 a.C.
Primeiras evidências de escambo em partes da África

3000 a.C.
Shekels (unidades de peso) comercializadas na Mesopotâmia

um parâmetro em relação ao qual as coisas podem ser precificadas, ajudando-nos a julgar o valor de alguma coisa. Segundo, é um depósito de valor, o que significa que não vai perder seu valor com o tempo – embora seja discutível se o moderno papel-moeda cumpre essa função. Todos estão familiarizados com o que seja dinheiro – notas de dólar, moedas de libra, centavos de euro e outros tipos de divisa – mas, tecnicamente, qualquer tipo de unidade negociável pode ser tratada como dinheiro: por exemplo, conchas, joias, cigarros e drogas (estes dois últimos costumam servir como dinheiro em prisões). E, mais do que antes, hoje o dinheiro constitui um fluxo invisível de crédito – dinheiro emprestado – entre emprestadores e tomadores.

Liquidez

Liquidez é a medida da facilidade com que alguém consegue trocar um ativo – como uma casa, uma barra de ouro ou um maço de cigarros – por dinheiro vivo ou algum outro tipo de moeda. As ações da maioria das grandes empresas, por exemplo, costumam ser bastante líquidas – podem ser vendidas facilmente porque em geral muitos compradores se interessam por elas. Casas são mais ilíquidas porque leva tempo para organizar a venda de um imóvel. Quando as empresas colocam itens em liquidação, isso significa simplesmente que estão tentando converter seus bens em dinheiro vivo.

Tipos de dinheiro É possível distinguir duas categorias principais de dinheiro:

Dinheiro-mercadoria Tem um valor intrínseco, embora não seja de fato uma forma de dinheiro. Provavelmente, o ouro seria o exemplo mais óbvio, pois pode ser usado para fabricar joias e é um metal muito importante na indústria. Outros tipos de dinheiro-mercadoria incluem prata, cobre, alimentos (como arroz e pimenta em grãos), bebidas, cigarros e drogas.

Dinheiro fiduciário É um dinheiro sem valor intrínseco. Derivado do latim "confiança" (fidúcia), pois seu valor depende de se confiar no governo que decretou que moedas e notas de valor intrínseco desprezível valem legalmente determinadas importâncias. Esse é o sistema atuante nas economias avançadas da atualidade. As notas de dólar são emitidas pela Reserva Federal e pelo Tesouro norte-americano, e as notas de £5, £10 e £20 (e assim por diante) são emitidas pelo Banco da Inglaterra. Originalmente, o papel-moeda podia ser convertido em dinheiro-

600 a.C.
Primeiras evidências de moedas de ouro e prata na Lídia

Século IX
A China inventa as cédulas de dinheiro

1816
Introdução do padrão-ouro, atrelando todo dinheiro a uma quantidade específica de ouro

A história do dinheiro

Durante centenas de milhares de anos, as civilizações humanas habituaram-se a fazer escambo, trocando conchas e pedras preciosas por alimentos e outras mercadorias importantes. Para encontrarmos a primeira evidência de dinheiro como moeda, precisamos recuar 5 mil anos até o lugar onde hoje é o Iraque, para encontrar o shekel. Embora tenha sido a primeira forma de moeda, não era dinheiro como o conhecemos e entendemos. Na verdade, representava certo peso de cevada equivalente a ouro ou prata. Mais tarde, o shekel tornou-se uma moeda propriamente dita. A moeda britânica é chamada de libra porque originalmente equivalia a uma libra (aproximadamente 0,45 kg) de prata.

Os antigos gregos e romanos usavam moedas de ouro e prata como dinheiro, e o *denarius* latino acabou dando origem ao dinar de vários países, inclusive Jordânia e Argélia, além de fornecer o "d" que servia de abreviatura para o *penny* britânico antes da decimalização em 1971. Além disso, deu-nos as palavras usadas para expressá-lo em espanhol e português – *dinero* e *dinheiro*.

As primeiras cédulas de dinheiro foram emitidas na China do século VII, embora tenha levado mais mil anos até a ideia do papel-moeda ser adotada na Europa, pelo Stockholms Banco da Suécia, em 1661.

-mercadoria, e assim, tecnicamente, o cidadão podia exigir certa quantidade de ouro em troca por suas notas de dólar. No entanto, desde 15 de agosto de 1971, por ordem do presidente Nixon, a conversibilidade cessou e o dólar tornou-se dinheiro fiduciário puro. A estabilidade das moedas fiduciárias depende da fé que a população deposita no sistema legal do país e na credibilidade econômica do governo.

> **"Então, você acha que o dinheiro é a raiz de todos os males. Já se perguntou qual é a raiz de todo dinheiro?"**
>
> **Ayn Rand**

Medindo o dinheiro Medir a quantidade de dinheiro que circula em uma economia é uma das principais maneiras de se determinar a saúde dessa economia. Quando as pessoas têm mais dinheiro, sentem-se mais ricas e tendem a gastar mais, e as empresas respondem a esse aumento nas vendas encomendando mais matérias-primas e aumentando a produção. Isso, por sua vez, eleva o preço das ações e o crescimento econômico.

Os bancos centrais medem o dinheiro de diversas formas. A mais popular é aquela que a Reserva Federal chama de M1, que mede a quantidade de papel-moeda em circulação fora dos bancos e a quantidade de fundos de que as pessoas dispõem em suas contas bancárias. Em outras palavras, M1 representa o dinheiro pronta e efetivamente disponível para as pessoas. Há outras medidas do dinheiro, mais amplas: M2, que inclui ativos menos líquidos (que não são acessíveis de imediato), como contas de poupança que exigem aviso ao banco antes de um saque; e M3, que cobre instrumentos financeiros considerados por muitos substitutos próximos do dinheiro, como depósitos a longo prazo e fundos do mercado monetário. Por algum motivo, no Reino Unido, o Banco da Inglaterra dá o nome de M4 ao equivalente ao M3.

Na virada do milênio, havia cerca de US$ 580 bilhões flutuando por aí, além de outros US$ 599 bilhões em contas bancárias pessoais de acesso instantâneo. Se você dividir a quantidade de dinheiro em circulação pelo número de adultos nos EUA – 212 milhões –, isso implica que cada adulto possui cerca de US$ 2.736 em moeda, valor claramente maior do que aquele que a maioria das pessoas guarda nas carteiras. O motivo para o valor per capita ser tão alto é, em parte, que boa parte do dinheiro se encontra no exterior, pois o dólar é usado como moeda em muitos países além dos EUA, e em parte porque algumas pessoas – como os criminosos, por exemplo, inclusive aqueles que trabalham no mercado negro – preferem manter o dinheiro em moeda sonante em vez de guardá-lo em uma conta bancária.

“O dinheiro ainda não fez ninguém feliz, nem fará. Quanto mais um homem tem, mais ele deseja. Em vez de preencher um vazio, ele o cria.”

Benjamin Franklin

O dinheiro é mais do que a simples moeda. É até mesmo mais do que a quantidade de moeda em circulação e nas contas bancárias pessoais. Também é um estado de espírito. As notas de papel e as moedas de latão e de níquel que carregamos nos bolsos valem apenas uma fração de seu valor nominal – e a transferência eletrônica de dinheiro vivo de uma conta bancária para outra tem menos valor intrínseco ainda. E é por isso que o dinheiro precisa ser respaldado pela confiança – a confiança no dinheiro dado pelo pagador e em que o governo vai garantir o valor do dinheiro em algum momento futuro.

A ideia condensada: dinheiro é um sinal de confiança

16 Micro e macro

Na verdade, a economia abrange dois assuntos. Em primeiro lugar, é a especialização técnica que estuda como e por que as pessoas tomam determinadas decisões. Em segundo, é um estudo mais amplo, analisando como os governos melhoram o crescimento, contêm a inflação, mantêm suas finanças e impedem o aumento demasiado do desemprego. A diferença entre microeconomia e macroeconomia é fundamental para a compreensão da economia.

"Micro ou macro?", costuma ser a primeira pergunta que se fazem dois economistas que acabam de ser apresentados; a diferença entre os dois enfoques chega ao coração da economia. Geralmente, são considerados pelos economistas mais estritos como campos de estudo completamente separados, a ponto de que muitos passam a vida inteira especializando-se em um ou em outro, sem sentir falta de nada.

Qual a diferença? Derivada de *mikros*, palavra em grego antigo que significa "pequeno", microeconomia é a expressão usada para o estudo da maneira como lares e empresas tomam suas decisões e interagem com os mercados. Um especialista em microeconomia pode se concentrar na forma como um tipo específico de lavoura com arado aumentou ou diminuiu nos últimos anos.

A expressão macroeconomia vem do grego *makros* – "grande" –, e é o estudo de como as economias em geral funcionam. O macroeconomista está mais preocupado com questões sobre o motivo para a taxa de crescimento de um país ser forte, mas sua inflação baixa (como aconteceu com os Estados Unidos na maior parte da década de 1990), ou com as causas do aumento da desigualdade (como ocorreu tanto no Reino Unido quanto nos EUA em décadas recentes).

Raízes da diferença Por que essa divisão? É uma boa pergunta – na verdade, até meados do século XX não havia divisão. Um economista era apenas um economista. Aqueles que se concentravam em

linha do tempo

1930
A Grande Depressão causa uma cisão entre o comportamento humano individual e o comportamento coletivo

1933
A expressão macroeconomia é empregada pela primeira vez, pelo economista norueguês Ragnar Frisch

> **“Microeconomia: o estudo de quem tem o dinheiro e como posso pôr as mãos nele. Macroeconomia: o estudo de qual agência governamental tem a arma, e como posso pôr as mãos nela.”**
>
> **Gary North, jornalista norte-americano**

uma escala maior chamavam-se de economistas monetários, e aqueles que estudavam o pequeno eram os adeptos da teoria dos preços. Com efeito, os economistas propendiam bem mais para a pequena escala. Então apareceu John Maynard Keynes, que transformou a percepção da disciplina (veja o capítulo 9). Em síntese, ele criou a macroeconomia, com sua ênfase no papel dos Estados, tanto internamente (em termos do uso do dinheiro público e das taxas de juros para tentar manter a economia nos eixos) como internacionalmente (no monitoramento do comércio com outras nações).

A microeconomia, por seu lado, cresceu e se tornou uma área de estudo volumosa. Concentra-se particularmente na maneira pela qual oferta e demanda interagem em diversas circunstâncias (veja o capítulo 2). Examina a reação das pessoas a impostos e normas, a mudanças em preços ou gostos, mas detém-se antes de tirar conclusões sobre o efeito disso sobre a economia como um todo. Isso é tarefa do macroeconomista. Evidentemente, as duas visões estão relacionadas, mas o que as torna diferentes é que a microeconomia se concentra em um mercado de forma isolada, e a macroeconomia observa todos os mercados coletivamente.

Isso significa necessariamente que, em geral, os macroeconomistas precisam fazer suposições bem amplas sobre o comportamento de uma economia, inclusive a de que, a longo prazo, ela tenderá ao equilíbrio entre oferta e demanda – uma suposição que ainda é muito discutida.

Enfoques diferentes Publicações de qualidade que apresentam artigos sobre economia geralmente concentram-se na macroeconomia:

Década de 1950
A macroeconomia ganha popularidade juntamente com o keynesianismo

Década de 1990
A microeconomia prolifera durante um período de relativa calma macroeconômica

mudanças na taxa de juros ou na inflação; o Produto Interno Bruto de um país; notícias sobre alguma recessão ou *boom* econômico importante; a mensagem do Ministro da Fazenda sobre a economia e o novo orçamento, e assim por diante. Geralmente, vê-se que a história é macro porque tem uma abordagem mais geral.

Todavia, histórias que se concentram em finanças pessoais – sobre o efeito que os impostos e outras medidas governamentais podem ter sobre o cotidiano das pessoas – baseiam-se firmemente na microeconomia. É uma perspectiva mais concreta.

Por exemplo, quando Gordon Brown era ministro da Fazenda do Reino Unido, era frequentemente criticado por tentar a microgestão da economia. Isso significa que evitava grandes mudanças no imposto sobre a renda e nas taxas de juros, preferindo confiar em medidas de menor escala, como crédito especificamente voltado para certas famílias ou subsídios para investimentos das empresas.

Embora o número de escolas macroeconômicas seja relativamente pequeno, os especialistas em microeconomia têm a sorte de contar com numerosos campos de estudo para se concentrar. Naquela que se conhece como *economia aplicada*, é possível encontrar um grande leque de especialistas: os que analisam o emprego e as mudanças no mercado de trabalho ao longo do tempo; especialistas em finanças públicas cuja tarefa é examinar as contas do governo; especialistas em impostos sobre mercadorias, rendas ou tributação de empresas; espe-

Economia positiva e normativa

Economia positiva é o estudo empírico daquilo que está acontecendo no mundo. Ela examina, por exemplo, por que alguns países estão ficando mais ricos, por que certas famílias estão mais pobres e o que deve acontecer com eles no futuro. Ela evita emitir qualquer juízo de valor sobre a ocorrência (ou inocorrência) de um fenômeno, ocupando-se apenas com o porquê.

A *economia normativa*, por outro lado, trata daquilo que está acontecendo no mundo e procura esboçar maneiras de melhorar a economia. Assim, faz juízos de valor sobre determinados fenômenos.

Vejamos, por exemplo, a declaração a seguir: "Um bilhão de pessoas vivem com menos de US$ 1 por dia. Esse valor é inferior àquilo que qualquer ser humano deveria ter para seu sustento, e precisa ser aumentado com a ajuda e a assistência dos governos – especialmente os dos países mais ricos". A primeira frase é uma afirmação da economia positiva; a segunda, da normativa.

cialistas em questões agrícolas e taxas alfandegárias; especialistas em salários; e assim por diante.

Além disso, a microeconomia vale-se muito mais de estatísticas do que a macro, e geralmente seus praticantes criam complexos modelos de computador para demonstrar como a oferta e a demanda vão reagir à determinada mudança: por exemplo, vai aumentar o custo de fabricação dos automóveis caso os preços do petróleo (e com este, o custo da energia) sofra uma alta repentina. O macroeconomista está muito mais preocupado com o efeito sobre a taxa geral de crescimento de uma economia causado pelo aumento no preço do petróleo, em diagnosticar o que causou esse aumento e em determinar como ele pode voltar a ficar sob controle.

Não obstante, apesar de essas duas matérias serem tratadas separadamente, de modo geral, têm como base as mesmas regras fundamentais: a interação entre oferta e demanda, a importância dos preços e do funcionamento adequado dos mercados e a necessidade de determinar como as pessoas agem quando se defrontam com a escassez e com uma ampla variedade de incentivos.

A ideia condensada: micro para empresas, macro para países

17 Produto Interno Bruto

Se existe uma cifra econômica que vale a pena ser conhecida, certamente é a do Produto Interno Bruto (PIB). É, literalmente, a maior de todas as estatísticas econômicas, eclipsando todas as demais, desde a inflação e o desemprego até taxas de câmbio e preços de imóveis.

O PIB de um país é, pura e simplesmente, a medida de sua renda total (produto = produção ou atividade econômica; interno = numa economia específica; bruto = total). É a medida mais reconhecida da força e do desempenho econômicos de um país.

Muita gente sabe que a China tem experimentado uma ascensão notável rumo à proeminência econômica nas últimas décadas. As estatísticas do PIB (veja a seguir) mostram que ela superou rapidamente a França, a Grã-Bretanha, a Alemanha e até o Japão em anos recentes. Porém, sua produção econômica é apenas uma fração da produção dos Estados Unidos.

O que o PIB inclui? O Produto Interno Bruto mede duas coisas: a renda total do país e seu gasto total. Em uma economia, renda e gastos são iguais. Se você paga um dólar por um jornal, esse dinheiro – seu gasto – torna-se instantaneamente o ganho de outrem. O PIB mede tanto bens (como alimentos) e serviços (como cortes de cabelo), e inclui itens invisíveis (como manutenção doméstica – o valor que as pessoas pagam para morar em suas casas, sejam próprias, sejam alugadas).

O que o PIB não inclui? A principal exclusão é aquilo que é produzido pela economia dita informal. Inclui o comércio de mercadorias ilegais (como drogas e tudo que circula no mercado negro), que, segundo se calcula, equivale a cerca de quase um décimo da economia da maioria dos países ricos. O PIB também não inclui os componentes de um produto, bem como os produtos em si. Por exemplo, o motor de um

linha do tempo

Década de 1950

O mundo inaugura um período dourado de crescimento econômico após a guerra

carro não seria contado separadamente do veículo pronto do qual faz parte. Se o motor for vendido separadamente, já é outra questão.

PIB por país

(US$ bilhões, 2008)

Estados Unidos	14.334
Japão	4.844
China	4.222
Alemanha	3.818
França	2.987
Reino Unido	2.878
Itália	2.399
União Europeia	19.195
Mundo	60.109

Fonte: Fundo Monetário Internacional

E empresas estrangeiras? O PIB mede o valor de tudo que é produzido em um determinado país, seja quem for seu proprietário. Logo, se uma empresa norte-americana possui uma fábrica no México, a produção dessa fábrica contribui para o PIB do México. Entretanto, existe outra estatística relacionada que mede a produção econômica dos cidadãos de um país, estejam baseados em casa ou no exterior. O Produto Nacional Bruto (PNB) dos EUA, por exemplo, inclui a renda de cidadãos norte-americanos dentro e fora do país, mas exclui aquilo que cidadãos e empresas de outros países ganham nos EUA. Geralmente, os valores de PIB e PNB são muito similares.

Como se mede o PIB? Quando os governos publicam seus valores do PIB, geralmente o fazem em intervalos trimestrais, e o número mais interessante não é o valor total, mas a taxa de crescimento. Vale lembrar que a taxa de crescimento do PIB que é citada nos jornais ou pelos políticos refere-se ao crescimento *real* do PIB – em outras palavras, descontados os efeitos da inflação. Quando se mantém as mudanças nos preços de mercado devidas à inflação, o valor resultante é chamado de *PIB nominal*.

O que o PIB abrange? Como uma tangerina, o PIB é formado por vários segmentos, cada um representando uma contribuição importante para o crescimento econômico de um país. Aquilo em que um país gasta seu dinheiro pode ser descrito da seguinte maneira:

consumo + investimento + gasto público + valor líquido de exportações

Consumo significa todo o dinheiro que os lares gastam em bens e serviços, e nas últimas décadas, nos países ricos, tem sido de longe o

1972
O Butão começa a desenvolver um indicador da felicidade nacional bruta.

2007
O período mais longo de crescimento econômico global em décadas chega ao fim.

maior segmento entre eles. Em 2005, foi responsável por 70% de todos os gastos nos EUA, com um percentual similar no Reino Unido.

Investimento é o valor aplicado em empresas a prazo relativamente longo, por exemplo, para construir novas fábricas ou instalações. Inclui também o valor gasto pelas famílias na aquisição de residências recém-construídas. Equivale a 16,9% do PIB dos EUA e 16,7% do PIB do Reino Unido.

Gasto público inclui tudo aquilo que os órgãos governamentais nacionais e locais gastam em bens e serviços. Corresponde a 18,9% do PIB dos EUA, mas é bem maior na maioria dos países europeus, que têm serviços de saúde financiados pelo governo. Na Grã-Bretanha, estabilizou-se em torno de 40% na maior parte das décadas de 1990 e 2000. Mas lá, e em quase todos os países ricos, a proporção cresceu bruscamente após a crise econômico-financeira de 2008, quando os governos buscaram soluções keynesianas para suas recessões (veja o capítulo 9), injetando mais dinheiro público na economia.

Você deve ter notado que, se somar esses componentes, vai descobrir que os americanos estão gastando mais que 100% de seu PIB – para ser exato, 5,8% a mais. Como isso é possível? Em síntese, isso se deve ao fato de os EUA terem compensado recentemente o déficit de bens produzidos no país importando-os do exterior. Em 2005, as exportações foram responsáveis por 10,4% do PIB, enquanto as importações chegaram a 16,2%, e a diferença entre ambas – em outras palavras, as *exportações líquidas* – corresponde a esse déficit de 5,8%. Esse déficit comercial, como é chamado, é um aviso de que os EUA têm vivido além de suas possibilidades (veja o capítulo 24).

Medir o desempenho da economia usando o PIB Tendo em mente que o PIB é a medida mais ampla do desempenho de uma economia, ele é absolutamente central para as análises econômicas. Geralmente, os políticos são julgados por ele, e os economistas se esforçam ao máximo para prever seu valor. Quando a economia se contrai, ele se vê acompanhado por um aumento no desemprego e pela queda nos salários. Se a redução dura dois trimestres consecutivos, então tecnicamente a economia está em recessão. Apesar de ser uma definição muito aceita para recessão, nos EUA a palavra "R" não é usada oficialmente enquanto a situação econômica não for analisada pelo Escritório Nacional de Pesquisa Econômica. Geralmente, as piores recessões são chamadas de depressões. Não existe uma definição amplamente aceita de depressão, muito embora os economistas estipulem que uma economia precisa sofrer uma queda de 10% entre seu ponto mais alto e seu ponto mais baixo. Costumam concordar que uma depressão representa bem mais do que um ano de queda na produção. Na Grande Depressão da década de 1930, o PIB dos Estados Unidos caiu aproximadamente um terço.

Entretanto, essa versátil estatística econômica tem algumas limitações importantes. E se, por exemplo, um país abrisse subitamente suas portas para um número muito grande de imigrantes ou exigisse que seus cidadãos trabalhassem mais? Isso poderia aumentar drasticamente o PIB, embora do ponto de vista individual os trabalhadores não tenham sido mais produtivos. Logo, ao avaliar a saúde de uma economia, os estatísticos preferem estudar sua produtividade – calculada dividindo-se o PIB pelo número de horas trabalhadas pelos cidadãos do país. Outra maneira de interpretar o PIB consiste em dividi-lo pela população total, produzindo o PIB per capita, uma cifra que costuma ser usada pelos economistas para ilustrar o nível de vida de um país.

“Pode-se dizer sem exagero que, a longo prazo, provavelmente nada seja tão importante para o bem-estar econômico do que a taxa de crescimento da produtividade.”

William J. Baumol, Sue Anne Blackman e Edward N. Wolff

Apesar de se considerar com frequência que o PIB reflete o bem-estar de uma nação, os economistas modernos estão conscientes de suas limitações nesse sentido. Por exemplo, o PIB não leva em conta a desigualdade potencial entre diferentes membros da sociedade, nem pretende medir a qualidade ambiental ou social, ou a felicidade dos indivíduos. Esses valores precisam ser buscados em outros indicadores (veja o capítulo 49). Contudo, nenhuma estatística pode competir com o PIB para mostrar instantaneamente se a economia de um país está prosperando ou estagnando.

A ideia condensada: o principal indicador do desempenho econômico de um país

18 Bancos centrais e taxas de juros

O papel do presidente de um banco central, disse William McChesney Martin, é "levar a poncheira embora assim que a festa começa a ficar animada". Esse lendário ex-presidente da Reserva Federal quis dizer que incumbe a quem cuida da política monetária de um país – suas taxas de juros – de garantir que a economia não vai se aquecer demais nem afundar na depressão.

Quando a economia avança com alarido e as empresas têm lucros inéditos, há o perigo de a inflação ficar descontrolada, e a tarefa nada invejável do banco central é tentar fazer com que a festa tenha um final civilizado, geralmente elevando as taxas de juros. E se tudo dá errado e a economia afunda, seu papel é impedir que a ressaca seja grande demais, cortando as taxas de juros. Se isso já parece difícil, tenha em conta que nem mesmo o banco central consegue saber exatamente a velocidade da expansão da economia num dado momento.

Como funcionam os bancos centrais O problema é que, por definição, muitas das estatísticas nas quais os bancos centrais baseiam suas decisões estão defasadas quando são publicadas. O valor da inflação – divulgado no mundo todo com a maior presteza – refere-se ao mês anterior. O pior é que, como leva tempo para que os verdadeiros efeitos de certas mudanças na economia se manifestem em termos estatísticos (são necessárias, por exemplo, semanas ou até meses para que os preços mais elevados do petróleo ou de metais aumentem os preços ao consumidor), os bancos centrais precisam conduzir a economia olhando pelo retrovisor, em vez de fazê-lo através do para-brisa.

Quase todos os países com moeda própria e um governo capaz de arrecadar impostos tem seu banco central, indo desde o Fed (como a

linha do tempo

1668
O Riksbank, primeiro banco central do mundo, é fundado na Suécia

1694
Fundado o Banco da Inglaterra

Os quatro grandes

- **A Reserva Federal (EUA)** Seu principal corpo decisório é o Comitê Federal de Mercado Aberto. Dirigido pelo presidente do Fed (Ben Bernanke, quando este texto foi escrito), este grupo com 12 membros, que inclui representantes de filiais regionais do Fed e pessoas nomeadas pelo governo, decide as taxas de juros da maior economia do planeta. Seu presidente anterior, Alan Greenspan, foi tão reverenciado que, perto do final de seu mandato de quase 20 anos, tinha o apelido de "Oráculo" e "Maestro".

- **Banco Central Europeu (Europa)** Suas taxas são decididas pelo conselho diretivo de 21 membros, embora, na verdade, o presidente do BCE (atualmente, Jean-Claude Trichet) tome a decisão final.

- **Banco do Japão** Ele estabelece as taxas de juros da segunda maior economia do mundo. Apesar de ter sido independente desde a Segunda Guerra Mundial, alguns economistas suspeitam que ele é mais influenciado por forças políticas do que outros bancos centrais.

- **Banco da Inglaterra** Embora seja o segundo banco central mais antigo do mundo, foi um dos últimos a se tornar independente dos políticos, após Gordon Brown, ministro da Fazenda, ter decidido livrá-lo do controle governamental em 1997. As taxas são decididas pelo Comitê de Política Monetária (MPC, sua sigla em inglês), formado por nove pessoas. O banco tem o apelido de "Velha Dama da rua Threadneedle", referindo-se à rua na City, em Londres, onde está situado.

maioria das pessoas chama o banco central dos EUA) e do Banco da Inglaterra (que na verdade determina as taxas de juros para todo o Reino Unido) até o respeitadíssimo Banco Nacional Suíço e o inovador Banco da Reserva da Nova Zelândia. O Banco Central Europeu determina as taxas de juros para todos os países da União Europeia que adotaram o euro.

A maioria dos bancos centrais atua independentemente da política, embora, de modo geral, seus principais executivos sejam indicados – ou, em última instância, vetados – pelos políticos. Para assegurar certo controle sobre esses indivíduos que não são eleitos, é normal receberem um encargo, que pode ser específico, como no caso do Reino Unido e da zona do euro (uma meta de inflação do Índice de Preços ao Consumidor em torno de 2%) ou mais vago, como nos EUA (garantir o crescimento e a prosperidade).

1913
Woodrow Wilson cria a Reserva Federal dos Estados Unidos

1998
Criado o Banco Central Europeu em preparação para o lançamento do euro

Como as taxas de juros modelam a economia As metas têm mudado com o tempo. Quando o monetarismo estava na moda na década de 1980, por exemplo, alguns bancos centrais tentaram manter o crescimento da oferta de dinheiro em determinado nível. Hoje em dia, a maioria dos bancos centrais preocupa-se em manter a inflação sob controle. De qualquer forma, a principal ferramenta de que dispõe um banco central para influir na economia é a taxa de juros.

Taxas de juros mais baixas costumam sinalizar uma economia de crescimento mais rápido, acarretando a possibilidade de inflação mais alta, já que é menos lucrativo poupar, e emprestar e gastar são opções mais atraentes. A situação se inverte quando a taxa de juros é mais alta.

De um modo geral, a maioria dos bancos centrais estabelece uma taxa básica (chamada de Taxa de Fundos Federais nos EUA e de Taxa de Base no Reino Unido) a partir da qual outros bancos privados determinam suas próprias taxas de juros. Para fixar essa taxa, os encarregados nos bancos centrais precisam mexer em várias alavancas. Primeiro, anunciam que estão mudando a taxa oficial, e geralmente os bancos privados os acompanham e alteram suas próprias taxas de crédito imobiliário, empréstimos e poupança. Segundo, usam operações no mercado aberto, ou seja, compram e vendem bônus do Tesouro a fim de influenciar as taxas de juros por meio do mercado de títulos (veja o capítulo 27). Terceiro, aproveitam-se do fato de que todos os bancos comerciais são obrigados a guardar uma parte de seus próprios fundos nos cofres do banco central (conhecidos como reservas). Os bancos centrais podem mudar a taxa de juros que pagam por esses depósitos, ou podem ordenar aos bancos que aumentem ou diminuam suas reservas, influenciando o valor que desejam emprestar a seus clientes, o que, por sua vez, influi na taxa de juros.

A grande maioria dessas alavancas é invisível para os consumidores; o que importa é a reação em cadeia que provocam instantaneamente, fazendo com que o custo do crédito mude nos bancos do país. O funcionamento detalhado das alavancas só é importante quando alguma se quebra, tal como pode ocorrer quando o mercado monetário funciona mal (veja o capítulo 33).

Apesar de os bancos tenderem a decidir suas taxas de juros uma vez por mês ou a cada dois meses, têm centenas de funcionários trabalhando permanentemente no monitoramento das taxas reais dos empréstimos feitos no mercado para garantir que o remédio que prescrevem está funcionando. Durante a crise financeira do final da década de 2000, os bancos centrais tiveram de idealizar diversas maneiras diferentes para injetar mais dinheiro na economia.

Mas a inflação não é a única coisa afetada pelas taxas de juros. Taxas de juros mais altas costumam fortalecer a moeda nacional, pois investidores de outras partes do mundo canalizam seus fundos para investir nela. O problema é que a moeda mais forte torna mais caras as exportações de um país para os consumidores estrangeiros.

“No setor de bancos centrais, como na diplomacia, estilo, um feitio conservador de roupa e a amizade com gente bem situada contam muito mais e os resultados, muito menos.”

John Kenneth Galbraith

Apoio ao sistema financeiro O papel dos bancos centrais não consiste apenas no controle das taxas de juros, mas também em assegurar a boa saúde do sistema financeiro do país. Nesse sentido, ele também funciona como um prestamista de último recurso em épocas de turbulência econômica. Quando a Wall Street e a City estão bem, por exemplo, esse papel raramente se faz necessário, pois geralmente os bancos podem tomar empréstimos mais baratos e fáceis de seus pares. Em outras ocasiões, porém, o empréstimo de emergência do banco central torna-se um colete salva-vidas essencial.

Como uma das muitas repercussões da crise financeira de 2008, os bancos centrais viram-se forçados a ampliar seu papel de emprestador de última instância para salvar bancos em perigo. Em uma ruptura com décadas de convenção, por exemplo, o Fed começou a emprestar dinheiro diretamente a fundos multimercado porque todos – menos o governo – tiveram dificuldades quase insuperáveis para obter crédito. Ademais, começaram a comprar ativos e a injetar dinheiro na economia por um processo chamado expansão monetária quantitativa (veja o capítulo 20).

Contudo, como sempre acontece na economia, não existe almoço grátis – nem para consumidores, nem para bancos. O preço dessa generosidade maior foi uma regulação mais severa no futuro. As taxas de juros vão continuar a ser uma ferramenta importante na política dos bancos centrais, mas seu poder de monitorar e de regular o sistema financeiro também vai aumentar.

A ideia condensada: os bancos centrais afastam a economia dos altos e baixos

19 Inflação

Dependendo da fonte, a inflação pode limpar seus dentes ou arrancá-los. Ronald Reagan, ex-presidente dos Estados Unidos, descreveu-a como "tão violenta quanto um assaltante, tão assustadora quanto um ladrão armado e tão mortal como um assassino". Karl Otto Pöhl, ex-presidente do Bundesbank alemão, disse: "A inflação é como pasta de dentes: depois que sai [do tubo], é muito difícil colocá-la de volta".

Na verdade, na maioria das vezes, a inflação – o fenômeno do aumento de preços – não é nenhuma dessas coisas. Fazer com que os preços aumentem lenta e previsivelmente tornou-se um dos papéis mais importantes – se não o mais importante – dos bancos centrais e dos governos na administração de suas economias. Mas a inflação tem a desagradável tendência a sair do controle.

Níveis de inflação Geralmente, a inflação se expressa em termos anuais. Logo, uma taxa de inflação de 3% significa que em uma economia os preços estão, em média, 3% maiores do que 12 meses antes.

Como uma das estatísticas econômicas mais reveladoras, a inflação pode ajudar a ilustrar se uma economia goza de boa saúde, está superaquecida ou em lento declínio. Se for alta, a economia corre o risco de se ver presa a uma espiral inflacionária – quando os preços sobem exponencialmente – ou mesmo a uma hiperinflação; a diferença entre uma e outra depende da magnitude dos aumentos de preços. A hiperinflação, que afligiu a Alemanha na década de 1920 e o Zimbábue na primeira década do novo milênio, envolve aumentos de preços de 50%, no mínimo – e às vezes, até maiores – em apenas um mês. No pico da hiperinflação, em 1923, a Alemanha de Weimar teve de emitir notas de 100 trilhões de marcos.

Até uma inflação mais baixa, de cerca de 20%, pode ser muito prejudicial, especialmente quando, tal como ocorreu nos EUA e no Reino

linha do tempo

1873-96

A "Grande Deflação" após a Guerra Civil nos EUA

Década de 1920

A Alemanha sofre hiperinflação após a Primeira Guerra Mundial

Diferentes medidas da inflação

IPC: o Índice de Preços ao Consumidor é a medida mais comum da inflação na maior parte do mundo desenvolvido, usado nos Estados Unidos, na Europa e outros lugares. Os estatísticos calculam-na visitando lojas e empresas do país todos os meses, conferindo a velocidade com que sobe o preço de uma cesta imaginária de bens e serviços.

IPV: o Índice de Preços no Varejo costuma ser usado no Reino Unido para medir o custo de vida de forma mais abrangente. Inclui custos associados à manutenção de uma residência, como o custo e os juros de um financiamento.

Deflator do Produto Interno Bruto Essa medida de preços – a mais abrangente de todas – mede o custo de todos os bens de uma economia. No entanto, é calculado com menos regularidade do que o IPC e o IPV.

IPRI: o Índice de Preços Industriais mede tanto o custo das matérias--primas para os fabricantes quanto o preço que cobram dos varejistas pelos produtos terminados. Ajuda a sinalizar o rumo que a inflação pode estar tomando.

Outros índices Há muitos outros índices específicos, inclusive índice de preços imobiliários e índices de preços de commodities.

Unido na década de 1970, vem acompanhada de fraco crescimento econômico ou de recessão. O resultado costuma ser conhecido como estagflação (crescimento estagnado e inflação alta), e nos EUA e no Reino Unido ela aumentou o desemprego e promoveu bancarrotas durante muitos anos. Em suma, a inflação tem o poder de levar à ruína as economias que um dia foram altivas e saudáveis.

Causas e efeitos A inflação nos diz algo sobre condições sociais e econômicas. Comparando a velocidade com que o custo de vida aumenta com a velocidade em que a renda familiar aumenta, é possível calcular o ritmo em que o nível de vida de uma sociedade está melhorando. Se a inflação anda mais depressa do que os salários das famílias, seu nível de vida está caindo: as pessoas não conseguem mais comprar tantos bens quanto antes. Por outro lado, quando os salários sobem mais depressa do que a inflação, as pessoas têm mais dinheiro nos bolsos após fazerem as compras do mês: seu nível de vida melhora.

1930
EUA e boa parte do mundo presos à deflação durante a Grande Depressão

Década de 1970
A crise do petróleo eleva a inflação para mais de 20% nos EUA e no Reino Unido

2008
Diante da hiperinflação, o Zimbábue emite a nota de Z$ 100 bilhões

Quando uma economia cresce rapidamente, os empregados recebem generosos aumentos de salário, o que significa que irão gastar mais em bens e serviços. Em resposta à maior demanda, os preços tenderão a aumentar, seja de imóveis, seja de cortes de cabelo. Do mesmo modo, se a economia desacelerar, a demanda vai acompanhá-la e os preços vão baixar, ou, no mínimo, aumentar a um ritmo menor.

O preço dos bens é afetado não só pela demanda como pela quantidade de dinheiro que as pessoas têm à disposição. Se a oferta de dinheiro aumenta (seja porque foi impresso mais dinheiro, seja porque os bancos estão emprestando mais), haverá mais dinheiro para adquirir o mesmo volume de bens, o que vai aumentar os preços. A discussão sobre a forma exata de influir nesse processo foi uma das maiores batalhas intelectuais do século XX, travada entre monetaristas e keynesianos (veja os capítulos 9 e 10).

> **"A inflação é uma forma de tributação que pode ser imposta sem legislação."**
>
> **Milton Friedman**

Sempre teremos inflação? Uma pergunta feita com frequência é se os preços têm de subir sempre: não poderiam estabilizar-se? Na verdade, *podem* ser congelados, e em diversos momentos da história isso aconteceu. Embora em teoria a inflação não seja necessária para o funcionamento das economias, a tendência dos políticos, especialmente no último século, é estimular um pouco de inflação em suas economias, por diversos motivos.

Primeiro, e mais importante, a inflação estimula mais as pessoas a gastar do que a poupar, porque corrói lentamente o valor do dinheiro nos bolsos. É essencial ter certo grau desse ímpeto para a frente nas modernas economias capitalistas, pois, a longo prazo, incentiva as empresas a investirem em novas tecnologias. No entanto, a inflação também corrói a dívida, o que no passado levou governos endividados a deixá-la crescer ainda mais, reduzindo com eficácia a quantidade de dinheiro que deviam.

De modo similar, geralmente os níveis de inflação mostram-se similares às taxas de juros (veja o capítulo 18), e as pessoas estão acostumadas a taxas de juros positivas, e não negativas. Foram muito poucos os bancos que cobraram seus clientes por poupar e lhes pagaram para tomar empréstimos (como aconteceria em um mundo de taxas negativas de juros), e só em épocas de crises, quando era essencial estimular as pessoas a gastar e não a poupar.

Por fim, as pessoas estão intrinsecamente acostumadas a esperar aumentos de salário. É da natureza humana: as pessoas se esforçam para melhorar e não gostam muito de saber que sua remuneração vai se manter a mesma, embora os preços nas lojas continuem mais ou menos estáticos.

Espirais inflacionárias Às vezes, os preços podem aumentar de modo exponencial, um processo comumente chamado de espiral inflacionária. Quanto mais a inflação sobe, maior o descontentamento entre os trabalhadores, que observam a deterioração de seu nível de vida. Exigem salários mais altos, e, se conseguem, gastam o que ganharam, o que, por sua vez, leva os lojistas a elevarem seus preços. Isso aumenta ainda mais a inflação, o que motiva novamente os trabalhadores a pedir novos aumentos a seus patrões.

"A primeira panaceia para uma nação mal administrada é a inflação da moeda; a segunda é a guerra. Ambas trazem uma prosperidade temporária; ambas causam ruína permanente. Mas ambas são o refúgio dos oportunistas políticos e econômicos."

Ernest Hemingway

O pior problema da inflação excessiva – e também da deflação (veja o capítulo 20) – é que ela pode desestabilizar seriamente a economia. Quando as empresas e as famílias se sentem inseguras sobre a velocidade de aumento ou de diminuição dos preços, deixam de investir e de poupar e a vida cotidiana dá uma parada. É por isso que governos e bancos centrais se esforçam para manter o aumento de preços dentro de um ritmo previsível. Quando não conseguem, então – como Ronald Reagan lembrou muito bem – as pessoas enfrentam uma experiência tremendamente desagradável.

A ideia condensada: os preços devem aumentar lentamente

20 Dívida e deflação

Diferentemente do que acontece hoje, a deflação – processo no qual os preços caem a cada ano em vez de aumentar – nem sempre foi vista como uma ameaça. Durante um par de séculos, até o começo do século XX, economias bem-sucedidas passavam com frequência por surtos prolongados desse fenômeno. Na verdade, Milton Friedman afirmava que, em teoria, os governos deveriam ter como meta uma quantidade moderada de deflação.

Quando os preços das mercadorias nas ruas de comércio fino caem suavemente, isso significa que cada libra ou dólar que você tem no bolso vale mais. Mesmo que sua renda não aumente a cada ano, seu poder de compra aumenta. Portanto, você não precisa se preocupar com a possibilidade de seu dinheiro perder o valor dentro de alguns anos, como poderia acontecer em uma economia com inflação elevada.

> Definições
>
> **Deflação** implica que os preços de bens e serviços estão caindo, geralmente de ano para ano.
>
> **Desinflação** ocorre quando a taxa de inflação se reduz, embora se mantenha positiva.

Deflação e depressão A deflação benigna, porém, foi eclipsada no século XX por experiências mais dolorosas de queda de preços, nenhuma tão grave quanto a Grande Depressão da década de 1930. A Depressão veio após um grande aumento nos preços das ações durante a década de 1920, quando boa parte das ações foram compradas com dinheiro emprestado, e não com economias pessoais. Quando, em 1929, os investidores perceberam que os ganhos espetaculares (o Índice Dow Jones Industrial Average aumentou cinco vezes nos seis anos anteriores) não se basearam na realidade, mas em esperança e especulação, o mercado despencou.

linha do tempo

Século XIX	1930
A Revolução Industrial produz um surto prolongado de deflação	Os EUA sofrem uma espiral de dívida-deflação na Grande Depressão

O período que se seguiu foi o mais sombrio da economia norte-americana – e de muitos outros países do mundo – com bancos quebrando sob o peso de suas dívidas, queda nos preços de imóveis, empresas sendo fechadas e milhões de pessoas perdendo o emprego. Um dos problemas centrais dessa crise foi a deflação.

Os preços começaram a cair quando as pessoas perceberam que tinham sido inflados artificialmente pela cobiça e pela mania que dominaram a economia nos "Anos Loucos" da década de 1920. Mas, apesar de as ações e dos preços dos imóveis terem caído, o valor das dívidas assumidas pelas pessoas para adquiri-los permaneceu inalterado. Por isso, com os preços caindo à razão de 10% ao ano, o custo dos US$ 100 de dívida – em termos daquilo que tal importância podia adquirir de fato – subiu para US$ 110. Entre as famílias que não sucumbiram de imediato à queda da economia, milhões foram vítimas da deflação quando o valor de suas dívidas aumentou arbitrariamente.

Uma espiral mais dura A deflação não afeta apenas quem tem dívidas, mas a economia como um todo. Quando os preços começam a despencar, as pessoas tendem a guardar dinheiro, sabendo que as coisas vão ficar mais baratas dentro de alguns meses. A relutância em gastar faz com que os preços caiam ainda mais. Além disso, como os salários costumam ser determinados por contratos que obrigam legalmente as partes, de repente as empresas se veem com folhas de pagamento mais caras, pois salários que antes custavam US$ 1.000 agora custam o equivalente a US$ 1.100. É um desastre para o empregador, que vende bens e serviços por preços mais baixos mas ainda precisa manter a mesma folha de pagamentos. E se no começo isso parece bom para o empregado, na prática significa que as empresas terão de despedir mais funcionários para se manterem em atividade. De modo similar, embora os bancos recebam prestações mais elevadas de alguns devedores – em relação a outros preços da economia, que estão caindo –, outros devedores não conseguirão pagar seus empréstimos.

Muitos desses sintomas são bastante similares aos experimentados em um período de inflação elevada. Ambos envolvem o aumento de preços de certos produtos, em termos reais, em um ritmo incontrolável. Todavia, enquanto o efeito da inflação é encarecer os bens nas lojas, a deflação infla o custo de dívidas e de outras obrigações.

Década de 1990
O Japão entra em deflação com a explosão de sua bolha de prosperidade

2009
As principais economias, inclusive o Reino Unido e os EUA, sofrem deflação pela primeira vez desde a Segunda Guerra Mundial

> **“Enfatizo um corolário importante da teoria da dívida-deflação: as grandes depressões podem ser curadas e prevenidas pela reflação e estabilização.”**
>
> **Irving Fisher, economista estadounidense**

O maior risco da deflação é a queda cada vez mais rápida de preços, pois as empresas reduzem despesas e veem as perdas se acumulando, o que, por sua vez, faz com que os preços baixem ainda mais. Provavelmente, é mais difícil escapar disso do que de uma espiral inflacionária – principalmente porque as economias modernas desenvolveram mecanismos para lidar de forma mais eficaz com esta última (veja o capítulo 18).

Diagnóstico e soluções A explicação econômica para a deflação é que a quantidade de dinheiro no sistema diminui ou a oferta de bens e serviços aumenta. Assim, enquanto a inflação envolve um excesso de dinheiro em busca de bens em abundância, o oposto se aplica à deflação. No caso da Grande Depressão e da experiência do Japão nas décadas de 1990 e 2000, a causa foi uma contração monetária (associada à bolha das dívidas – quando as pessoas pouparam mais e gastaram menos após anos de excessos e de um estilo de vida além de seus recursos); a deflação benigna do século XIX, em contraste, foi em função do aumento na oferta de bens por causa da maior produtividade.

Normalmente, a principal ferramenta empregada pelos bancos centrais para controlar a inflação é a taxa de juros. Entretanto, esta não pode ficar abaixo de zero; por isso, quando os preços caem, não há muito mais a fazer, exceto recorrer a ferramentas pouco convencionais, das quais a maioria se reduz, nas palavras de Ben Bernanke, então presidente da Reserva Federal, a ligar a “máquina de imprimir dinheiro”. Em outras palavras, ao contrário de episódios de inflação, quando procuram manter constante a quantidade de efetivo no mercado, os bancos centrais começam a injetar mais dinheiro na economia. Isso pode ser feito de várias maneiras: comprando diretamente ativos como títulos ou ações ou aumentando a quantidade de dinheiro que os bancos comerciais mantêm em seus cofres – medidas que são conhecidas coletivamente como *expansão monetária quantitativa*.

Deflação e a década perdida

Apesar de a Grande Depressão ser considerada a pior espiral deflacionária dos tempos modernos – nos EUA, por exemplo, o desemprego chegou a um quarto da população ativa e o PIB reduziu um terço –, há exemplos mais recentes do fenômeno. O mais notável foi no Japão da década de 1990, quando os preços atingiram valores negativos, forçando o Banco do Japão a fixar as taxas de juros em zero. A espiral contribuiu para a chamada "década perdida", um período de crescimento anêmico e preços em queda do qual o país não conseguia escapar.

Essas medidas foram tomadas pelos japoneses na virada do milênio, e pela Reserva Federal e pelo Banco da Inglaterra após a crise financeira de 2008, quando tentaram reverter as crises alimentadas pela falta de crédito. Resta ver se os esforços terão o efeito almejado.

A ideia condensada: preços em queda podem paralisar uma economia

21 Impostos

"Neste mundo, nada é mais certo do que a morte e os impostos", disse Benjamin Franklin em 1789. Sem dúvida, não foi o primeiro a reclamar dos impostos. Desde que foram criados, os governos têm idealizado maneiras engenhosas de arrecadar dinheiro. Quando José e Maria viajaram a Belém, diz a Bíblia, fizeram-no para registrar sua propriedade para fins fiscais; o censo histórico do *Livro de Domesday* foi encomendado em 1086 por Guilherme, o Conquistador, principalmente para descobrir quem poderia pagar impostos; e já no ano 10 d.C., cidadãos chineses tinham de pagar imposto sobre a renda.

Até hoje, os impostos são um dos temas mais polêmicos na política. O presidente George H.W. Bush ainda é lembrado por sua promessa na eleição de 1988: "Leiam meus lábios: nada de novos impostos". Infelizmente para ele, o estado das finanças públicas voltou-se contra ele, e os eleitores fizeram o mesmo, quatro anos e vários aumentos de impostos depois.

"A coisa mais difícil de se entender no mundo é o imposto sobre a renda."

Albert Einstein

Desde a aurora da história, as pessoas se mostraram avessas a ter de perder parte do dinheiro que ganharam com grande esforço – geralmente, por um bom motivo: no passado, os cobradores de impostos eram bem mais brutais do que hoje. Antigamente, camponeses e trabalhadores podiam ter até de vender a esposa ou a filha como escravas se não conseguissem pagar seus impostos. As queixas motivadas pela obrigação de pagar impostos sem a contrapartida do direito de influir nas decisões políticas (por meio do voto, por exemplo) desencadeou a assinatura da Carta Magna em 1215, a Revolução Francesa e, naturalmente, a Festa do Chá de Boston e a Guerra da Independência dos Estados Unidos.

linha do tempo

3000 a.C.
Primeiras evidências de tributação no Antigo Egito

1789
Início da Revolução Francesa, em parte como oposição aos impostos elevados

No entanto, em quase todos esses exemplos, os impostos cobrados eram minúsculos em comparação com aqueles pagos por cidadãos da maioria dos países. Normalmente, não superavam 10%, e cobravam-se tributos adicionais em períodos de guerra, o que não ocorria todos os anos. Hoje, até a Suíça, que não participa de guerras, cobra do trabalhador médio cerca de 30% de seu salário em impostos.

A arte da tributação O que mudou? Principalmente, o advento do Estado de bem-estar social e dos sistemas de seguridade social na segunda metade do século XX. Comprometidos com o pagamento da saúde, educação, bem-estar de desempregados e idosos e segurança pública, os Estados modernos tiveram de gastar valores significativamente maiores, e para isso tiveram de arrecadar mais. A resposta? Os impostos.

E não apenas o *imposto sobre a renda* (que deduz certo valor do salário do trabalhador). Agora, os governos têm a seu dispor um verdadeiro bufê de tributos, e as opções do cardápio incluem *imposto sobre vendas* (conhecido como imposto *ad valorem*, aplicado a itens no ponto de venda e que inclui impostos indiretos sobre itens como combustíveis); *imposto sobre ganhos de capital* (aplicado ao lucro proveniente da venda de um investimento cujo valor aumentou); *impostos empresariais* (sobre os lucros das empresas); *imposto sobre heranças* (sobre o patrimônio do falecido); *imposto sobre propriedade* (aplicado a transações imobiliárias); *impostos sobre exportação e importação* (incluindo impostos alfandegários); *impostos ambientais* (sobre emissões de poluentes); e *imposto sobre grandes fortunas* (cobrados segundo o valor dos bens do contribuinte).

Na maioria dos países, tanto o governo central quanto os locais têm poder para impor impostos. Geralmente, o governo local aplica impostos sobre propriedade; o central, sobre a renda.

Portanto, desde meados do século XX, os sistemas tributários têm tido o duplo papel de financiar as instituições que protegem os cidadãos (militares, polícias e serviços de emergência, tribunais e políticos) e de redistribuir a riqueza, passando-a de quem tem de sobra para os necessitados. Geralmente, quanto mais um país enriquece, maiores os impostos cobrados de seus cidadãos.

1798

William Pitt, o Moço, cria o primeiro imposto sobre a renda na Grã-Bretanha

Década de 1980

Margaret Thatcher e Ronald Reagan idealizam importantes cortes nos impostos no Reino Unido e nos EUA

Regras de tributação de Smith Em *A riqueza das nações*, Adam Smith sugeriu quatro regras de tributação:

1. **Os indivíduos devem contribuir na proporção de seus rendimentos.** Isso significa que aqueles que ganham mais devem pagar mais impostos. A maioria dos países tem um sistema tributário progressivo, no qual os contribuintes de maior renda pagam em impostos uma proporção maior de sua renda do que os mais pobres. Não só o valor pago é maior, como a alíquota tributária também. Os impostos podem ser proporcionais (inclusive com alíquota única, válida para todos os contribuintes) ou regressivos (no qual os ricos pagam uma proporção menor de suas rendas ou fortunas). Geralmente, nos atuais sistemas progressivos de imposto sobre a renda, parte dos rendimentos não é tributada. Depois, paga-se certo percentual sobre outra parte do salário até determinado nível, uma proporção ainda maior sobre a fatia seguinte, e assim por diante.
2. **Os impostos devem ser certos, não arbitrários, e o momento e a forma de pagamento devem ser claros para todos.**
3. **Os impostos devem chegar num momento oportuno.** Por exemplo, os impostos sobre aluguéis devem ser exigíveis quando forem pagos.
4. **Os impostos não devem custar mais do que o necessário – tanto para o cidadão quanto para o Estado.** Noutras palavras, devem interferir o mínimo possível nas decisões que as pessoas fazem em suas vidas cotidianas. É muito fácil levar as pessoas a não trabalha-

Equivalência ricardiana

A Teoria da Equivalência Ricardiana (que recebe o nome de David Ricardo, economista que propôs a Vantagem Comparativa, veja o capítulo 7) sugere que os governos não devem financiar os cortes nos impostos tomando dinheiro emprestado.

O corte de impostos é visto como uma boa maneira de fomentar a economia: as pessoas ficam com mais dinheiro nos bolsos, que teoricamente será usado em gastos. Porém, se os cortes nos impostos forem financiados com base em dívidas, então, segundo alguns economistas, aqueles terão pouco efeito, pois serão apenas temporários, tendo de ser compensados no futuro por meio de impostos mais altos ou menos gastos governamentais. Apesar de esta lei da Equivalência Ricardiana ser contrária a cortes nos impostos "sem financiamento", raramente impediu os políticos de realizá-los.

rem mais tempo aumentando a alíquota tributária marginal (ou seja, a alíquota incidente sobre o ganho além do habitual). Porém, essa é uma questão muito discutida, pois alguns alegam que o sistema tributário deveria ser usado como ferramenta para estimular os cidadãos a fazerem certas coisas "boas" e desestimulá-los de outras. Por exemplo, a maioria dos governos onera com impostos bem elevados os cigarros e as bebidas por motivos de saúde pública.

"A arte da tributação consiste em depenar o ganso para se obter o máximo de penas com o mínimo de grasnidos."

Jean-Baptiste Colbert, ministro da Fazenda da França (1665–83)

Os limites da tributação Quanto mais altos os impostos, mais as pessoas se sentem incentivadas a evitá-los. Essa foi a experiência que muitos governos do mundo enfrentaram nas décadas de 1970 e 1980. Alguns trabalhadores pagaram 70% ou mais pela alíquota tributária marginal – em outras palavras, a alíquota de imposto pago sobre cada dólar ou libra extra de renda. Em vez de fazerem horas extras, preferiram trabalhar menos, evitaram a alíquota pesada depositando a renda extra nas pensões ou transferiram o dinheiro para paraísos fiscais do exterior. Em uma era em que o dinheiro pode ser transferido para qualquer parte do mundo com o apertar de um botão, é bem difícil evitar essas transferências, e por isso a maioria dos governos não tem muita escolha exceto cobrar os impostos mais competitivos que podem.

Apesar disso, com o tempo os impostos costumam se acumular, um incidindo sobre outro, tornando o sistema mais complexo e intransigente a cada ano que passa. É revelador saber que quando William Pitt, o Moço, criou o primeiro imposto sobre a renda da Grã-Bretanha, em 1798, disse que era apenas uma medida temporária para pagar as guerras napoleônicas. Talvez essa tenha sido sua intenção na época!

A ideia condensada: tão inevitável quanto a morte

22 Desemprego

Na economia, em última análise, tudo se reduz ao desemprego. Por maior que seja a atenção dada por especialistas e políticos ao Produto Interno Bruto, à inflação, às taxas de juros ou à riqueza de seu país, a simples questão de haver ou não emprego para as pessoas ainda é a principal. A meta do emprego pleno costuma ser uma das primeiras promessas eleitorais feitas pelos partidos políticos do mundo todo – embora o cumprimento dessa promessa varie muito.

A decisão governamental de enfrentar o desemprego é compreensível, tendo em vista o trauma associado à perda do emprego; mas o que faz com que o livre mercado seja uma forma dinâmica de gerir a economia é a capacidade de as empresas contratarem e despedirem pessoas à medida que se desenvolvem. Se o dono de uma imobiliária vê seus negócios em baixa durante uma queda nesse mercado, pode tentar economizar cortando custos de marketing ou de escritório, mas nenhum desses cortes será comparável à economia feita com a dispensa de alguns funcionários. A interação entre essas duas forças – o governo, que deseja ver o maior número possível de pessoas trabalhando, e as empresas, que desejam se manter em funcionamento – molda não apenas o mercado de trabalho como o destino da economia em geral.

A história de dois mercados de trabalho Compare a experiência da Europa e a dos Estados Unidos. Na maior parte da Europa, as empresas têm limitações ao poder de despedir funcionários por causa das legislações trabalhistas, que as obrigam a pagar um salário mínimo aos empregados. Porém, como disse o economista norte-americano Thomas Sowell em sua obra *Basic Economics*, "As políticas de proteção trabalhista salvam os empregos dos trabalhadores atuais, mas o preço é a redução da flexibilidade e da eficiência da economia como um todo, inibindo assim a criação de novos empregos para outros trabalhadores". Por isso, a Europa tende a criar postos de traba-

linha do tempo

1933
Durante a Grande Depressão, o desemprego nos EUA chega a 25%

Década de 1970
O desemprego aumenta bruscamente diante dos choques do petróleo

O desemprego pode compensar

Não raro, os governos podem até estimular as pessoas a se manterem desempregadas, tornando o valor do auxílio--desemprego mais atraente do que deveria.

Um estudo realizado pelo economista Martin Feldstein, de Harvard, mostrou que, para algumas pessoas, é compensador não ter emprego. Veja o caso de alguém que poderia trabalhar por US$ 10 por hora ou receber o benefício do desemprego de US$ 8 por hora. Sobre o benefício, deve recolher um imposto de 18%, recebendo assim US$ 6,56 já com a dedução. Se essa pessoa estivesse trabalhando, pagaria 18% de imposto de renda e 7,5% como contribuição para a previdência social, o que lhe daria um salário líquido de US$ 7,45. Comparando este valor com aquele que receberia caso requeresse o benefício do desemprego, esse trabalhador poderia considerar que um dia de lazer vale mais do que os 89 centavos por hora que o emprego lhe proporcionaria. Os governos estão sempre tentando encontrar um equilíbrio entre o incentivo para as pessoas voltarem a trabalhar e a compensação por terem perdido o emprego.

lho em um ritmo bem mais lento do que o dos Estados Unidos, onde o mercado de trabalho é substancialmente mais flexível.

Definição de desemprego Em seu sentido mais amplo, desemprego significa simplesmente não ter um trabalho remunerado. Todavia, para os economistas essa definição é inadequada. Há uma grande diferença entre um empregado temporário de escritório que está sem ocupação por algumas semanas ("desemprego friccional") e um mecânico de fábrica para cujas habilidades não há mais demanda porque a indústria em que trabalhava transferiu a maior parte de sua produção para o exterior. Aquele vai voltar a trabalhar logo, contribuindo para a produção econômica do setor privado; este talvez necessite de novo treinamento, geralmente à custa do Estado e durante um período significativo.

Para tentar distinguir as diferentes situações, os economistas conceberam várias classificações de desemprego. Segundo a Organização

1979

O Partido Conservador ganha o poder no Reino Unido após uma campanha eleitoral cujo lema foi "Labour Isn't Working" ("o trabalho" – sugerindo o Partido Trabalhista – "não está funcionando")

Taxas de desemprego

(como porcentagem da população ativa no final de 2008)

França	7,9
Estados Unidos	7,6
Alemanha	7,2
Reino Unido	6,3
Japão	3,9

Fonte: Escritório Nacional de Estatísticas do Reino Unido.

Internacional do Trabalho (OIT), a definição estrita de desemprego é a situação de alguém que não tem trabalho mas está tentando ativamente voltar ao mercado laboral. A porcentagem de trabalhadores norte-americanos que se enquadravam nessa descrição em 2008 era de 6,5%, em comparação com 5,6% no Reino Unido e 7% na União Europeia. Há uma outra categoria para desempregados há muito tempo, que geralmente representam uma proporção bem maior da população (21% no Reino Unido), pois inclui estudantes, pensionistas, mães dedicadas a afazeres domésticos e aqueles que estão muito doentes ou incapacitados de trabalhar. Os economistas também se ocupam com as idades dos que estão empregados – e por um bom motivo. Há estudos que mostram que se você ficou sem emprego durante um longo período na adolescência ou no início da vida adulta, é bem provável que acabe entrando depois na fila dos desempregados de longa duração ou permanentes.

Medidas do desemprego Há duas maneiras de medir o desemprego. A maneira tradicional consiste em contar o número de pessoas que solicitam o auxílio-desemprego. O problema desse indicador é que nem todos os desempregados atrás de emprego vão pleitear o auxílio – geralmente por uma questão de orgulho, ocasionalmente por apatia e às vezes porque acham que não têm esse direito. O modo moderno (e provavelmente mais abrangente) de medir o desemprego é fazer uma pesquisa junto a uma fatia representativa da população – no caso do Reino Unido, são 60 mil entrevistados de todos os contextos sociais – sobre sua atual situação laboral.

Os níveis de desemprego tendem a aumentar e diminuir juntamente com a economia em geral. Nos Estados Unidos, durante a Grande Depressão, alcançaram 25%. Entretanto, a taxa de desemprego nunca chega a zero. Na verdade, apesar da boa intenção dos governos para reduzir o desemprego, a taxa raramente fica menor do que 4% da população ativa, mesmo quando a economia vai bem.

Na prática, é impossível o pleno emprego, seja porque as pessoas precisam de tempo para buscar o trabalho apropriado, mesmo quando está disponível, seja porque, com o desenvolvimento da economia e o progresso tecnológico, inevitavelmente alguns trabalhadores carecem das habilidades necessárias para certas atividades. Geralmente, o desemprego é mais alto do que noutras circunstâncias porque, em virtude da legislação sobre o salário mínimo ou ao poder de negociação dos sindicatos, as empresas precisam pagar a seus funcionários salários mais altos do que poderiam se permitir. De modo similar, a existência do auxílio-desemprego pode estimular alguns a ficar parados em vez de ir trabalhar. Portanto, os países têm o que os economistas chamam de "taxa natural de desemprego" – em termos simples, a taxa média de desemprego a longo prazo.

> **"Provavelmente, a relação macroeconômica mais importante é a Curva de Phillips."**
>
> **George Akerlof, economista ganhador do Prêmio Nobel**

Um dos mais famosos economistas da Grã-Bretanha, A.W. Phillips, detectou uma relação espantosa entre os níveis de desemprego e a inflação. Quando o desemprego fica abaixo de determinado nível, os salários aumentam e, com eles, a inflação, pois as empresas se preparam para pagar mais para preservar o pessoal. O contrário também se aplica: quando o desemprego é alto, força a inflação a cair. Na linguagem econômica, existe uma correlação negativa entre inflação e desemprego. A teoria de Phillips deu origem a um dos mais duradouros modelos da economia – a Curva de Phillips, que ilustra visualmente essa correlação negativa. Se quisermos manter o desemprego a 4%, digamos, então teremos de aceitar uma inflação de 6%. Se quisermos restringir a inflação a 2%, teremos de aceitar uma taxa de desemprego de 7%.

Os economistas Edmund Phelps e o renomado Milton Friedman levaram a ideia um pouco além em sua teoria da "taxa de desemprego sem acelerar a inflação" (com sigla em inglês Nairu). Segundo essa teoria, mesmo que os legisladores sigam a Curva de Phillips para reduzir o desemprego a curto prazo, mais cedo ou mais tarde ele vai retornar a seu nível natural (e, enquanto isso, os esforços para melhorar a economia cortando as taxas de juros vão aumentar a inflação, mas isso já é outra história).

Os políticos ainda prometem às pessoas mais postos de trabalho e níveis de emprego mais altos do que seria realista esperar. Entretanto, cabe aos economistas explicar que, infelizmente, na prática é impossível proporcionar pleno emprego.

A ideia condensada: o pleno emprego é impossível

23 Moedas e taxas de câmbio

Há alguns anos, especialistas da Reserva Federal em Washington DC criaram um modelo destinado a predizer as tendências futuras das principais moedas do mundo. Tinham acesso a mais informações sobre mercados de câmbio do que os economistas dos outros países e estavam confiantes em seu sucesso. Durante meses, trabalharam no projeto até que, finalmente, chegou a hora de ligar a máquina...

Passados alguns dias, ficou claro que o experimento fora um completo fracasso. Segundo Alan Greenspan, então presidente do Fed, "A taxa de retorno sobre esse investimento em tempo, esforço e pessoal foi zero". Esse resultado não foi tão surpreendente assim. Os mercados de câmbio atraem trilhões de dólares de investimentos especulativos todos os anos, e os investidores tentam adivinhar quais serão os movimentos das moedas estrangeiras. Provavelmente, porém, trata-se do mais volátil e imprevisível de todos os mercados.

Quando viajamos para o exterior, todos nós especulamos com o câmbio. Assim que trocamos dólares ou libras por pesos ou euros estamos investindo em uma moeda estrangeira, cujo valor terá aumentado ou diminuído quando voltarmos para casa.

Mercados de câmbio Os mercados de câmbio, muitas vezes chamados de Forex (acrônimo de *foreign exchange*, "câmbio", em inglês), são os lugares onde investidores compram e vendem moedas. São das mais antigas instituições financeiras do mundo, datando da época dos romanos, ou mesmo de antes, e funcionam desde que surgiu o dinheiro e o comércio internacional. Mas os romanos se espantariam ao ver o tamanho, a sofisticação e a dimensão internacional desses mercados hoje em dia.

linha do tempo

1944
Acordo de Bretton Woods

1966
O acordo de Bretton Woods começa a desmoronar

O euro e as uniões monetárias

A mais famosa união monetária, situação na qual diferentes países compartilham a mesma moeda, é o euro – a união monetária europeia, com 20 membros (em 2014 – N. do T.). Precedido pelo Mecanismo Europeu de Taxas de Câmbio (com sigla ERM, em inglês), que possibilitou aos possíveis membros manterem suas economias atreladas, o euro foi introduzido plenamente em 2002, substituindo as moedas de cada Estado-membro.

No passado, outras tentativas de se adotar outros sistemas monetários fracassaram sempre que os governos quiseram ser independentes em política econômica, mas os fundadores do euro resolveram isso criando um banco central para estabelecer as taxas de juros para toda a zona do euro, e um acordo sobre os limites dentro dos quais os governos podem tomar empréstimos e gastar.

Mais recentemente, tem havido conversações entre países do Golfo Pérsico e da América Latina sobre possíveis uniões monetárias.

Todos os anos, trilhões de dólares (ou de euros, ou de libras) em moeda são comprados e vendidos pelos investidores. Às vezes esses investidores são empresas, desejosas de garantir que seus lucros não irão evaporar caso o dólar se fortaleça, por exemplo, encarecendo muito mais suas importações dos Estados Unidos. O que buscam é uma cobertura cambial para se protegerem de riscos. Às vezes são governos que intervêm no mercado cambial para garantir a manutenção de sua própria moeda em determinado nível. Em outras vezes, são investidores e gerentes de fundos de cobertura (*hedge*) ou multimercados com um palpite que determinada moeda está prestes a cair. E às vezes são apenas turistas estrangeiros, tal como você e eu.

Ascensões e quedas São muitos os motivos para o valor de uma moeda aumentar ou diminuir, mas dois afetam particularmente seu comportamento. O primeiro, e mais importante, é que a moeda tende a se valorizar ou desvalorizar juntamente com a percepção da saúde econômica do país a que está associada (ou da jurisdição que a emite).

1979
Introdução do Mecanismo Europeu de Taxas de Câmbio

2002
Introdução plena do euro

2005
A China afrouxa o controle sobre sua moeda, o renminbi

Segundo, quem investe em moedas costuma buscar a moeda com o maior rendimento. Se um país tem taxas de juros altas, isso significa que os títulos do governo e outras oportunidades de investimento que emite vão oferecer um retorno maior que os de um país com taxas de juros muito baixas. Investidores do mundo todo as compram, e por conta da demanda extra pelos investimentos desse país, o valor de sua moeda aumenta. Em contraste, a moeda se deprecia quando as taxas são baixas e as pessoas abandonam os investimentos denominados nessa moeda.

> **"O dólar pode ser nossa moeda, mas é seu problema."**
>
> John Connally, secretário do Tesouro de Nixon, para os diretores dos bancos centrais europeus

Flutuante ou fixo? Desde a década de 1970, quase todos os países do mundo ocidental têm permitido que suas moedas flutuem, com o valor relativo a outras moedas aumentando e diminuindo segundo determinam os mercados. Contudo, há exceções notáveis, e alguns países fixam o valor de suas moedas a outra ou a um grupo de moedas. O exemplo mais notável é o da China, cujo governo controla cuidadosamente o valor do renminbi com relação ao dólar comprando ativos denominados em dólar sempre que necessário.

Outras nações intervêm ocasionalmente fazendo a mesma coisa, caso acreditem que sua moeda está super ou subvalorizada. O Japão e a zona do euro têm feito isso desde a virada do milênio. Há fortes evidências mostrando que é muito benéfico para nações vulneráveis e emergentes fixar a moeda dessa maneira, pois isso melhora a estabilidade, estimula as pessoas a investir e ajuda as relações comerciais.

Até pouco tempo atrás, o câmbio flutuante não era a regra no mundo. Durante boa parte dos séculos XIX e XX, os governos mantiveram fixas as taxas de câmbio de suas moedas. Na época do padrão-ouro, fixavam o valor de suas divisas com base na quantidade de ouro que tinham em seus cofres. A ideia era que o ouro é uma moeda universal, com o mesmo valor em qualquer parte do mundo.

O sistema melhorou o comércio global, pois as empresas não precisavam mais se preocupar com a possibilidade de a valorização ou desvalorização das moedas dos países para os quais exportavam afetarem seus lucros. O problema é que o ouro extraído não conseguiu acompanhar o ritmo do comércio e dos investimentos. Finalmente, o padrão-ouro acabou se tornando uma limitação séria para as economias que cresciam rapidamente, sendo abandonado por muitos países na época da Grande Depressão.

Bretton Woods Depois da Segunda Guerra Mundial, um grupo de economistas e políticos reuniu-se no elegante Hotel Mount Washington, na cidade de Bretton Woods, New Hampshire, para idealizar um novo sistema de regulação das taxas de câmbio internacionais. Criaram um sistema de taxa fixa, na época alinhada com o dólar dos EUA – que na época era claramente a superpotência econômica mundial – pois o dólar era estável, com o valor fixado com relação ao ouro. Todos os países se comprometeram a vincular sua moeda ao dólar, ou seja, garantir que ela equivaleria a certo número de dólares.

O problema de fixar uma moeda com base em outra, porém, é que o país perde um pouco de sua capacidade de controlar a economia. Quando um país de uma união monetária aumenta suas taxas de juros, os demais têm de fazer o mesmo para evitar o risco de desencadear uma séria espiral inflacionária. O acordo traçado em Bretton Woods começou a ruir em 1966, mas, como veremos, não foi o último dos principais sistemas monetários.

Especulação com moedas Alguns dizem que os sistemas de taxas de câmbio fixas podem mascarar o verdadeiro valor de uma moeda, e recentemente viram-se muitos casos em que especuladores lançaram ataques à moeda de um país, vendendo-a na crença de que a relação cambial era insustentável. Isso aconteceu em diversos países asiáticos durante a crise financeira do final da década de 1990 e, mais notoriamente ainda, com a libra. Na "Quarta-feira Negra" de setembro de 1992, o Reino Unido foi forçado a abandonar sua breve participação no Mecanismo Europeu de Taxas de Câmbio após o ataque de especuladores, liderados pelo bilionário dos fundos de cobertura George Soros. Mesmo elevando as taxas de juros a níveis de dois algarismos, o Tesouro britânico foi incapaz de impedir a fuga de investidores da libra, acabando por se render, permitindo que a moeda fosse depreciada (desvalorizada) em relação a outras moedas do mundo. Foi um dia traumático para a economia do Reino Unido, e resume com precisão a maneira direta com que o nível de uma moeda reflete a percepção das políticas econômicas de um país.

A ideia condensada: o barômetro do prestígio de um país

24 Balança de pagamentos

Até pouco tempo atrás, poucos aspectos do noticiário econômico eram esperados com tanta ansiedade quanto as estatísticas da balança de pagamentos. Os detalhes sobre a interação financeira e econômica de um país com o resto do mundo eram considerados um dos elementos mais importantes para avaliar sua saúde, juntamente com o Produto Interno Bruto. Apesar de não sermos tão obcecados com os dados da balança de pagamentos quanto antes, eles ainda são o maior indicador das relações econômicas internacionais de um país.

Como a balança de pagamentos é responsável por todo o comércio que entra e sai de um país, inclusive o dinheiro injetado nele por outras nações ou, por exemplo, enviado para famílias e filiais de empresas situadas em outros países, sua importância não pode ser exagerada. A balança de pagamentos mostra se um país está tomando empréstimos excessivos durante determinado período – e, com isso, acumulando problemas para o futuro – ou emprestando dinheiro a outros em troca de bens. Em última análise, vai revelar se um país tem um futuro próspero pela frente ou se, pelo contrário, terá de pedir a ajuda do Fundo Monetário Internacional, por exemplo, para se manter flutuando.

Conta-corrente e de capital A balança de pagamentos consiste principalmente em duas partes: a conta-corrente e a conta de capital.

• A *conta-corrente* mede o fluxo de bens e serviços que entram e saem de um país. Geralmente, dá-se a isso o nome de comércio visível (bens tangíveis) e comércio invisível (dinheiro pago por serviços como assessoria jurídica, propaganda, arquitetura e assim por diante). Se um país importa significativamente mais bens e serviços do que exporta, terá um grande déficit em sua conta-corrente. Desde a déca-

linha do tempo

1901-32
O padrão-ouro ainda é usado

1944
Acordo de Bretton Woods sobre taxas de câmbio fixas

da de 1980, os EUA e o Reino Unido têm tido grandes déficits em conta-corrente quase todos os anos, pois têm importado invariavelmente mais do que exportado para o resto do mundo. Por outro lado, os maiores exportadores têm sido os países com grandes superávits em conta-corrente: Alemanha e Japão, historicamente, e, mais recentemente, a China, que recebeu o rótulo de "maior fábrica do mundo" por causa da quantidade maciça de bens que envia para o mundo todo. Também se incluem na conta quaisquer transferências unilaterais em dinheiro para o exterior, como ajuda humanitária e doações, bem como as remessas feitas por trabalhadores para suas famílias no estrangeiro.

Um tipo diferente de déficit

A balança de pagamentos registra o fluxo financeiro e econômico entre um país e outras partes do mundo durante determinado período de tempo – geralmente, um trimestre ou um ano. Inclui tanto o setor público ou estatal quanto o setor privado, e não deve ser confundido com as contas de orçamento ou fiscais, que registram os gastos e empréstimos do governo.

- *A conta de capital.* Mesmo que um país tenha déficit em sua conta-corrente, este precisa necessariamente ser equilibrado em outra parte (daí o nome de *balança de pagamentos*). Se o Japão vende um milhão de dólares em carros para os Estados Unidos, vai ficar com esses dólares e precisará gastá-los, seja em investimentos norte-americanos, seja depositando-os em contas bancárias nos EUA. Assim, a China, por exemplo, que durante as décadas de 1990 e 2000 teve um superávit enorme em seu comércio com os EUA e outros países ocidentais, usou essa montanha de dinheiro para comprar trilhões de dólares em investimentos nos EUA – desde títulos da dívida pública a ações de grandes empresas.

Déficits inofensivos Um déficit em conta-corrente, que geralmente acompanha um déficit comercial, indica que um país está tomando emprestado de outras nações para se financiar, pois seu apetite pelo consumo ultrapassou sua capacidade de produzir bens para satisfazer suas demandas. Isso pode parecer preocupante, mas não precisa ser – pelo menos, não em pequenas doses. Um pequeno déficit em conta-corrente pode ser um fenômeno absolutamente salutar em um país.

Durante a década de 1980, e novamente no início da década de 2000, foi muito divulgado o déficit em conta-corrente dos Estados Unidos, que atingiu a alta histórica de 6% do Produto Interno Bruto – mais de 750 bilhões de dólares. O Reino Unido teve um déficit percentualmente similar.

Houve quem advertisse que os países poderiam sofrer uma crise grave na balança de pagamentos. Isso acontece quando parte dessa balança – geralmente, a conta-corrente – não pode ser financiada pela outra. Isso aconteceu algumas vezes, como nas crises financeiras asiática e russa do final da década de 1990. Esses países tinham grandes déficits em conta-corrente e, quando investidores do mundo todo perceberam que se aproximavam de uma queda, começaram a se negar a adquirir qualquer coisa denominada em rublos, bahts e assim por diante. Com isso, a conta de capital não conseguiu mais equilibrar o déficit na conta-corrente. Circunstâncias desse tipo provocam necessariamente uma crise econômica séria e inevitável.

Contudo, muitos dos déficits podem ser mantidos em segurança por vários anos. Em geral, o que acontece quando um país tem um déficit significativo em conta-corrente não é uma crise, mas um declínio no valor de sua moeda frente a outras. Com a queda na taxa de câmbio, as exportações do país ficam mais baratas e, com isso, mais atraentes para os estrangeiros; isso, por sua vez, estimula as vendas desse país no exterior, o que deve reduzir o déficit em conta-corrente. Portanto, num sistema internacional de taxas de câmbio flutuantes, os déficits em conta-corrente são inevitáveis, mas supõe-se que sejam capazes de se corrigir sozinhos.

Equilibrando as contas

Se um país tem déficit em sua conta-corrente, este deve ser equilibrado por um superávit equivalente em sua conta de capital, que mede os valores gastos em investimentos no exterior e gerados pelos investimentos existentes. Assim, por exemplo, os britânicos e as empresas britânicas costumam obter uma renda significativa fazendo investimentos no exterior e compensando um pouco o considerável déficit em conta-corrente do país.

A única maneira de um país conseguir importar mais bens do que exporta é fazer com que outros países se disponham a comprar ativos denominados em sua moeda, sejam dólares, libras ou pesos.

> **“Nosso país tem se comportado como uma família extraordinariamente rica que possui uma enorme fazenda. Para consumir 4% mais do que produzimos... temos, dia após dia, vendido partes da fazenda e aumentado a hipoteca daquilo que ainda temos...”**
>
> **Warren Buffett**

De olho nos déficits Entretanto, nem sempre é assim. Como mencionado no capítulo anterior, em vários momentos da história houve sistemas de taxas de câmbio fixas, entre os quais o mais famoso foi o padrão-ouro do século XIX e início do XX, seguido pelo sistema de taxas de câmbio fixas de Bretton Woods entre 1945 e a década de 1970. Nesses períodos, os países que tinham déficits em conta-corrente tiveram de desacelerar suas economias para recuperar o equilíbrio. Políticos e economistas analisavam cuidadosamente a balança de pagamentos para saber se prenunciavam um bom ou mau futuro para a economia.

Mesmo que o mundo não volte para um sistema de taxas de câmbio fixas, ainda é importante monitorar se os países têm déficits ou superávits em suas contas-correntes, e identificar a estrutura de suas balanças de pagamentos – essas estatísticas são um bom medidor da prosperidade futura de uma nação.

A ideia condensada: o livro-razão das relações econômicas internacionais de um país

25 A confiança e a lei

Quanto pesa um quilograma? Pode parecer uma pergunta estranha: a maioria conhece a sensação de segurar alguma coisa que pesa um quilo, uma libra ou cem gramas. No entanto, só existe um objeto no mundo que pesa, precisa e oficialmente, um quilograma, e ele está num cofre bem protegido nos arredores de Paris, França. O Protótipo Internacional do Quilograma, um pequeno cilindro de platina e irídio feito em 1889, é o objeto de referência para a calibração de todas as balanças do mundo.

Esse pedaço de metal é fortemente guardado porque muitos receiam que, se fosse danificado ou sumisse, as empresas do mundo todo parariam de funcionar. Uma empresa que comprasse uma tonelada de aço de fábricas do outro lado do mundo não teria certeza de estar recebendo a quantidade certa e de não estar sendo ludibriada por conta de balanças mal calibradas.

Estabelecendo padrões A economia não pode funcionar na plenitude de sua capacidade sem padrões oficiais, estabelecidos por leis nacionais e internacionais. Além disso, até os mais ardorosos defensores do livre mercado – que acreditam que toda e qualquer empresa, desde bancos centrais até empresas de eletricidade e de projetos de estradas, deve ser privatizada – aceitam que ainda precisamos dos governos para nos obrigar a respeitar os direitos legais. Sem essas leis, o livre mercado não poderia funcionar adequadamente, e ficaríamos com a anarquia – um perigo apontado por Adam Smith, pai da economia, já no século XVIII.

Precisamos dos governos para fazer cumprir os contratos entre pessoas e empresas e para estabelecer padrões que os cidadãos devem seguir. As pessoas precisam ter a segurança de que, se possuem determi-

linha do tempo

529 d.C.
Justiniano, imperador bizantino, estabelece as bases do moderno direito civil com seu *Corpus Juris Civilis*

1100-1200
Surge na Inglaterra medieval o sistema de *common law*, com base na jurisprudência e não num código legal

nada coisa, esta não lhes será confiscada arbitrariamente, e que fraudes e furtos não ficarão impunes.

O capitalismo depende muito da confiança. Quando um banco empresta dinheiro a alguém, a decisão de entregar esse dinheiro baseia-se em parte na confiança de que o indivíduo vai conseguir pagar a dívida. De modo análogo, um país pode se dar ao luxo de contrair grandes dívidas, desde que os investidores internacionais acreditem que ele não deixará de pagá-las no futuro.

Em uma transação, as partes precisam confiar não só uma na outra como na estrutura que envolve a transação. Por isso, o principal papel de um governo não consiste em proporcionar bem-estar social, determinar taxas de juros ou redistribuir a riqueza – mas em manter um sistema estável e justo de propriedade e de outros direitos legais, pelo qual possa cobrar aqueles que violam suas leis.

Uma das principais causas da prosperidade da Grã-Bretanha durante o período da Revolução Industrial foi o fato de seu sistema jurídico ser considerado muito confiável. Contrastava com os sistemas de muitos países europeus, onde guerras e conflitos faziam com que os direitos de propriedade fossem questionados – a ponto de os proprietários de terras nunca terem certeza desse direito e não poderem contar com o Estado se fossem prejudicados.

Direitos de propriedade intelectual Não são apenas os direitos sobre propriedades sólidas e visíveis que precisam ser protegidos; a propriedade invisível, como ideias e criações artísticas, também requer proteção. Um inventor terá poucos incentivos para inovar se souber que sua invenção lhe será tomada assim que a termine, privando-o de quaisquer recompensa por seu esforço.

Logo, para que uma economia funcione adequadamente, os governos precisam garantir um sistema estável de patentes e de outros direitos à propriedade intelectual. Os direitos autorais, por exemplo, protegem os escritores de plágios por determinado período.

O direito à propriedade intelectual tem sido muito discutido nos últimos anos por causa da ascensão de economias emergentes como a China e a Índia. Nesses países, tem sido difícil manter regulações e leis sobre a propriedade intelectual e padrões comuns. Por isso, as

1700-1800
Os sistemas jurídicos de muitos países começam a incluir a legislação comercial

Final do séc. XX
Criação da União Europeia estabelece novo estrato jurídico na Europa

Direitos de propriedade nas favelas

Os pobres são mesmo tão pobres quanto pensamos? O economista peruano Hernando de Soto alega que muitas das famílias mais pobres do mundo o são só porque não possuem direitos legais sobre sua propriedade. Uma família pode ter vivido no mesmo barraco de uma favela do Rio durante anos, mas como os pobres só têm direitos informais sobre a propriedade, ficam à mercê de criminosos e delinquentes (que podem tentar destruir sua casa ou furtá-la) ou do governo (que pode tentar levar os favelados para outro lugar).

Segundo Soto, a solução é dar a essas pessoas direitos legais sobre suas propriedades. Dessa maneira, não só terão um incentivo para cuidar melhor delas como poderão obter créditos usando suas casas como garantia. Estima que o preço total das casas das famílias pobres do mundo em desenvolvimento vale mais do que 90 vezes a ajuda externa total enviada a esses países nos últimos 30 anos.

empresas têm conseguido produzir, por exemplo, versões baratas e não autorizadas de medicamentos baseados nas pesquisas da indústria farmacêutica ocidental. Apesar de os consumidores receberem bem esses projetos, posteriormente ficaram preocupados se deveriam depositar sua confiança nos bens produzidos nesses países. Alguns medicamentos falsificados produzidos na China, por exemplo, mostraram-se ineficazes – ou pior, nocivos à saúde.

Arquivos compartilhados A discussão sobre propriedade intelectual atingiu o paroxismo nos últimos anos, pois a tecnologia moderna facilitou a rápida disseminação de ideias intangíveis. Em poucos minutos, com seu computador, você pode baixar ilicitamente um arquivo mp3 de uma canção de sucesso ou um filme recém-lançado. Nem o cantor nem o elenco recebem um centavo, e você obtém sua diversão de graça – mas, lembrando a regra econômica de que não existe almoço grátis, quem pagou por isso?

A resposta é: todos nós, embora indiretamente. Quando os artistas recebem menos, sentem-se menos estimulados a produzir novo material; menos pessoas se sentem atraídas para essa indústria, e mais cedo ou mais tarde a qualidade das músicas e dos filmes disponíveis no mercado vai se deteriorar. A economia convencional afirma categoricamente que os governos têm o dever de garantir que essa pirataria seja a menor possível, embora outros digam que muitos artistas são bem pagos e podem receber um pouco menos em *royalties*.

A tragédia dos bens comuns Se forem escassos ou insuficientes, os direitos de propriedade podem prejudicar seriamente uma economia. Quando se concede às pessoas direitos legais de propriedade, elas se sentem estimuladas a investir mais nela, esperando aumentar seu valor. É mais provável gastarmos algum tempo e dinheiro pintando o apartamento se formos seus donos do que se estivermos simplesmente morando como inquilinos. O cenário alternativo é a "tragédia dos comuns" – situação na qual as pessoas abusam de certo recurso porque não o possuem (veja o capítulo 1).

Quando alguns economistas ocidentais visitaram a União Soviética sob o comunismo, descobriram que, apesar de o país passar por graves crises de abastecimento de alimentos, os agricultores deixavam suas terras férteis sem cultivo e as colheitas deteriorando-se no campo ou nos armazéns. O problema era que, sob o sistema comunista, eles não tinham direitos de propriedade direta da colheita, e por isso sentiam-se bem menos estimulados a trabalhar melhor o campo para produzir mais alimentos. Parte do motivo pelo qual grandes extensões de terras do norte da África são desérticas não está só no clima ou nas condições do solo – com esforço e investimentos essas terras poderiam voltar a se converter em pastos. É que a terra é usada por nômades e seus rebanhos, com poucos incentivos para cuidar da terra, já que, após algum tempo, mudam de lugar. O resultado mais frequente é o sobrepastoreio.

Portanto, os governos devem não só assegurar-se de que as pessoas respeitarão as leis e os contratos, como devem criar as leis certas para assegurar-se de que as pessoas contribuirão para uma economia próspera. Ao mesmo tempo, devem aplicar certos padrões inalienáveis – de pesos, medidas e outras referências.

A ideia condensada: as fundações insubstituíveis da sociedade

26 Energia e petróleo

Para a economia mundial, todas as mercadorias são importantes. Sem aço ou concreto, a indústria da construção civil iria se paralisar, e as redes elétricas que fornecem nossa energia dependem de fios de cobre. Contudo, nos últimos cem anos, nenhum produto tem sido tão importante – e, de vez em quando, tão problemático – quanto o petróleo bruto.

Nos últimos cinquenta anos, os preços do petróleo aumentaram acentuadamente em três ocasiões, elevando significativamente o custo de vida em todo o mundo desenvolvido. Os dois primeiros aumentos de preços se deram principalmente por motivos políticos, e o terceiro em virtude de forças econômicas, mas cada aumento do preço forçou os políticos a fazerem perguntas inquisitivas sobre o complexo relacionamento entre a humanidade e suas fontes de energia.

Esse relacionamento não é nem um pouco novo. Desde a pré-história, as pessoas têm se valido de recursos naturais para melhorar sua existência. Primeiro, queimando madeira e turfa para sobreviverem. Depois, na Revolução Industrial, o carvão foi queimado para mover as máquinas a vapor. No século XX, outros combustíveis fósseis – chamados assim por provirem dos restos fossilizados de plantas e animais mortos na crosta terrestre – à base de carbono, como petróleo e gás natural, tornaram-se as principais fontes de energia. O uso de produtos derivados de petróleo está tão arraigado na sociedade moderna que é fácil esquecer que não haveria carros e nem viagens aéreas sem eles, e a grande maioria das estações elétricas fecharia. Mas o petróleo não é usado apenas como fonte de energia; 16% de seu uso é empregado na fabricação de plásticos, juntamente com diversos produtos farmacêuticos, solventes, fertilizantes e pesticidas.

linha do tempo

Década de 1900
Os automóveis particulares se popularizam, aumentando drasticamente a demanda por petróleo

1973-1975
Primeira crise do petróleo

Uma mercadoria nada comum

Tal qual outras mercadorias, como ouro ou milho, o petróleo (e o gás natural, ao qual está intimamente vinculado e que se comporta de maneira similar) é um ativo que pode ser comercializado no mercado de futuros (veja o capítulo 30), e seu preço desce e sobe com o aumento e a redução da oferta e da demanda. Todavia, mercadorias energéticas são diferentes por dois motivos principais.

Primeiro, a energia é tão importante para o funcionamento de um Estado que os políticos costumam considerar sua preservação como assunto de segurança nacional, e quando políticos se envolvem em alguma coisa as premissas habituais sobre oferta, demanda e preço deixam de se aplicar.

Segundo, só nos últimos anos é que os preços da energia começaram a refletir os custos no longo prazo da poluição para a sociedade. A queima de combustíveis fósseis emite um coquetel de gases que, segundo a maioria dos cientistas, estão diretamente ligados ao aquecimento global. Essas repercussões indiretas de uma atividade, pela qual as pessoas podem causar danos ou prejuízos dispendiosos a espectadores inocentes sem precisarem pagar ou responder por isso, são o que os economistas chamam de "externalidades" (veja o capítulo 45).

A Opep e as duas primeiras crises do petróleo Embora países desenvolvidos como os Estados Unidos, o Reino Unido e a Noruega tenham vastas reservas de petróleo bruto, uma parcela bem maior do petróleo mundial se encontra no Oriente Médio e em outras áreas politicamente instáveis. A principal delas é a Arábia Saudita, que possui um quinto das reservas mundiais conhecidas. Na década de 1970, em resposta a diversos problemas políticos no Oriente Médio, produtores com grandes reservas se reuniram para formar a Organização dos Países Exportadores de Petróleo (Opep), idealizada como um cartel – ou seja, um grupo de vendedores que colaboram entre si para controlar os preços. Entre 1973 e 1975, reduziram boa parte de sua produção, e a redução da oferta duplicou o preço do petróleo.

Como resultado, a inflação nos EUA foi da ordem de dois algarismos e o crescimento econômico parou, deixando o país, bem como várias outras nações ocidentais, na estagflação (veja o capítulo 19). O desemprego nos Estados Unidos passou de 4,9% para 8,5% no mesmo período.

Início da década de 1980
Segunda crise do petróleo

2007-2008
Os preços do petróleo atingem níveis inéditos, mas caem bruscamente com o início da recessão global

O mesmo tornou a acontecer no começo da década de 1980, com consequências ainda mais desesperadoras, pois dessa feita a Reserva Federal, sob a presidência de Paul Volcker, tentou combater o aumento da inflação com taxas de juros elevadas, elevando o nível de desemprego a mais de 10%. A crise acabou sendo resolvida mediante uma negociação política com os sauditas, ao mesmo tempo em que a Opep foi abalada pela realidade econômica: menos compradores de petróleo significou menos receita para a Opep, e com isso alguns dos membros do cartel começaram a produzir mais petróleo do que haviam combinado, na tentativa de aumentar suas receitas.

Uma terceira crise do petróleo? Entre os primeiros anos deste milênio e 2008, os preços do petróleo aumentaram sete vezes de valor. Em termos reais (noutras palavras, descontada a inflação), ultrapassaram o pico que haviam atingido na década de 1970. No entanto, enquanto as crises anteriores foram especificamente políticas, geradas por ações da Opep, esta teve caráter mais especulativo.

Investidores, como os gestores dos fundos de cobertura, compraram milhões de barris de petróleo na expectativa de que seu preço continuaria a subir ainda mais. Parte de sua lógica foi a de que a China e outros países que estavam se desenvolvendo rapidamente iriam precisar de quantidades significativas de petróleo nos anos vindouros; outra parte foi a de que o petróleo é um recurso finito e, portanto, pode se esgotar em algum momento do futuro. Na verdade, muitos acreditam que a produção de petróleo já ultrapassou seu apogeu, e que nos próximos anos não será possível produzir tanto petróleo quanto antes. Se essa teoria estiver correta, os países terão de encontrar novas fontes de energia ou aceitar um declínio inevitável em seu nível de vida.

“Temos um sério problema: os Estados Unidos são viciados em petróleo, que frequentemente é importado de áreas instáveis do mundo.”

Presidente George W. Bush

O fato de haver terroristas visando cada vez mais poços e refinarias de petróleo no Oriente Médio, na Nigéria e em outras partes do mundo após a invasão do Iraque e a queda de Saddam Hussein, em 2003, deu a possíveis compradores outra razão para se preocuparem com a oferta. Enquanto isso, do outro lado da equação oferta/demanda, a rápida ascensão da China e de outras nações em desenvolvimento acelerado significou que a demanda por energia atingiu níveis inéditos. O efeito combinado foi elevar o preço do petróleo a pouco menos de US$ 150 por barril no primeiro semestre de 2008.

Mais uma vez, os preços elevados do petróleo fizeram aumentar a inflação no mundo todo, mas a crise financeira da época provocou uma séria recessão, forçando rapidamente o preço do petróleo a ficar abaixo de US$ 40 por barril no final desse ano.

Embora o mundo desenvolvido continue a consumir quantidades recordes de petróleo em termos de número de barris, a quantidade de petróleo necessária para gerar um dólar extra de crescimento econômico tem diminuído desde a década de 1970. Segundo o Departamento de Energia dos EUA, o consumo de energia por dólar de Produto Interno Bruto declinou em uma média anual de 1,7% no último quarto de século.

Energia alternativa Os choques energéticos da década de 1970 levaram empresas e governos a procurar novas maneiras de melhorar a eficiência energética, reduzindo a dependência do petróleo. Fabricantes de veículos descobriram formas de fazer os motores renderem mais, percorrendo mais quilômetros com menos combustível – especialmente no Japão e na Europa, onde os altos impostos sobre combustíveis já tinham transformado a eficiência em uma meta atraente. Diversos países recorreram à energia nuclear – apesar de uma redução temporária em seu uso após o desastre de Chernobyl, em 1986. Também começaram a procurar outras fontes de energia que não dependem diretamente de combustíveis fósseis. A maioria dos países ocidentais, por exemplo, desenvolveu pequenos projetos de geração de energia solar, eólica, maremotriz ou geotérmica. Após a recente crise energética, a busca por tecnologias alternativas se intensificou, e os principais fabricantes de automóveis estão construindo veículos híbridos e totalmente elétricos que podem ser recarregados na rede elétrica.

Embora muitas dessas tecnologias ainda estejam em um estágio nascente, sua adoção mostra que mesmo em um mercado inelástico (ou seja, um mercado no qual os consumidores reduzem suas compras de maneira relativamente lenta como reação a aumentos de preços), aos poucos mas firmemente os humanos se adaptam e mudam de comportamento quando o equilíbrio entre oferta e demanda se altera.

A ideia condensada: inove para enfrentar a escassez de petróleo

27 Mercados de títulos

"Antes, achava que se houvesse reencarnação, gostaria de voltar como presidente ou papa, ou um grande jogador de beisebol", disse James Carville, diretor da campanha presidencial de Bill Clinton. "Mas, agora, quero voltar como o mercado de títulos. Você intimida qualquer um."

Os mercados internacionais de títulos, em que empresas e governos conseguem dinheiro, são bem menos conhecidos e compreendidos do que seu equivalente em participações, o mercado de ações, mas, em muitos aspectos, são bem mais importantes e influentes. Ao determinar se um país consegue dinheiro barato ou não, os mercados de títulos têm ajudado a determinar o curso de guerras, revoluções e conflitos políticos, e têm tido profundas implicações em quase todos os aspectos da vida há séculos. Mesmo em períodos de paz, a capacidade de arrecadar dinheiro de um governo é de importância crucial para seus cidadãos: quanto mais altas as taxas de juros que ele precisa pagar, mais altos os custos de crédito para a economia como um todo. Logo, ignore o mercado de títulos – mas faça-o por sua conta e risco.

O preço dos títulos soberanos (títulos emitidos por governos nacionais) revela o conceito de crédito do governo, a facilidade com que ele consegue dinheiro e como suas políticas são recebidas. Se um governo não consegue mais recorrer ao mercado de títulos, terá dificuldades para se sustentar.

Basicamente, título é uma espécie de declaração de dívida que promete pagar ao possuidor certa importância em um momento futuro, bem como juros ao longo de sua vida – geralmente, em intervalos anuais. Um título governamental típico de US$ 100.000, digamos, pode durar desde dois anos até meio século, e paga uma taxa de juros nominal fixada em torno de 4-5%. Depois de emitidos, os títulos po-

linha do tempo

1693

O governo britânico emite o primeiro título soberano ao estilo moderno – o tontine

1751

O Reino Unido aumenta sua dívida nacional com a ajuda do consol, um título extremamente popular

dem ser comercializados nos imensos mercados internacionais de títulos dos grandes centros financeiros, desde Nova York a Londres e Tóquio.

O negócio é a taxa O verdadeiro poder dos mercados de títulos está no fato de que as taxas de juros determinadas para o título pelos mercados podem ser bem diferentes das mencionadas no próprio título. Se os investidores acreditam que um governo (a) corre o risco da moratória ou (b) pode aumentar a inflação (o que também é uma espécie de inadimplência, pois a inflação corrói o valor), a tendência dos títulos desse governo será de venda. Isso tem um efeito duplo: reduz o preço do título e aumenta a taxa de juros efetivamente paga por ele.

Sob a ótica econômica, isso faz sentido: quanto maior o risco de um ativo, menos os investidores pagam por ele e maior deve ser a compensação por mantê-lo (a taxa de juros).

“Não ligo para títulos e ações, mas não quero que baixem no meu primeiro dia como presidente.”

Presidente Theodore Roosevelt

Imagine um título do Tesouro dos EUA no valor de US$ 10.000, com taxa de juros (ou rendimento) de 4,5%. Durante sua vida (que pode ser de 10 anos, 20 anos ou mais), pagará a seu proprietário US$ 450 por ano. Para quem adquire o título no preço da oferta original, isso representa uma taxa de juros de 4,5%. Mas e se os investidores ficarem preocupados com a solvência do governo norte-americano e começarem a vender seus títulos? O preço cairá para US$ 9.000. Com esse preço, o rendimento de US$ 450 vale, na verdade, 5% para os novos investidores.

A taxa do mercado de títulos é muito importante, pois influencia as taxas de emissão de novos títulos de um governo, atraentes o suficiente para encontrar compradores. Se quiser compradores para os milhares de títulos que emite semanalmente, o governo precisa adaptar as taxas de juros iniciais (a taxa do cupom) à taxa do mercado para os títulos já existentes. Quanto mais alta a taxa que precisar pagar, mais difícil obter crédito e maiores os cortes que será forçado a

1815
Nathan Rothschild ganha uma fortuna no mercado de títulos após a Batalha de Waterloo

1914
Tumulto pelo fato de os mercados de títulos não terem previsto a Primeira Guerra Mundial

1998
Os preços de títulos disparam depois do colapso do fundo de cobertura Long-Term Capital Management

Classificações – de AAA a C

Os títulos – quer aqueles emitidos por um país, quer por uma empresa – são considerados um dos investimentos mais seguros. Quando uma empresa quebra, os proprietários de títulos ficam muito perto do começo da fila dos credores para receberem seu investimento, enquanto os acionistas terão de aguardar até mais tarde, quando boa parte do dinheiro já terá sido paga. Entretanto, a moratória é uma possibilidade a que os investidores têm de estar atentos, e como resultado foi construído um complexo aparato para orientá-los quanto à segurança (ou não) de qualquer título em particular. Agências de classificação de risco de crédito, como Standard & Poors, Moody's e Fitch, existem para classificar títulos governamentais e empresariais com base na possibilidade de moratória. Essas classificações vão de AAA, a melhor qualidade, até C. Geralmente, títulos classificados como BAA ou mais são considerados com "grau de investimento"; títulos abaixo disso são chamados de "títulos podres". Como recompensa pelo maior risco de moratória, as taxas de juros dos títulos podres costumam ser bem mais altas.

fazer. Não foi à toa que James Carville considerou esse mercado tão intimidador.

Como geralmente os governos do mundo todo precisam pedir empréstimos para manter o orçamento equilibrado (veja o capítulo 38), emitem sempre novos títulos. Nos EUA, os tipos mais comuns de títulos governamentais são certificados do Tesouro (*Treasury bills*), notas do Tesouro (*Treasury notes*) e títulos do Tesouro (*Treasury bonds*). No Reino Unido, são conhecidos como *gilt-edged securities** ou *gilts*, pois o governo é considerado um tomador muito confiável.

Origens dos títulos Os títulos surgiram na Itália medieval, onde as cidades-Estado, geralmente em guerra umas com as outras, forçavam os cidadãos mais ricos a lhes emprestarem certas quantias em troca do pagamento regular de juros. Apesar de os investidores modernos não serem forçados a adquirir títulos, nos EUA e no Reino Unido a maior parte da dívida governamental pertence aos cidadãos, principalmente por meio dos fundos de pensão. Os fundos de pensão são obrigados a aplicar uma fatia importante de seus recursos na dívida governamental, investimento considerado o menos arriscado de todos.

Esse mercado só se tornou realmente influente na era napoleônica, quando o governo britânico estava emitindo diversos títulos sobera-

---

* Em tradução livre, seriam "títulos de borda dourada", assim chamados por causa do papel em que são impressos (N. do T.).

nos, inclusive o primeiro – o tontine – e o mais popular, o consol, que existe até hoje. Na primeira metade do século XIX, Nathan Rothschild tornou-se um dos homens mais ricos do mundo, e provavelmente o mais poderoso banqueiro da história, quando conquistou os mercados de títulos da Europa. O fato de aprovar ou não a dívida de um país tinha consequências sérias. Hoje, muitos historiadores consideram que a derrota definitiva da França nas Guerras Napoleônicas deveu-se mais à sua tendência a não pagar suas dívidas – tendo, assim, dificuldade para obter o dinheiro necessário para suas campanhas –, do que a decisões de estratégia militar.

A curva de rendimento Talvez o sinal mais revelador da importância do mercado de títulos seja o fato de que a forma como os títulos se comportam pode proporcionar excelentes pistas sobre o futuro de determinada economia. A curva de rendimento mede simplesmente as taxas de juros de diversos títulos governamentais no decorrer do tempo. Mantidas as demais circunstâncias, as taxas de juros dos títulos que vencem em breve devem ser mais baixas que as de títulos que vencem daqui a alguns anos; isso reflete o fato de que se espera que a economia cresça no futuro e a inflação vá aumentar. De vez em quando, porém, a curva de rendimento se inverte, o que significa que as taxas de juros de títulos com vencimento próximo são mais altas do que as de títulos que vencem daqui a alguns anos.

Esse é um sinal razoavelmente confiável de que a economia está rumando para uma recessão, pois implica que as taxas de juros e a inflação vão cair nos próximos anos – dois fenômenos habitualmente associados às crises econômicas. É mais um exemplo que mostra como o destino econômico de todos está intimamente ligado ao estado do mercado de títulos.

A ideia condensada: os títulos são a base de financiamento do governo

28 Bancos

As empresas, diferentemente das pessoas, não são todas iguais. Há empresas das quais sentiríamos falta se deixassem de existir, mas a vida seguiria em frente. Há outras cujo colapso causaria a implosão de grandes segmentos da economia e da sociedade. Os bancos entram nesta segunda categoria.

As empresas que compõem o setor bancário e financeiro não só guardam nossas economias e nos emprestam dinheiro quando necessitamos, como também atuam como o sistema arterial que transporta o dinheiro pela economia, motivo pelo qual costumam ser chamadas de *intermediários financeiros*. Sua principal função é transferir dinheiro em massa, levando daqueles que querem emprestar até aqueles que desejam pedir empréstimos.

Há séculos, os bancos têm feito parte do tecido social – com efeito, a palavra "banco" vem do latim *banca*, nome das grandes mesas que os cambistas da antiga Roma montavam nos pátios para comprar e vender moedas estrangeiras.

Para que uma economia – rica ou pobre – funcione adequadamente, precisa contar com um setor financeiro desenvolvido e saudável. Por quê? Porque tanto empresas quanto indivíduos precisam invariavelmente tomar empréstimos para fundar e depois desenvolver negócios decentes, empolgantes, inovadores. Sem os bancos, praticamente ninguém conseguiria comprar um imóvel, pois, para isso, a maioria das pessoas depende de um financiamento hipotecário.

Do mesmo modo, os bancos exercem o importante papel de meio de troca. Tente imaginar um dia de sua vida sem um banco. Usamos cartões de débito e de crédito ou cheques na maioria de nossas compras, e, assim, os bancos estão envolvidos indiretamente em quase todas as transações que fazemos.

linha do tempo

5 a.C.
Mais antigo exemplo de atividade bancária na Grécia Antiga

1397
Fundado o banco Médici – o primeiro banco reconhecido como tal

Às vezes, os bancos se transformam em gigantes, e recentemente têm feito de tudo, desde gerenciar os investimentos das pessoas até possuir conglomerados industriais e administrar hotéis. Frequentemente, esse nível de poder gera ressentimentos, e algumas pessoas veem os bancos como parasitas – nutrindo-se da riqueza alheia a fim de multiplicar a sua. Em certos casos, esses críticos têm razão. Quando bancos e mais bancos quebraram no final da década de 2000, ficou claro que boa parte de sua expansão não se baseava em algo sólido. Mas a verdade clara é que, sem os bancos, as pessoas não conseguiriam investir ou tomar dinheiro emprestado – ações essenciais para viverem de maneira produtiva e gratificante.

Como os bancos ganham dinheiro? A estrutura e o modelo básico de negócios de um banco são fundamentalmente os mesmos em qualquer lugar do mundo.

> **"O que é roubar um banco em comparação com fundar um banco?"**
>
> **Bertolt Brecht**

Primeiro, os bancos lucram cobrando juros mais altos do dinheiro que emprestam do que pagam pelo dinheiro depositado. A diferença ou *spread* entre essas duas taxas permitem-lhes ter lucro pelo serviço proporcionado; quanto maior o risco do tomador (ou seja, quanto pior for sua ficha de crédito), maior a diferença. É por isso que quem financia a aquisição de um imóvel tomando mais de 80% do valor deste paga uma taxa de juros mais alta que outros tomadores. É maior a probabilidade de não conseguirem pagar o empréstimo, acarretando uma perda significativa ao banco.

Além disso, os bancos oferecem aos clientes assessoria financeira e outros serviços, geralmente, mediante uma taxa; às vezes, apenas para estimulá-los a depositar seu dinheiro. Para a pessoa física, isso pode incluir seguros ou assessoria em investimentos. Para as empresas, pode significar ajuda na emissão de ações e títulos (noutras palavras, para obter capital, ligando novamente quem empresta o dinheiro a quem o toma) e aconselhando-as sobre a aquisição de outras empresas. Esse é o principal papel dos *bancos de investimentos*. Ademais, usam parte de seu superávit para fazer investimentos próprios, com a expectativa de ganharem um pouco mais.

Século XIX	1933	2007
A família Rothschild consegue dominar o mercado bancário europeu	Criada a Corporação Federal de Seguro de Depósito (com sigla FDIC em inglês) para proteger o dinheiro dos poupadores, originalmente com limite de US$ 5.000	A corrida ao banco Northern Rock no Reino Unido é seguida do colapso do Indymac nos EUA, no ano seguinte

Reservas bancárias

A chave das finanças modernas é um sistema de reservas fracionárias. Digamos que em um dado momento você tem £ 1.000 em sua conta-corrente. É pouco provável que vá precisar sacar todo o dinheiro. Embora possa necessitar dessas economias em algum momento, na verdade você saca apenas frações dela no caixa do banco, em um caixa automático ou pagando com seu cartão de débito.

Por isso, em vez de deixarem o dinheiro parado em seus cofres, geralmente os bancos mantêm apenas uma fração em suas reservas, variando essa quantidade em função da demanda que esperam ter pelo dinheiro. Normalmente, os bancos centrais controlam a quantidade de reservas que os bancos são obrigados a manter: nos EUA, por exemplo, a exigência de reservas fica em torno de 10% , o que significa que um banco com um depósito de US$ 100 pode emprestar US$ 90.

Economicamente, isso faz sentido. É bem mais eficiente para os bancos usar o dinheiro depositado neles, maximizando seu custo de oportunidade, em vez de deixá-lo parado e ocioso. Entretanto, isso traz importantes efeitos colaterais para a economia como um todo. Quando emprestam esse dinheiro extra, os bancos aumentam a oferta monetária, o que eleva a inflação.

Corrida aos bancos O sistema bancário moderno, no qual os bancos têm nos cofres menos do que devem oficialmente a seus clientes, funciona bem quando a economia está bem e os depositantes confiam na segurança de seu dinheiro. Em épocas de crise, o sistema pode falhar calamitosamente se, por algum motivo – rumores de que um banco está prestes a quebrar, por exemplo, ou após um grande assalto ou desastre natural que afeta o banco –, um número muito grande de depositantes tentar sacar seu dinheiro. Dá-se a isso o nome de corrida aos bancos, ilustrada de forma espetacular na corrida de 2007 ao banco Northern Rock, do Reino Unido. Quando os depositantes souberam que o banco precisou do apoio de emergência do Banco da Inglaterra – em seu papel como prestamista em última instância –, milhares de pessoas rapidamente formaram filas para sacar seu dinheiro.

Em virtude do sistema de reservas fracionárias, os bancos modernos não dispõem na mesma hora de dinheiro para pagar todos os seus depositantes ao mesmo tempo. Como empresas, dependem de dinheiro tomado em curto prazo (depósitos) para financiar empréstimos feitos no longo prazo (financiamento hipotecário e créditos de longo prazo). Estes são muito pouco líquidos; por isso, se todos os clientes exigirem seu dinheiro, os bancos ficam à beira de um colapso. É o que teria acontecido com o Northern Rock caso o Tesouro do Reino Unido não tivesse intervido, nacionalizando-o.

“Banqueiro é o sujeito que lhe empresta o guarda-chuva quando o sol está brilhando e pede-o de volta no minuto em que começa a chover.”

Mark Twain

Nos primeiros tempos dos bancos, se este quebrasse os poupadores perderiam todo o seu dinheiro. Foi o que aconteceu com muitas pessoas durante a Grande Depressão. Entretanto, percebendo que isso causava inquietude pública e uma corrida aos depósitos ao primeiro sinal de dificuldades de um banco, desde então os governos têm estabelecido esquemas para garantir os depósitos. Nos EUA, o esquema recebe o nome de Corporação Federal de Seguro de Depósito, e no Reino Unido chama-se Esquema de Compensação de Serviços Financeiros; ambos protegem depósitos bancários até certo valor (em 2008, respectivamente US$ 250.000 e £ 50.000).

A experiência da crise financeira que começou em 2008 mostrou que os governos farão o que for preciso para garantir que os bancos não quebrem. Quando isso acontece, as consequências para a economia em geral são desastrosas, não só porque prejudica a confiança e os bens dos consumidores, mas também porque causa quedas bruscas na oferta de dinheiro: os bancos injetam moeda em suas reservas e param de emprestar, o que, por sua vez, pode levar à deflação.

Com poder para fazer o dinheiro circular, cuidar das economias de toda uma vida das pessoas, facilitar investimentos e proporcionar as principais artérias para os gastos, não é à toa que os bancos são mais regulados do que qualquer outro negócio. Sua saúde e a da economia estão indissociavelmente ligadas.

A ideia condensada: bancos unem quem empresta dinheiro a quem o toma emprestado

29 Ações e valores

Desde quando o dinheiro surgiu no mundo, tem havido aqueles que desejam investi-lo. Nos primeiros dias dos investimentos financeiros, desde a Renascença italiana até o século XVII, o principal destino para esse dinheiro foram os títulos governamentais, mas tudo mudou com o surgimento das primeiras corporações. Elas introduziram um mundo de ações, de especulação, de milhões ganhos e milhões perdidos, e, naturalmente, as primeiras quedas no mercado de valores.

Todos os dias, investidores compram e vendem bilhões de dólares em ações nas bolsas de valores de Londres e Paris a Nova York e Tóquio. O preço da ação de uma empresa pode determinar se ela sobreviverá como entidade independente, se será absorvida por outra ou se, no outro extremo, vai quebrar. Os preços das ações podem render fortunas e, com a mesma facilidade, destruí-las.

Entretanto, o mercado de ações não é um cassino. O dinheiro investido diretamente pelas pessoas contribui para o crescimento de uma empresa e, por extensão, da economia como um todo. Um mercado de valores próspero é, com frequência, prova de uma economia de crescimento rápido. Isso tem sido verdade desde que as primeiras empresas – ou, para dar-lhes o título completo, sociedades anônimas – foram criadas para aproveitar a rápida expansão dos impérios coloniais europeus.

As primeiras corporações Embora a primeira companhia propriamente dita tenha sido a Virginia Company, criada para financiar o comércio com os colonos norte-americanos, a primeira grande corporação foi a Companhia Britânica das Índias Orientais, que detinha o monopólio – concedido pelo governo – sobre o comércio com os territórios britânicos na Ásia. Logo em seguida, surgiu em Amsterdã a Companhia Holandesa das Índias Orientais.

Essas primeiras companhias se distinguiram de suas antecessoras – guildas, sociedades e empresas estatais – de várias maneiras:

linha do tempo

1600
Fundada a Companhia Britânica das Índias Orientais

1792
O Acordo de Buttonwood estabelece as bases para a criação da Bolsa de Valores de Nova York

1. *A forma de obter capital.* As novas companhias emitiam ações, ou, como são mais conhecidas hoje, participações. Diferentemente dos títulos, dão ao acionista a propriedade formal de uma parcela da companhia e, com isso, uma influência muito maior sobre seu destino. Os acionistas podem determinar se a companhia deve comprar um concorrente ou ser vendida a ele por meio de uma fusão ou aquisição, e podem votar sobre questões importantes, inclusive a remuneração dos diretores.
2. *Dar aos acionistas o direito de vender sua participação para outros investidores.* Isso criou o chamado mercado secundário, no qual o governo e as companhias vendem seus títulos ou ações diretamente aos investidores.
3. *Invocar a denominada responsabilidade limitada.* Isso significa que se uma companhia quebra, seus acionistas respondem apenas por aquilo que investiram diretamente no negócio – e não suas casas, carros e outros bens. As companhias também se tornaram pessoas jurídicas – o que dava às corporações o direito de assinar contratos, possuir bens e pagar impostos, independentemente de seus acionistas.

Como proprietários da empresa, os acionistas têm direito a uma parte de seus lucros. Se a empresa tiver lucro após reservar verbas para pagamento de custos e de planos de investimento, os acionistas recebem um *dividendo* ou pagamento anual. Eles também podem lucrar quando o valor da ação sobe, embora corram o risco de perder seu investimento se o seu valor cair. Caso a empresa quebre, os acionistas ficam em um lugar mais distante da fila que os proprietários de títulos, e por isso as ações costumam ser consideradas investimentos mais arriscados do que a dívida.

“Na maior parte do tempo, as ações ordinárias ficam sujeitas a flutuações de preços irracionais e excessivas em ambas as direções, em consequência da tendência a especular ou apostar, arraigada na maioria das pessoas...”

Benjamin Graham, economista norte-americano

Em termos amplos, as companhias podem se dividir em dois tipos. Há as *privadas* ou *não cotadas*, cujas ações não estão no mercado aberto. Geralmente, são

1801	1929	1987
Fundada a Bolsa de Valores de Londres	Queda de Wall Street	Segunda-Feira Negra (19 de outubro) – o mercado de valores dos EUA despenca 22,6%

Quem movimenta o mercado

A criação dos mercados de valores, nos quais os investidores podem comprar e vender suas participações, foi um dos momentos mais importantes da história do capitalismo. Desde então, a importância das ações aumentou exponencialmente, e no final de 2008 o valor total das ações nos mercados de valores do mundo era algo da ordem de US$ 37 trilhões (US$ 37.000.000.000.000). Todas as principais economias do mundo têm um mercado de valores local – geralmente na capital – no qual se negociam as ações do país.

O desempenho desses mercados costuma ser medido por um índice das ações de suas maiores companhias. São o Dow Jones Industrial Average e o S&P 500 (este mais amplo que aquele) em Nova York; o FTSE 100 em Londres; o Nikkei em Tóquio; o DAX em Frankfurt; o CAC 40 da Euronext, Paris; e o índice SSE Composite de Xangai.

empresas menores, cujas ações pertencem normalmente aos diretores ou mesmo à família do fundador ou dos fundadores, aos bancos e aos investidores originais. E há as que são *cotadas publicamente* – noutras palavras, em mercados de valores.

O mercado de valores A imagem tradicional de um mercado de valores é a de um saguão agitado, caótico, com corretores agressivos berrando "compro" e "vendo" a plenos pulmões. Na verdade, restam muito poucos dos chamados "pregões a viva voz" no mundo – os principais incluem a Bolsa de Metais de Londres e a Bolsa Mercantil de Chicago. Esses saguões de negociação foram substituídos por sistemas computadorizados, permitindo aos investidores negociar diretamente desde qualquer parte do mundo.

Aqueles que acreditam que o mercado vai subir são conhecidos como *bulls*, ou touros, e os que esperam que caia são chamados de *bears*, ursos. Quando os investidores se entusiasmam com a perspectiva de determinada empresa, saem em bando para comprar suas ações, o que aumenta seus preços. Por outro lado, se a companhia tem passado por dificuldades, os investidores tendem a vender suas ações e seu preço cai.

Coletivamente, os investidores são movidos por uma combinação de medo e cobiça: às vezes a cobiça supera o medo, provocando uma bolha no mercado de valores – situação na qual os preços ficam sobrevalorizados – e às vezes o medo domina a cobiça, levando a uma queda inevitável das ações, que desmoronam com estardalhaço. Os mercados de valores de Nova York, Londres e outros lugares já sofreram bolhas significativas nos últimos cem anos. Apesar de a mais notória ter sido a da Quebra de Wall Street em 1929, os preços das ações despencaram ainda mais na Segunda-Feira Negra de 1987, quando o índice Dow Jones caiu 22,6% em um único dia. Os mercados do mundo todo sofreram quedas importantes após a bolha das empresas "ponto com" entre 2000 e 2002 e a crise financeira de 2008.

Os grandes investidores Os participantes do mercado de valores dividem-se entre *investidores individuais*, como famílias que detêm carteiras de ações, e *investidores institucionais*, que incluem fundos de pensão, seguradoras, gestoras de fundos, bancos e outras instituições. Como os fundos de pensão e de seguros detêm uma participação significativa no mercado de valores, mudanças nos preços das ações afetam quase todos os cidadãos.

Entre os investidores institucionais que não gozam de boa fama acham-se os *fundos de cobertura*, também chamados de fundos de hedge ou multimercados, que não apenas compram ações como as vendem "a descoberto", o que significa que apostam em sua desvalorização. (Nesse processo, tomam emprestadas ações de outro investidor a determinado preço – digamos, a US$ 100 – e vendem essas ações no mercado a esse preço, esperando que caia a US$ 80, por exemplo, quando então são compradas e devolvidas ao investidor que as emprestou, embolsando-se a diferença de US$ 20.) Outro tipo de investidor é a *empresa de participações*, que procura adquirir e reerguer negócios combalidos ou subvalorizados.

Muitos têm visto esses novos investidores, como fundos de cobertura e empresas de participações, como uma ameaça ao mercado, uma vez que são muito reservados; além disso, há quem acredite que chantageiam as companhias. Todavia, eles alegam que exercem uma valiosa função no mercado, comprando empresas subvalorizadas ou mal geridas e colocando-as em ordem. Afinal, os mercados de valores, onde o público pode adquirir qualquer companhia, são instituições intrinsecamente democráticas.

A ideia condensada: os mercados de valores estão no coração do capitalismo

30 O risco nos negócios

"Neste prédio, é matar ou morrer", diz o personagem de Dan Ackroyd a Eddie Murphy no filme *Trocando as bolas*, de 1983. Estão indo à bolsa de mercadorias e futuros de Nova York, prestes a dar o golpe do século. Vendendo e depois comprando suco de laranja concentrado e congelado no mercado futuro, a dupla fatura milhões e leva à bancarrota seus antigos e vingativos empregadores.

Para o Barings, o mais antigo banco comercial de Londres, foi "morrer". Ele sofreu um colapso em 1995 quando um de seus corretores, Nick Leeson, perdeu sozinho milhões de libras no mercado de futuros de Singapura.

Redistribuição do risco Os mercados de futuros e opções – também conhecidos como mercados de derivativos – são, provavelmente, os mais arriscados e lucrativos de todos os mercados. E por um bom motivo, pois é justamente com o risco que os mercados de derivativos financeiros e mercadorias negociam. É neles que companhias e operadores especulam com o que esperam que vá acontecer com os preços de tudo, desde ações, valores, títulos e moedas, até metais, mercadorias, clima e preços de imóveis.

Companhias e indivíduos especulam não só por apostar, mas com um propósito econômico essencial: *redistribuir o risco*. Precisam planejar com antecedência em um mundo altamente imprevisível. Se você fabrica sorvetes de frutas, não pode saber no começo do ano como será a colheita, e por isso não sabe com quantas laranjas poderá contar. Se a colheita for fraca, o preço das laranjas vai subir bastante, mas se a colheita for abundante, os preços vão cair por causa do aumento na oferta de laranjas. Você pode decidir que não quer correr riscos e fechar um contrato para comprar suco de laranja em determinada data do

linha do tempo

Década de 1730
Celebrados os primeiros contratos de futuros conhecidos na Bolsa de Arroz Dōjima, no Japão

Século XIX
Cresce significativamente o número de contratos agrícolas nos EUA

verão por um preço fixo. Você abre mão da oportunidade de economizar caso a colheita seja boa (ou de perder dinheiro caso seja ruim) em troca da segurança de pagar um valor determinado. Na outra ponta da transação, o agricultor também tem o risco mitigado, garantindo alguma receita para o ano.

Os mercados de futuros e opções são, hoje, alguns dos mais importantes e agitados do mundo, pois as companhias precisam tomar decisões similares com frequência, seja um produtor de milho fixando um preço ou um grande exportador como a Ford ou a Microsoft tomando posição em certas moedas para garantir que não vão perder caso o valor do dólar baixe subitamente.

Especulação e investimento Para que o mercado funcione, é preciso que haja pessoas dispostas a correr riscos. É aqui que os especuladores entram na equação. Enquanto cerca de metade dos participantes dos mercados de futuros busca proteção, os demais estão tentando ganhar dinheiro apostando nos movimentos dos preços. Esses especuladores puros, que têm suas próprias suspeitas sobre a direção dos preços, formam uma parcela essencial da economia. Ora são indivíduos, ora fundos de cobertura, ora fundos de pensão procurando lucrar um pouco mais.

De qualquer maneira, são diferentes dos investidores, que adotam uma postura de longo prazo. Como disse Benjamin Graham, autor do livro essencial para todos os investidores, *The Intelligent Investor*:

> A diferença mais realista entre investidor e especulador está na postura diante dos movimentos do mercado de valores. O interesse principal do especulador consiste em antecipar-se às flutuações do mercado, lucrando com elas. O interesse principal do investidor é adquirir e manter valores adequados a preços adequados.

É possível enriquecer seguindo qualquer caminho. O mais famoso investidor do mundo é Warren Buffett, que habitualmente adota posições de longo prazo nas empresas para controlá-las durante anos por meio de sua companhia, a Berkshire Hathaway. Em 2008, a revista Forbes considerou-o o homem mais rico do mundo, com uma fortuna de US$ 62 bilhões, embora depois seu patrimônio tenha se reduzido

1972
Introduzido em Chicago o mercado de futuros sobre taxas de câmbio em virtude da volatilidade dos mercados de câmbio

1982
Introduzido o mercado de futuros sobre preços de ações

2008
O valor total dos contratos de permuta financeira de crédito (*credit default swaps*) e outros derivativos atinge US$ 1.144 trilhões – 22 vezes o PIB do mundo todo

> ### Mercadorias, opções e futuros
>
> *Mercadorias* são materiais sólidos que podem ser comprados e vendidos no atacado, desde metais preciosos e petróleo até cacau e café em grão. Se quiser comprar alguma mercadoria para entrega imediata, você o faz ao preço *spot* – o preço atual – como faria com uma ação ou título.
>
> *Opção*, por outro lado, é um acordo que dá a seu portador o direito, em vez da obrigação, de comprar ou vender um investimento a um preço específico em um dia determinado.
>
> Um *futuro* é um contrato para comprar certa mercadoria ou investimento a um preço específico em algum momento futuro (data da entrega).

significativamente por causa dos efeitos da crise financeira. O mais famoso bilionário dos fundos de cobertura é George Soros, que ganhou US$ 9 bilhões especulando com o preço de ações, commodities, mercadorias, moedas e outros.

Uma breve história dos futuros De certa forma, os negócios com futuros existem há séculos, pois geralmente há uma lacuna entre a encomenda de um produto e sua entrega efetiva. Nos séculos XIII e XIV, era comum os agricultores venderem lã com um ou dois anos de antecedência. No Japão do século XVIII, os comerciantes compravam e vendiam arroz para entrega futura, e os primeiros contratos de derivativos foram vendidos aos samurais, que geralmente eram pagos em arroz; após algumas colheitas fracas, quiseram garantir determinada receita nos anos vindouros.

Mas foi só no século XIX que o mercado realmente decolou – e seu lar espiritual foi e é Chicago, onde o mercado de futuros é chamado de Bolsa Mercantil. Em 1880, por exemplo, a companhia de produtos alimentícios Heinz assinou contratos com agricultores para comprar pepinos nos anos seguintes a preços previamente acordados. Geralmente, porém, um contrato de futuros não é tratado de forma direta entre comprador e vendedor, mas na bolsa de futuros, que atua como intermediário. Quando se espera alguma variação nos preços de uma mercadoria, de bacon a metais, o preço dos futuros associados a essas mercadorias também varia.

Jogo de soma zero Essa flutuação constante é que faz o mercado de derivativos ser um lugar tão arriscado para se investir. Basta olhar para o mercado futuro de uma das maiores mercadorias, o petróleo, para entender o porquê. Os preços do petróleo sobem e descem dependendo de diversos fatores, que vão desde o econômico (com base, por exemplo, na velocidade com que as economias devem se expandir, e com isso sua provável demanda por combustível) ao geopolítico (com base na possibilidade de ataques terroristas a plataformas de petróleo ou nas relações entre o Oriente Médio e o resto do mundo).

"Tenha medo quando os outros forem cobiçosos e só seja cobiçoso quando os outros estiverem com medo."
Warren Buffett

Em 1999, a revista *The Economist* predisse que, tendo caído a US$ 10 por barril, os preços do petróleo iriam baixar ainda mais, atingindo US$ 5. No final desse ano, o preço chegou a US$ 25. Entre 2000 e 2005, manteve-se entre US$ 20 e US$ 40 por barril. Então, uma combinação de fatores, incluindo a invasão do Iraque, um crescimento econômico extraordinário em boa parte do mundo e o receio sobre a quantidade de petróleo que ainda restaria no solo, fez com que os preços disparassem, chegando primeiro a US$ 60, depois US$ 80 e, em 2008, atingindo US$ 140 por barril. Assim que chegou a esse patamar, porém, começou a baixar até voltar a um ponto próximo ao anterior, em virtude da recessão que afetou a economia global.

Apostando inteligentemente na direção que os preços iriam seguir, muitos investidores ganharam centenas de milhões de dólares, mas outros tantos perderam muito. Diferentemente do mercado de valores, no qual as ações das companhias podem valorizar-se com o crescimento e a prosperidade das empresas, os contratos de futuros têm soma zero: para cada ganhador há alguém que perde em uma magnitude similar. É por isso que os mercados de derivativos são comparados a cassinos. Mas, embora haja certa dose de jogo envolvida, não são um passatempo ocioso. Esses mercados são uma engrenagem essencial na moderna máquina econômica.

A ideia condensada: transfira o risco para quem está mais disposto a assumi-lo

31 O ciclo econômico

Não muito depois de assumir o cargo de ministro da Fazenda, Gordon Brown disse em vários discursos que queria libertar a Grã-Bretanha do velho ciclo de "altos e baixos". Isso foi música para os ouvidos de todos. O país tinha passado por uma série desagradável de recessões causadas por uma economia superaquecida. Seus cidadãos estavam prontos para abrir mão de um pouco de *altos*, caso isso significasse não ter de aguentar mais uma crise.

Pouco mais de uma década depois, Brown, já primeiro-ministro, parou de repetir o mantra. A economia rumava para uma recessão e para a pior crise imobiliária de que qualquer um podia se lembrar, se não da história. O mais vergonhoso foi que a recessão mostrou-se pior do que aquela criada por seus adversários políticos, os conservadores, quando ocuparam o cargo. À parte o rubor de Brown, uma coisa ficou clara: os relatos da morte do ciclo econômico foram prematuros demais.

Graças à sua própria natureza, as economias veem-se sujeitas a ciclos de altos e baixos: os mercados oscilam da confiança ao pessimismo e os consumidores vão da cobiça ao medo. O que controla essas variáveis, porém, é algo que ainda não compreendemos, pois elas estão sujeitas aos caprichos da natureza humana. E, como mostraram as experiências de Brown, as tentativas de domar o ciclo tendem tristemente ao fracasso.

Em tese, deve haver um nível ideal de atividade econômica no qual um país pode se manter indefinidamente. Chamam a isso de pleno emprego; todos os elementos de produção em uma economia são usados em sua capacidade ideal. A inflação não precisa aumentar e a economia pode crescer em uma taxa consistente.

linha do tempo

1929	1946
Queda da Bolsa de Nova York	Publicação de *Measuring Business Cycles*, de Burns e Mitchell

Na prática, porém, esse ponto ideal nunca foi atingido. A história já viu ciclos de diversos tipos. A Bíblia, por exemplo, refere-se a períodos de abundância seguidos de anos de fome. O mesmo ritmo se aplica às sofisticadas economias de alta tecnologia do século XXI.

Todas as grandes economias – inclusive os Estados Unidos – sofrem essas importantes oscilações na atividade econômica, que foram documentadas oficialmente pela primeira vez em 1946 por Arthur Burns e Wesley Mitchell.

“O ciclo econômico está com os dias contados, principalmente graças ao governo.”

Paul Samuelson, economista norte-americano

A tendência ao crescimento Toda economia tem uma taxa de “tendência” ao crescimento – a velocidade com que a economia tem tendido a crescer nas últimas décadas. No caso dos EUA, em anos recentes, a taxa de tendência ao crescimento tem ficado em torno de 3%, enquanto no Reino Unido e em boa parte da Europa tem sido levemente menor, em torno de 2,5%, o que significa que a região tem se expandido em um ritmo mais lento. O ciclo econômico (também chamado de ciclo de negócios) é simplesmente uma flutuação da atividade econômica, acima ou abaixo dessa taxa de crescimento. A diferença entre as duas é conhecida como *lacuna de produção*. Um ciclo econômico compreende o tempo que leva para que uma economia passe por uma fase de alta, uma de baixa e volte à sua tendência habitual.

Na alta, a economia pode crescer muito depressa, mas geralmente essa expansão tem vida breve, dando lugar à queda em território negativo – ou seja, à contração da economia. Se a economia se contrai por dois trimestres sucessivos, tecnicamente está em recessão. Esta caminha de mãos dadas com o aumento do desemprego e a redução do lucro das companhias.

Por que ciclo? Há diversas explicações para os ciclos, embora nenhuma seja tão convincente quanto o fato fundamental de que os seres humanos são criaturas emocionais, podendo passar rapidamente do otimismo ao pessimismo e vice-versa. Uma explicação envolve a política monetária: mudanças nas taxas de juros, tanto por bancos privados quanto pelos bancos centrais, têm como efeito a aceleração

2007

Início da recessão econômica nos EUA na década de 2000, segundo o Escritório Nacional de Pesquisa Econômica

2008

Quebra do Lehman Brothers

Ciclos econômicos

Cada parte da economia sofre altos e baixos segundo seu próprio ritmo, e, a partir desse fato, os economistas idealizaram diversas classificações para os ciclos:

- **Ciclo Kitchin (3–5 anos)** Refere-se ao ritmo com que as empresas acumulam estoques, o que, por sua vez, pode fazer com que a economia do país acelere ou refreie.
- **Ciclo Juglar (7–11 anos)** Relaciona-se com as oscilações de valores investidos pelas empresas em suas fábricas e serviços – de modo geral, dura aproximadamente o dobro do ciclo Kitchin. É ao ciclo Juglar que os economistas se referem quando falam de ciclos econômicos.
- **Ciclo Kuznets (15–25 anos)** É o período entre dois picos de gastos privados ou públicos em investimentos de infraestrutura, como estradas e ferrovias.
- **Onda ou ciclo Kondratiev (45–60 anos)** Também conhecido como superciclo, refere-se mais genericamente às fases do capitalismo. A implicação é que a cada 45 ou 60 anos há uma crise no capitalismo que leva as pessoas a questionarem a maneira como a economia é estruturada e a forma como funciona.

ou desaceleração do crescimento econômico, bem como da inflação e do desemprego. Outra explicação técnica gira em torno do ritmo com que as empresas acumulam estoques – a reserva de produtos que não foram vendidos. A tendência é manter um estoque elevado quando o ciclo é de crescimento, pois esperam que a alta continue, e de esgotá-lo quando a economia se contrai. Nos dois casos, isso faz com que as oscilações sejam mais violentas do que deveriam ser.

A experiência humana também é um fator importante. Alguns dizem que as sementes de uma crise financeira são plantadas no ano em que se aposenta o último banqueiro a vivenciar a crise anterior. Noutras palavras, quanto mais pessoas se esquecem das consequências duras de uma crise, maior a probabilidade de erros semelhantes serem cometidos novamente, gerando outra bolha.

Além disso, eventos inesperados fazem com que a economia pule de um ciclo para outro. É claro que poucas pessoas esperavam a crise de crédito que começou em 2007, ou a queda nos preços do petróleo um ano depois. Juntas, transformaram uma fase de queda em uma recessão global. Talvez a economia se comportasse de maneira mais previsível se não houvessem esses choques.

Outros desconfiam que a culpa cabe em parte aos políticos, que às vezes deixam a fase de alta sair do controle para se aproveitarem do "fator de bem-estar" gerado, por exemplo, por grandes lucros, valorização dos imóveis e taxa de emprego elevada. Seguem políticas *pró-cíclicas* – injetam ar na bolha – em vez de políticas *anticíclicas*, destinadas a fazer a bolha *murchar* suavemente antes que exploda.

Predizendo o rumo A importância do ciclo econômico é clara. É crucial ter-se alguma ideia de quando a economia está prestes a parar, e os governos empregam equipes de economistas para tentar diagnosticar isso. Nos EUA, os principais especialistas estão no Escritório Nacional de Pesquisa Econômica; no Reino Unido, no Tesouro. No passado, as duas organizações se esforçaram, mas volta e meia acabavam redefinindo sua estimativa sobre o início e o fim de um ciclo anos (ou mesmo décadas) após o evento.

O problema é que a duração dos ciclos pode variar drasticamente (veja o quadro); assim, mesmo que o ponto inicial seja identificado de forma correta, a estimativa sobre seu término pode cair bem longe do alvo.

Muitos, inclusive George Soros, o mais famoso gestor de fundos de cobertura do mundo, disseram que a crise do começo da década de 2000 foi provocada pelo final de um "superciclo", no qual as pessoas foram acumulando mais e mais dívidas ao longo de décadas. Seria seguido, acrescentou, por uma queda similarmente longa, quando as pessoas teriam que pagar por tudo isso.

Para os economistas, a maior frustração é que os ciclos econômicos desmontam os complexos modelos usados para prever o rumo da economia. Esses modelos computadorizados, no qual despejam todos os dados que conseguem encontrar sobre empregos, preços, crescimento e assim por diante, geralmente presumem que a economia vai seguir sempre uma linha mais ou menos reta. No entanto, a experiência mostra que não é bem assim.

A ideia condensada: os altos e baixos são inevitáveis

32 Pensões e o Estado de bem-estar social

O ano é 1861, e a Guerra Civil está destruindo os Estados Unidos. Enquanto os exércitos da União e dos Confederados tentam atrair novos recrutas para seus batalhões, alguém tem uma ideia genial: oferecer pensões generosas aos soldados e suas viúvas. Ao que parece, surtiu efeito – centenas de milhares entram rapidamente em combate.

Quando é que você acha que foi feito o último pagamento pelo sistema de pensões da Guerra Civil? Nas décadas de 1930 ou 1940, quando os veteranos mais velhos chegaram ao fim de suas vidas? Na verdade, o sistema só fez seu último pagamento em 2004. Uma jovem astuta de 21 anos casou-se com um veterano de 81 anos no final da década de 1920, o que fez com que o Estado tivesse de lhe pagar pensão até sua morte, aos 97 anos.

Imagine que esse problema afeta não só uma nação, como todo o mundo desenvolvido, pois os governos prometeram cuidar generosamente de seus idosos e acabaram dando-se conta de que os cidadãos estão vivendo demais e sugando boa parte de seu dinheiro. Essa é a crise das pensões e da seguridade social.

Evolução do Estado de bem-estar social Embora os Estados tenham oferecido pensões, educação e outros benefícios a alguns cidadãos desde a época romana – geralmente, em troca de serviços militares –, os Estados de bem-estar e os sistemas de seguridade social são fenômenos relativamente recentes. Até o século XX, os países costumavam cobrar impostos de seus cidadãos apenas para protegê-los da criminalidade e de invasões. Porém, após a Primeira Guerra Mundial e a Grande Depressão, quando a proporção da penúria de muitas fa-

linha do tempo

1880

Bismarck estabelece o primeiro plano estatal de pensões e seguros médicos

mílias ficou clara, países como o Reino Unido e os EUA tornaram-se "Estados de bem-estar social", nos quais os impostos são usados para redistribuir o dinheiro para aqueles considerados como mais necessitados, sejam idosos, desempregados ou doentes. O modelo original foi desenvolvido na Alemanha por Bismarck, uma década após o término da Guerra Civil do outro lado do Atlântico.

A teoria por trás do sistema de pensões e de seguridade social é tão simples hoje quanto na época em que foi idealizado: os cidadãos de um país devem contribuir para um fundo geral enquanto estão trabalhando e gozando de boa saúde; em troca, esse fundo vai contribuir para seu bem-estar quando estiverem doentes, incapazes de trabalhar ou quiserem se aposentar.

O Relatório Beveridge

O catalisador na criação dos Estados de bem-estar social foi o importante *Relatório do Comitê Interministerial de Seguros Sociais e Serviços Associados*, de 1942, produzido por William Beveridge e destinado a combater a "Escassez, Doenças, Ignorância, Miséria e Ociosidade". Quando os governos começaram a olhar para o mundo do pós-guerra, ficou claro que seria preciso fazer alguma coisa para garantir que as pessoas teriam apoio adequado no futuro, e o Relatório Beveridge proporcionou um parâmetro ideal. Combinadas, as experiências da Grande Depressão e da guerra destacaram o fato de que, em certas circunstâncias extremas, o setor privado simplesmente não consegue proteger as pessoas das adversidades. No entanto, o relatório acrescentou que, tendo em vista o tamanho do Estado e, consequentemente, seu poder de barganha, conseguiria obter serviços de saúde e pensões melhores e mais baratos para seus cidadãos.

As ideias de Beveridge foram recebidas com mais entusiasmo no Japão, que conseguiu melhorar visivelmente a expectativa de vida e as qualificações educacionais de seus cidadãos ao estabelecer um importante sistema de seguridade social, hospitais e escolas após a guerra. Muitos consideram que a qualidade de seu gigantesco Estado de bem-estar social é que ajudou o país a se recompor tão bem nos anos seguintes.

1908
David Lloyd George introduz as pensões no Reino Unido

1942
Publicação do Relatório Beveridge

Os problemas Apesar de ter tirado muitas famílias da pobreza, melhorando sensivelmente os padrões de saúde e de educação do mundo ocidental, muitos dizem que o Estado de bem-estar social também provocou alguns problemas sérios: um socioeconômico e outro fiscal.

O problema socioeconômico é que os sistemas de bem-estar social podem desestimular o trabalho. Muitas evidências sugerem que a oferta de auxílio-desemprego pode dissuadir os beneficiários de buscarem novo emprego (veja o capítulo 22). Embora tenham inchado e atingido proporções descomunais, em décadas recentes os gastos com bem-estar social reduziram a produtividade em diversos países, inclusive o Reino Unido e vários Estados do norte da Europa.

Depois, há o problema do financiamento desses sistemas no longo prazo. Os fundos da maioria dos sistemas de seguridade social provêm dos atuais orçamentos governamentais: na maioria dos casos, são sistemas nos quais os contribuintes atuais financiam os aposentados atuais, e não suas próprias pensões futuras. Esse sistema funcionou muito bem na época do pós-guerra: a maciça explosão populacional no final da década de 1940 e na seguinte – o chamado *baby boom* – fez com que houvesse muitos trabalhadores jovens pagando impostos e fazendo poupança durante as décadas de 1960, 1970 e 1980. No entanto, com a redução na taxa de fertilidade, diversos países, inclusive os EUA, Reino Unido, Japão e boa parte da Europa, vão enfrentar uma conta colossal no futuro.

“A reforma das pensões, como assessoria de investimentos e inscrição automática, vai fortalecer a capacidade dos norte-americanos para poupar e investir na aposentadoria.”

Steve Bartlett, ex-congressista norte-americano

O problema é particularmente grave nos EUA. O sistema norte-americano inclui uma pensão do Estado para todos (a “seguridade social”), o Medicare (seguro médico gratuito para os idosos) e diversos programas menores, inclusive o Medicaid (cobertura de saúde para os pobres) e auxílio-desemprego temporário. Porém, o sistema está enfrentando uma crise grave com a aposentadoria da geração nascida no *baby boom*. Nos Estados Unidos, a parcela da população com 65 anos ou mais deve passar de 12% para quase 21% em 2050, com uma leva de pensionistas vivendo mais e exigindo mais cuidados médicos do que nunca.

O futuro do bem-estar Segundo os economistas geracionais, que estudam a maneira como as decisões de uma geração afetam a seguinte, os custos do bem-estar nos próximos anos – somado à redução da

Soluções para a crise de pensões e seguridade social

1. Permitir a entrada de mais imigrantes para trabalharem no país. Isso aumentaria a força de trabalho e muitos deles se aposentariam em seus próprios países, sem pedirem pensão ao Estado.
2. Aumentar os impostos dos futuros contribuintes para ajudar a pagar a conta, aceitando um crescimento econômico menor como consequência.
3. Forçar os pensionistas a trabalharem mais ou a aceitar pagamentos mais baixos.
4. Descartar os atuais sistemas de seguridade social nos quais os trabalhadores atuais pagam as pensões dos aposentados e implementar programas nos quais os cidadãos contribuem mensalmente com determinada quantia para um fundo. Vários governos estão seguindo essa direção, inclusive o Reino Unido. Todavia, é provável que as reformas cheguem tarde demais para impedir que as finanças públicas sofram restrições incômodas nos próximos anos.

população ativa – significam que os Estados Unidos estão se encaminhando, segundo a maioria das definições da expressão, para a bancarrota absoluta. É possível fazer uma previsão semelhante para o Japão, onde mais de 21% da população já tem mais de 65 anos e a projeção é que se iguale à população ativa por volta de 2044.

Há evidências de que as taxas de fertilidade começaram a crescer um pouco no Reino Unido e nos EUA, em virtude, principalmente de um surto de gravidez na adolescência naquele e à fecundidade dos imigrantes mexicanos neste. Todavia, nem mesmo esses fatores vão poupar os dois países de um choque iminente.

A verdade dolorosa é que os pensionistas terão de aceitar valores menores ou os cidadãos de amanhã terão de pagar mais impostos. É um dilema que vai afligir a política e a economia durante mais algumas décadas.

A ideia condensada: cuidado para não prometer valores que não poderá pagar

33 Mercados monetários

Num discreto prédio de escritórios em algum lugar nas docas de Londres, um pequeno grupo de pessoas tem a incumbência de produzir aquele que talvez seja o número mais importante do mundo. Esse número, fixado diariamente às onze da manhã, terá consequências imensas para o mundo: vai causar a bancarrota de alguns e fará com que outros ganhem milhões. É algo que faz parte das fundações do capitalismo. Contudo, muito poucas pessoas fora dos mercados financeiros o conhecem. É a Libor (acrônimo de London Interbank Offered Rate), taxa de juros interbancária do mercado de Londres.

A taxa Libor, administrada pela Associação de Bancos Britânicos, está no centro de um dos principais setores da economia mundial – o mercado monetário. É nele que as empresas tomam e emprestam dinheiro no curto prazo – noutras palavras, sem precisar recorrer à emissão de títulos ou participações (veja o capítulo 27). Esses mercados são o sistema nervoso central do sistema financeiro mundial, e, quando falham, o que acontece ocasionalmente, podem causar um choque em toda a economia.

Em tempos normais, a Libor simplesmente reflete a taxa com que os bancos estão dispostos a emprestar dinheiro uns aos outros no curto prazo. Esses empréstimos – chamados de *empréstimos interbancários* – não têm respaldo: são mais como um cheque especial ou um cartão de crédito do que como uma hipoteca, e são essenciais para o funcionamento dos bancos. Todos os dias, o balancete dos bancos muda significativamente com os depósitos, retiradas, empréstimos ou pagamentos, e a capacidade de tomarem dinheiro emprestado dos outros bancos é essencial para que se mantenham funcionando corretamente.

linha do tempo

Década de 1970	1984
Desenvolvimento do sistema de securitização	A Associação de Bancos Britânicos estabelece a Libor

O poder da Libor

Os mercados monetários atacadistas tornaram-se tão poderosos e amplos que as taxas Libor – fixadas para as mais importantes moedas do mundo, inclusive o dólar, o euro e a libra – estão no cerne de contratos valendo cerca de US$ 300 trilhões – o que equivale a US$ 45.000 para cada ser humano do planeta. A maioria das pessoas pensa em taxas de juros como aquelas estabelecidas pelos bancos centrais, como a Reserva Federal ou o Banco da Inglaterra. Na verdade, a Libor é uma indicação bem melhor do verdadeiro custo dos empréstimos na economia como um todo.

A maneira pela qual os bancos operam sofreu diversas transformações nas últimas décadas. Tradicionalmente, os bancos ganhavam dinheiro recebendo os depósitos dos clientes na forma de poupança e emprestavam esse dinheiro para outros clientes na forma de crédito imobiliário e de outros tipos de empréstimo (veja o capítulo 28). Por um lado, isso significa que, assim como George Bailey (interpretado por James Stewart) tenta acalmar os depositantes que estão sacando freneticamente seu dinheiro em *A felicidade não se compra*, os bancos tinham uma conexão direta – muitas vezes, um relacionamento pessoal – com seus clientes. Por outro, esse *modus operandi* não dava aos bancos muitas oportunidades para crescer como desejavam, porque os reguladores criaram regras sobre o valor que poderiam emprestar em relação a seu porte. Isso, por sua vez, significava que as taxas de juros cobradas em financiamentos hipotecários não eram baixas.

O surgimento da securitização Muitos desses bancos ou instituições hipotecárias foram organizados como associações mútuas, o que significa que não pertenciam a acionistas, mas a seus clientes. No Reino Unido, as instituições especializadas em créditos hipotecários eram conhecidas como cooperativas habitacionais, incluindo companhias como Nationwide e Northern Rock.

No entanto, nas décadas de 1970 e 1980, com o aumento na demanda pela casa própria (veja o capítulo 37), os bancos perceberam que seria difícil acompanhar esse ritmo sem aumentar a quantidade de dinheiro disponível para empréstimos e recorreram a um sistema al-

Décadas de 1980-1990
Rápida expansão dos bancos no mundo todo

2007
Paralisação dos mercados interbancários

ternativo. Em vez de emprestarem dinheiro apenas com base em seus depósitos, começaram a consolidar em pacotes a dívida hipotecária que estavam emitindo, vendendo-a para outros investidores. Esse processo ficou conhecido como *securitização* – pois transformava a dívida em *securities*, instrumentos de investimento como títulos, opções, ações etc. Isso funcionou muito bem durante algum tempo. Tirando as dívidas hipotecárias de seus livros contábeis, os bancos conseguiram fazer mais empréstimos, e de maior valor, sem serem limitados por seu tamanho. Investidores do mundo todo fizeram fila para comprar esses títulos, atraídos por seu retorno substancial e pela garantia dada pelas agências de classificação de crédito que diziam que eram investimentos confiáveis.

Com o tempo, os bancos foram ficando cada vez mais sofisticados na criação desses investimentos. Não bastasse reunirem os créditos hipotecários em pacotes, fatiaram-nos e dividiram-nos em instrumentos conhecidos como obrigações de dívida colateralizadas (com sigla em inglês CDO) e versões ainda mais complexas, como CDOs2 (fatiadas e divididas duas vezes) e CDOs3 (três vezes).

A teoria por trás disso parece bem sensata. Antes, quando alguém deixava de pagar uma dívida hipotecária, quem mais sofria era o banco; a securitização prometia difundir o risco pelo sistema financeiro para aqueles com mais disposição de assumi-lo. O problema, no entanto, é que, ao eliminar o relacionamento pessoal entre credor e devedor (processo conhecido como *desintermediação*), é bem mais provável que aqueles que compram pacotes de dívidas – sejam investidores japoneses, sejam fundos europeus de pensão –, na verdade, não vão saber os riscos que estão assumindo. O que podem fazer é confiar nas classificações de agências como Standard & Poors, Fitch, Moody's e outras.

Essa desconexão foi uma das principais causas da crise financeira da década de 2000, pois os investidores não tinham plena consciência da escala de risco que estavam assumindo ao adquirir pacotes de dívidas imensamente complicadas. Como os bancos estavam emprestando bem mais do que o que tinham em depósitos, desenvolveram um déficit grave em suas contas – um buraco conhecido como *lacuna de financiamento* –, que só pode ser corrigido com um grande financiamento. E, como veremos, isso não aconteceu.

O dia que mudou o mundo Em 9 de agosto de 2007, tanto os mercados interbancários quanto os mercados de hipotecas securitizadas paralisaram-se repentinamente no mundo todo. Percebendo que o mercado imobiliário dos EUA estava prestes a sofrer uma queda considerável e que, o que era mais grave ainda, o sistema financeiro ocidental tornara-se excessivamente endividado, os investidores pararam de comprar títulos – noutras palavras, pararam de emprestar dinheiro. Foi um momento de medo que provocou a crise financeira que se seguiu: o momento em que os economistas e financistas, que até então não tinham prestado muita atenção nessa parte complexa do sistema, deram-se conta de sua importância para a saúde da economia mundial.

Muitos bancos dos dois lados do Atlântico, inclusive o Northern Rock, viram-se subitamente incapazes de se financiar nos mercados atacadistas e ficaram com um buraco muito grande em suas contas. Apesar de a crise financeira ter muitas causas, foi esse congelamento dos mercados financeiros que fez com que os primeiros choques fatais se espalhassem pelo sistema. Apenas um mês depois, o Northern Rock foi forçado a buscar o financiamento de emergência do Banco da Inglaterra, que atuou como emprestador de último recurso. Muitos acreditaram que o problema foi causado especificamente por hipotecas *subprime* (financiamentos imobiliários concedidos a devedores pouco solventes), mas o verdadeiro problema do Northern Rock foi a completa dependência dos mercados atacadistas quando as taxas Libor tinham subido, refletindo a relutância dos bancos em emprestarem dinheiro uns aos outros.

“Não creio que algum economista vá discordar do fato de que estamos na pior crise econômica desde a Grande Depressão. A boa notícia é que estamos chegando a um consenso com relação ao que precisa ser feito.”

Barack Obama

A taxa Libor é apenas uma taxa indicativa, mostrando em teoria o que os bancos estariam dispostos a cobrar uns dos outros. Nesse caso, não havia empréstimo algum. Os bancos centrais foram forçados a intervir e injetar dinheiro diretamente nos mercados e nos bancos. Os mercados monetários tinham secado!

A ideia condensada: os mercados monetários fazem o mundo financeiro girar

34 Estourando bolhas

Exuberância irracional: duas palavras pouco marcantes, mas, quando ficam juntas, têm força suficiente para fazer com que os mercados do mundo todo despenquem. Em 1996, quando Alan Greenspan, então presidente da Reserva Federal, disse que era isso que podia estar acontecendo com os mercados, causou uma grande queda nos preços, pois os investidores se perguntaram se tinham ficado presos dentro de uma bolha.

Greenspan percebera que os preços das ações de empresas de tecnologia estavam subindo bem mais rápido do que seria de se esperar. As pessoas estavam se deixando levar, permitindo que seu entusiasmo pelo auge da internet as levasse a adquirir ações por um valor maior do que o razoável. Como resultado, nos primeiros dias da bolha das ações "ponto com", os preços subiram muito. A advertência de Greenspan fez com que o índice de ações Dow Jones na Wall Street caísse 145 pontos no dia seguinte, mas os investidores recuperaram a confiança até depois da virada do milênio.

O caso da "exuberância irracional" ilustra dois pontos importantes sobre mercados financeiros e bolhas: primeiro, é extremamente difícil identificar uma bolha, e mais difícil ainda descobrir se está próxima de estourar; segundo, nem sempre é fácil manter uma bolha sob controle.

Identificando bolhas As bolhas econômicas ocorrem quando o entusiasmo de especuladores e investidores sobre determinado ativo faz com que seu preço vá mais alto do que deveria. Claro que a determinação do preço "correto" é subjetiva, e aí está o problema. Mesmo quando os preços das ações de empresas relacionadas com a internet atingiram valores estonteantes, em 2000, muitos analistas e especialistas afirmaram que seu preço era razoável. O mesmo aconteceu com

linha do tempo

1637
Bolha das tulipas na Holanda

1720
Bolha do South Sea e da Mississippi Company

1840
Mania de investimentos em estradas de ferro

> **"Elas [nossas decisões de investimento] só podem ser consideradas o fruto de espíritos de animais – um ímpeto espontâneo de agir no lugar da inação."**
>
> **John Maynard Keynes**

preços de imóveis nos EUA e no Reino Unido em 2006, antes de começarem a cair durante a crise econômica que se seguiu.

As bolhas não são um fenômeno novo. Têm ocorrido desde os primeiros dias dos mercados: da Holanda do século XVII, onde investidores correram para comprar tulipas, às bolhas da South Sea e da Mississippi Company do século XVIII (associadas a lucros que seriam obtidos com as colônias europeias), até as diversas febres imobiliárias do século XX.

Embora fique óbvio, em retrospectiva, que se tratava de bolhas, foi difícil identificá-las antecipadamente. Os preços podem aumentar por motivos que os economistas chamam de "fundamentais". Os preços de imóveis, por exemplo, podem aumentar porque mais pessoas querem morar em determinado país ou região – noutras palavras, há um aumento na demanda – ou porque diminui o número de imóveis sendo construídos – ou seja, há uma limitação na oferta.

Nadando contra a corrente Muitos especialistas em economia, entre os quais Alan Greenspan, têm dito que os legisladores não devem tentar conter as bolhas – "nadar contra a corrente", obviamente elevando as taxas de juros ou baixando novas regras – e sim concentrar-se em limpar a sujeira depois que explodem. Sua lógica é dupla. Primeiro, é difícil identificar se os preços em alta são o sintoma de uma bolha ou uma manifestação benigna de crescimento econômico. Segundo, tendo em vista que ferramentas econômicas como taxas de juros e regulações são obtusas, é provável que seu uso leve a danos colaterais noutras partes da economia.

1926	1989	2001	2006-2008
Crise imobiliária da Flórida	Estouro da bolha imobiliária do Reino Unido	Estouro da bolha das empresas "ponto com"	Estouro das bolhas imobiliárias dos EUA, do Reino Unido e de boa parte do mundo ocidental

Elos de retroalimentação

Quando uma bolha está se formando ou explodindo, afeta a economia mediante um círculo virtuoso ou vicioso, que os economistas chamam de elo de retroalimentação positivo ou negativo. Com o aumento dos preços, as pessoas se sentem mais ricas; isso faz com que gastem mais, o que leva a economia para a frente. Quando os preços caem, as pessoas gastam menos, o que, por sua vez, faz com que os preços caiam ainda mais e os bancos emprestem menos. Durante a crise financeira de 2008, formou-se um elo de retroalimentação negativo, no qual os bancos pararam de emprestar livremente ao público; isso levou as pessoas a reduzirem seus dispêndios, o que só serviu para reforçar a relutância dos bancos em emprestar. Esses elos são os mais perigosos fenômenos econômicos: depois que começam, fica muito difícil para qualquer um – de bancos centrais a políticos – detê-los.

Alguns chegaram a sugerir que as bolhas são parte integral de uma economia que funciona bem, estimulando investimentos em grande escala que não seriam feitos noutra situação. Por exemplo, a alta das empresas "ponto com" do final da década de 1990 deu início a uma corrida para se instalar redes de fibra óptica no mundo todo. O resultado foi uma rede internacional de capacidade bem maior do que a que seria necessária na época. Muitas das empresas envolvidas faliram, mas o aumento na largura de banda foi parcialmente responsável pelo crescimento econômico após a era das "ponto com", pois reduziu o preço das comunicações internacionais. De modo análogo, alguns dizem que estourar uma bolha livra a economia das empresas menos prósperas pelo processo de destruição criativa (veja o capítulo 36).

O mal feito No entanto, tais argumentos parecem questionáveis quando uma economia acabou de sofrer o estouro de uma bolha. A recessão que se segue pode ser muito daninha. Quando os bancos começam a racionar o crédito, por exemplo, até as mais simples transações financeiras podem se tornar significativamente mais caras (veja o capítulo 35). Basta estudar a Grande Depressão, após a Queda de Wall Street de 1929, para compreender a gravidade das implicações econômicas de longo prazo do estouro de uma bolha.

Alguns afirmam que as bolhas econômicas chamam a atenção das pessoas com o chamariz do lucro fácil, desviando-as de investimentos que deveriam estar fazendo. Em termos econômicos, causam uma má alocação de recursos que poderiam ser mais bem utilizados em outro lugar. Os investidores podem, por exemplo, comprar casas acreditando que o preço vai aumentar, em vez de aplicar o dinheiro em ações ou em uma conta de poupança.

Atenuando o ciclo Os encarregados de uma economia dispõem de diversos recursos para impedir a formação de bolhas. A primeira ferramenta é simplesmente assinalar – com um discurso ou alguma outra forma de anúncio público – que os legisladores estão preocupados com o desenvolvimento de uma bolha (talvez indicando as medidas que serão tomadas para impedi-la). No entanto, como mostrou a queda das "ponto com", isso não garante que a bolha vá retrair. A segunda opção é elevar as taxas de juros, que podem amortecer o crescimento da bolha, mas ao custo de desacelerar o crescimento de outras partes da economia. Uma terceira ideia é regular os bancos com maior rigor para que não emprestem tão liberalmente quando tudo está bem e, após o estouro de uma bolha, simplesmente fechem os caixas. Políticas como essas são conhecidas como *anticíclicas*, pois visam impedir que a economia oscile de uma alta para uma quebra – em oposição a políticas *pró-cíclicas*, que estimulam as bolhas e as dolorosas recessões.

Após a crise de 2008, os bancos centrais se comprometeram a se esforçar mais por "nadar contra a corrente" para impedir que se formem novas bolhas imobiliárias – tal como aconteceu tão desastrosamente naquela década. Mas os economistas têm se convencido, cada vez mais, de que as bolhas são uma parte inevitável do crescimento econômico. Enquanto os seres humanos forem irracionais e imprevisíveis, é provável que as bolhas sejam um elemento permanente da vida.

A ideia condensada: os seres humanos são viciados em bolhas

35 Crises de crédito

$$C = SN(d_1) - Le^{-rT}N(d_1 - \sigma\sqrt{T})$$

Pode não parecer, mas esta é a equação mais perigosa desde *E=mc²*. Assim como a equação de Albert Einstein acabou levando a Hiroshima e Nagasaki, esta tem o impacto financeiro de uma bomba nuclear. Contribuiu para altos e baixos do mercado de valores, para uma sucessão de crises financeiras e para depressões econômicas que privaram milhões de pessoas de parcelas significativas de seus meios de subsistência. É a fórmula Black-Scholes, e no coração dessa história acha-se a maior de todas as perguntas da economia: os seres humanos podem aprender com seus erros?

Em termos gerais, há duas escolas de pensamento sobre a forma como se comportam os mercados financeiros. Uma diz que os seres humanos tendem a oscilar do estado de medo ao de cobiça, e que os mercados podem ficar obsessivos e essencialmente irracionais ao extremo. Sua conclusão é que sempre iremos de bolha em bolha. Essa é a teoria dos ciclos de crédito. Quando tudo vai bem, o dinheiro é barato e abundante, mas às vezes esses tempos são interrompidos por uma crise de crédito, os bancos simplesmente param de emprestar, causando a quase paralisia da vida econômica normal.

A outra teoria diz que, com o tempo, os mercados se corrigem sozinhos, tornando-se cada vez mais eficientes e menos propensos a neuroses, o que significa que, um dia, quedas e crises vão se tornar coisas do passado. A teoria baseia-se na crença de que, no longo prazo, os seres humanos podem se aperfeiçoar. É essa a tese sustentada pela equação maravilhosa, idealizada por Myron Scholes e Fischer Black.

linha do tempo

1873
Pânico causado pela bolha pós-Guerra Civil provoca a Longa Depressão nos EUA

1929
Queda de Wall Street causa uma crise de liquidez e a Grande Depressão

Cisnes negros

"Cisne negro" é um evento inesperado que força as pessoas a revisarem suas visões preconcebidas de mundo. A expressão, popularizada pelo escritor e ex-operador Nassim Nicholas Taleb, deriva da suposição de que todos os cisnes eram brancos, uma ideia popular na Europa antes do século XVII e que seria desmentida pela descoberta dos cisnes negros na Austrália.

Nos mercados financeiros, evento cisne negro é um momento aleatório e inesperado que faz com que os mercados caiam ou subam. Taleb descreve a chegada da internet como um desses momentos, e a decisão russa de suspender o pagamento da dívida em 1998 como outro. Aquele levou à explosão das "ponto com"; este, a uma importante crise de crédito e ao colapso do Long-Term Capital Management, um dos maiores fundos de cobertura do mundo. Outro exemplo? Os ataques de 11 de setembro de 2001.

A equação Black-Scholes fez o que parecia ser impossível. À primeira vista, era apenas um meio de deduzir qual deveria ser o preço de uma opção dos mercados de derivativos (veja o capítulo 30). Entretanto, as implicações eram assombrosas. Era uma fórmula matemática que parecia eliminar o risco de se investir nos mercados. Aparentemente, seguindo a equação, os investidores poderiam evitar perder milhões simplesmente vendendo as ações no curto prazo (noutras palavras, apostando em seu declínio iminente), quando os preços estavam caindo. A fórmula foi adotada por quase todos os investidores importantes do mundo e proporcionou a seus criadores o Prêmio Nobel de Economia de 1997. Infelizmente, porém, quando as coisas ficaram difíceis, ela não funcionou. Numa situação em que os preços estavam caindo tão depressa que não havia compradores para uma ação, título ou investimento específico, a equação altamente lógica fracassou.

O problema da equação – e, na verdade, de quase todas as teorias econômicas – é que os mercados têm se comportado de maneira irracional desde a aurora dos tempos. Altos e baixos parecem ser um componente inevitável do capitalismo de mercado (veja o capítulo 31).

1987
Segunda-Feira Negra (19 de outubro) – o mercado de valores norte-americano despenca 22,6%

2008
Mercados do mundo todo caem quando a crise financeira arrasta consigo o banco de investimentos Lehman Brothers

As etapas do pico à crise Os mercados financeiros são absolutamente essenciais para a saúde das economias, pois sem um acesso fácil ao crédito (ou, para chamá-lo pelo outro nome, à dívida), empresas e indivíduos não podem investir em seus futuros. Quando o dinheiro disponível para empréstimos fica escasso, a crise de crédito resultante pode levar à recessão ou, pior ainda, à deflação e à depressão, pois as pessoas param de investir e de gerar riqueza. Logo, compreender como o mercado financeiro passa da cobiça para o medo é fundamental para entender o funcionamento de uma economia moderna.

> **“Enquanto a música estiver tocando, você tem de se levantar e dançar. Ainda estamos dançando.”**
>
> **Chuck Prince, presidente do Citigroup até 2007**

Entre o auge e a crise, os mercados financeiros passam por cinco estágios. São os seguintes:

1. **Mudança.** Acontece algo que muda a percepção dos investidores com relação aos mercados. No final da década de 1990 foi a internet. Até a crise das “ponto com”, as pessoas acreditavam que ela teria um potencial quase ilimitado para se ganhar dinheiro. No começo da década de 2000, foi a combinação de taxas de juros baixas e inflação contida que convenceu as pessoas a assumirem mais dívidas e a investirem em imóveis.
2. **Apogeu.** As expectativas dos investidores sobre essa mudança (muitas vezes chamada de “novo paradigma”) parecem compensar. Na década de 1990, por exemplo, quem comprou ações da internet viu seu investimento subir de preço aos saltos, enquanto os preços de imóveis subiram no começo da década de 2000 em função das taxas de juros baixas e da crença de que os bancos teriam descoberto um novo modelo de crédito hipotecário sem riscos.
3. **Euforia.** A empolgação toma conta e os bancos emprestam mais dinheiro ainda na tentativa de aumentar os lucros. Geralmente, inventam novos instrumentos financeiros para propiciar isso. Na década de 1980, a inovação ficou por conta dos títulos podres – títulos de qualidade duvidosa; no início da década de 2000, foi a securitização de hipotecas e outras dívidas. Todos – desde um investidor conservador até o motorista de táxi – entram no mercado.
4. **Realização de lucros.** Subitamente, os investidores sagazes percebem que os bons tempos não vão durar para sempre e começam a vender seus investimentos. Com a venda, os preços começam a baixar pela primeira vez.
5. **Pânico.** Com os preços em queda, o medo se espalha. As pessoas correm em massa para vender seus investimentos e os preços mergulham bruscamente. Os bancos param de emprestar para todos, exceto para aqueles com excelente histórico.

> **“O mercado pode permanecer irracional por mais tempo do que você pode se manter solvente.”**
>
> **John Maynard Keynes**

Esses cinco estágios, idealizados pelo economista Hyman Minsky, vêm se repetindo através da história, embora em cada ocasião a mudança original e os detalhes exatos do apogeu sejam diferentes. De certo modo, a história se repete, mas com uma camuflagem tal que fica quase irreconhecível. O problema é que, quando um mercado entra em pânico, o resultado costuma ser uma crise de liquidez.

O momento Minsky No estágio do pânico, os preços podem cair tanto e tão depressa que o valor dos ativos em questão – como imóveis – cai rapidamente abaixo do valor da dívida assumida por seus compradores. Os bancos começam a exigir o pagamento dos empréstimos, mas como é difícil vender um ativo especulativo, os investidores vendem-nos a preços mais baixos ou buscam outra coisa para vender. Seja como for, o resultado é que os preços caem ainda mais. Às vezes, esse círculo vicioso é conhecido como “momento Minsky”.

Esse comportamento – pânico e loucura – parece irracional, e como a economia convencional não tem muito espaço para comportamentos irracionais, tem sido lenta para diagnosticar bolhas e crises iminentes antes que seja tarde demais. A equação Black-Scholes baseou-se na ideia de que sempre haverá demanda para uma ação ou investimento específico desde que o preço atinja um nível atraente, mas deixou de levar em consideração o comportamento irracional durante uma crise. Tal como acontece com tantas equações e modelos sofisticados, reforçou a ilusão de que temos algum modo de escapar do risco. Mas o mundo financeiro sempre foi um lugar arriscado.

A ideia condensada: as economias se paralisam quando o crédito se esgota

36 Destruição criativa

Muitos sabem que a teoria da evolução de Charles Darwin teve uma importância científica revolucionária, pondo-a ao lado de Isaac Newton e sua descoberta das leis da gravidade e do movimento, e de Copérnico e a percepção de que a Terra gira ao redor do sol. No entanto, poucos sabem que talvez Darwin nunca tivesse chegado à sua teoria se não fosse pela economia.

Em 1838, Darwin foi inspirado pelos trabalhos de Thomas Malthus (veja o capítulo 3), imaginando um mundo no qual o mais apto sobrevive e pode evoluir, tornando-se uma espécie mais nova, sofisticada e melhor. "Finalmente", disse, "encontrei uma teoria sobre a qual posso trabalhar". E quando você as observa bem, percebe que as forças que dão forma ao mundo natural e à economia de livre mercado são espantosamente semelhantes.

Lei da selva econômica Como a natureza, os mercados livres podem ser cruéis. Às vezes, causam o fracasso de indivíduos talentosos e dignos. Não perdoam: se sua ideia não der certo, pode levar à bancarrota; se fizer um mau investimento, pode chegar a perder tudo. Contudo, segundo a lei da destruição criativa, esses fracassos podem, em última análise, produzir companhias e economias mais fortes e sociedades mais ricas, porque elas precisam eliminar o que é velho, ineficiente e pouco competitivo para abrir lugar para o novo, o vibrante e o forte.

É uma extensão das regras de oferta e demanda expostas por Adam Smith, mas a lei da destruição criativa, proposta por um grupo de economistas austríacos no século XX, leva-a um pouco além. Afirma que uma recessão ou uma contração econômica, em que o desemprego aumenta e o lucro das empresas diminui, podem, ao contrário do que poderíamos intuir, ser positiva no longo prazo para uma economia.

linha do tempo

1883

Nascimento de Joseph Schumpeter

Essa afirmação foi feita entusiasticamente por Joseph Schumpeter, austríaco que emigrou para os Estados Unidos para escapar da perseguição nazista. Sua afirmação de que as recessões não devem ser evitadas foi tão controvertida na época quanto o é hoje. A doutrina sustentada pela maioria dos economistas da época (e por muitos políticos de hoje) é a de que os legisladores deviam fazer o que fosse possível para evitar as recessões e as depressões em particular. John Maynard Keynes, em especial, disse que elas causam tantos danos colaterais, em termos de desemprego e de queda da confiança, que devem ser combatidas por quaisquer meios à disposição do governo, como cortes nas taxas de juros e uso de fundos públicos para fomentar a economia.

De modo geral, a maioria dos economistas confia em complexos modelos computadorizados que presumem que a concorrência é perfeita e que a demanda se mantém mais ou menos estática ao longo do tempo. Schumpeter afirmou que tais modelos têm pouca semelhança com as condições voláteis nas quais as sociedades são forjadas.

O argumento de Schumpeter, longe de ter sido invalidado, preservou sua força. Na verdade, segundo os proeminentes economistas Brad DeLong e Larry Summers, assim como Keynes foi o mais importante economista do século XX, Schumpeter talvez se revele como o mais importante do século XXI.

Renascimento pela recessão Em vez de seguir um ritmo constante, as economias estão sujeitas aos chamados ciclos econômicos de altos e baixos (veja o capítulo 31). Durante uma alta, quando os consumidores gastam mais do que o normal e também tomam mais empréstimos, as empresas têm relativa facilidade para ganhar dinheiro.

“O processo de mutação industrial… revoluciona incessantemente a estrutura econômica a partir de dentro, destruindo incessantemente a velha, criando incessantemente uma nova… Este processo de Destruição Criativa é o fato essencial do capitalismo.”

Joseph Schumpeter

Década de 1930

A Grande Depressão causa a quebra de centenas de milhares de empresas

1942

Schumpeter populariza a ideia de destruição criativa em seu livro *Capitalismo, socialismo e democracia*

JOSEPH SCHUMPETER (1883-1950)

Schumpeter nasceu onde hoje é a República Tcheca, mas mudou-se para Viena, Áustria, quando sua mãe tornou a se casar. Lá, seu padrasto aristocrático ajudou-o a estudar em colégios da elite, e logo se mostrou um aluno brilhante. Com efeito, não demorou a dar início a uma carreira bastante ilustre: primeiro, como professor de economia e governo em diversas universidades e, após a Primeira Guerra Mundial, como ministro das Finanças da Áustria. Finalmente, tornou-se presidente do Biederman Bank em 1920. Contudo, o banco quebrou em 1924, deixando Schumpeter falido e forçado a retornar ao ensino. Com a ascensão do nazismo na década de 1930, mudou-se para os Estados Unidos, onde não demorou para ser reconhecido como intelectual de primeiro nível. Passou o resto de sua carreira em Harvard, convertendo-se em figura de culto entre estudantes e professores. Na década de 1940, era um dos mais renomados economistas dos Estados Unidos, tornando-se presidente da Associação Americana de Economia em 1948.

Schumpeter disse que isso leva a empresas ineficientes que, em épocas menos favoráveis, sequer teriam sido criadas.

Por outro lado, quando a economia se contrai e as pessoas gastam menos, as companhias ineficientes vão à falência. Embora isso cause dor no curto prazo, também força os investidores a investirem seu dinheiro em áreas mais atraentes da economia. Isso, por sua vez, estimula a taxa de crescimento potencial da economia para os anos seguintes. Schumpeter e seu colega austríaco Friedrich Hayek (veja o capítulo 12) argumentaram que os governos não devem cortar maciçamente as taxas de juros para prevenir recessões. Em vez disso, argumentam que quem fez investimentos improdutivos no período de alta deve sofrer as consequências, pois do contrário os mesmos erros voltarão a ser cometidos no futuro.

Essa lógica se aplica tanto a indústrias inteiras quanto a empresas específicas. Em anos recentes, por exemplo, a situação difícil causada pela concorrência estrangeira fez com que a indústria manufatureira dos Estados Unidos e da Europa se contraísse e se modernizasse, com a eliminação das empresas menos eficientes.

Sobrevivência do mais apto A teoria foi posta em prática durante a Grande Depressão da década de 1930, quando os legisladores norte-americanos permitiram que milhares de bancos quebrassem na esperança de uma recuperação catártica. O secretário do Tesouro dos EUA na época, Andrew Mellon, sugeriu que os investidores deveriam "liquidar o trabalho, liquidar as ações, liquidar o setor agrícola e o imobiliário... Isso vai purgar a podridão do sistema". Nos anos seguintes, a economia perdeu um terço de seu valor, levando décadas até se recuperar plenamente. Difícil ver nisso um tipo criativo de destruição, e a ideia acabou sendo deixada de lado, o que é fácil de entender. Estudos recentes mostrando que as empresas tendem a se reestruturar e a se enxugar durante épocas de alta e não nas de baixa reforçaram o ceticismo.

Schumpeter e Hayek, no entanto, argumentaram que existe uma diferença importante entre uma recessão superficial e uma depressão plena, daquelas que duram anos e causam danos irreparáveis. Além disso, para que a regra da destruição construtiva possa se aplicar, as economias precisam ser flexíveis o suficiente para enfrentar os altos e baixos causados pelas recessões. Em muitas economias europeias onde os mercados de trabalho são muito regulados e as empresas têm dificuldade para contratar e despedir, pode ser bem mais complicado tornar a conseguir trabalho para aqueles que perdem o emprego em uma recessão. Nesses casos, as recessões podem ter um custo permanente que supera os benefícios no longo prazo prometidos pela destruição criativa.

"Na sociedade capitalista, progresso econômico significa agitação."
Joseph Schumpeter

A mensagem que fica é que das cinzas de uma crise econômica pode nascer uma economia mais forte e mais saudável. Das 100 maiores companhias do mundo em 1912, apenas 19 continuavam na lista em 1995, e quase metade desapareceu, faliu ou foi comprada. Todavia, é justamente por causa da destruição criativa que a economia cresceu de maneira tão próspera nesse período. As pesquisas mostram que a maioria das recessões da história norte-americana acabou aumentando a produtividade em vez de atenuá-la. Logo, assim como ao longo do tempo a evolução deixa as espécies mais bem aparelhadas para se adaptarem a seu ambiente, a destruição criativa tem criado economias que funcionam melhor.

A ideia condensada: as companhias devem se adaptar ou morrer

37 Casa própria e preços de imóveis

Para a maioria das pessoas, a casa própria é seu maior ativo e seu bem mais valioso. Para comprar um imóvel, precisamos tomar emprestado mais do que tomaríamos noutras circunstâncias, um empréstimo que dura toda uma geração. E se tivermos o azar de comprá-lo no momento errado, é bem provável que ele vá nos arruinar.

Desde os primeiros anos do século XX, a aquisição da casa própria tem sido uma obsessão importante para aqueles que vivem em economias ricas. Em muitas partes do mundo ocidental, o número de pessoas com residência própria passou de menos de um quarto para quase três quartos da população. Contudo, essa procura ajudou a provocar a crise financeira do final da década de 2000, e o ideal universal da casa própria está sendo questionado.

Um ativo incomum Em termos puramente econômicos, a propriedade é considerada simplesmente como um tipo de ativo. É relativamente fácil de comprar e vender e seu valor tende a aumentar ou a diminuir com o passar do tempo. Contudo, diferentemente de outros ativos – ações, vinhos, quadros ou moedas de ouro –, a propriedade também tem uma função essencial: é um lugar para se morar.

A conjugação desses dois fatores significa que uma alta de preços de imóveis – seguida de sua queda – tem efeitos bem mais abrangentes do que uma queda no mercado de valores ou nos preços de outros ativos.

A alta no preço dos imóveis contribui para um aumento da confiança dos consumidores na economia. Geralmente, as pessoas tendem a gastar e a tomar mais empréstimos, pois sabem que o valor de seu imóvel aumentou. Não se trata apenas de confiança: os proprietários de imóveis podem obter crédito com base no valor de seu imóvel, os *empréstimos com garantia hipotecária.*

linha do tempo

Décadas de 1920-1930

No Reino Unido, grande aumento no número de residências construídas, seguido de uma crise no setor

1989

O Reino Unido sofre uma crise imobiliária importante, que dura mais de meia década e reduz em um terço o valor dos imóveis residenciais

Por outro lado, quando os preços dos imóveis caem bruscamente, isso traz efeitos sociais extremamente nocivos, sem equivalente à queda no valor de qualquer outro bem. Quando a casa de uma família perde tanto valor que seu preço fica menor que o da hipoteca, essa família tem um *patrimônio negativo*. Embora mine a confiança de qualquer um, só chega a ser um problema se o proprietário precisar vender o imóvel. Para fazê-lo, ou aceita um preço menor, ou paga a diferença à empresa que concedeu o empréstimo.

Bolhas e crises Sempre se achou que poucos investimentos são mais confiáveis do que imóveis, e há certa dose de verdade nisso. Desde 1975, os preços de imóveis no Reino Unido aumentaram em uma taxa média real (ou seja, descontada a inflação) de quase 3%. Mas o comportamento dos preços de imóveis depende de vários fatores. Primeiro, há o custo do terreno no qual o imóvel está construído. Se a demanda por terrenos aumenta (ou a oferta de terrenos ou de moradias diminui), isso força um aumento nos preços dos imóveis. Do mesmo modo, se a oferta de moradias aumenta subitamente, os preços caem. Um dos fatores por trás da grande queda nos preços de imóveis em Miami em 2008 foi a conclusão de diversas obras residenciais, prejudicando outras vendas.

O professor Robert Schiller, professor de economia em Yale e especialista de renome em imóveis, lembra que os preços tendem a aumentar mais em áreas onde há mais restrições à urbanização e construção. Por isso, na Califórnia e na Flórida – estados com restrições mais rigorosas –, os preços aumentaram muito e depois despencaram, enquanto que em Houston, no Texas – com poucas restrições –, mal se mexeram para fora da curva de aumento de preço de longo prazo.

“Você teria de ser louco ou gostar de publicidade para prever o que vai acontecer com os preços dos imóveis.”

Mervyn King, governador do Banco da Inglaterra

Geralmente, esse aumento de preços de longo prazo é similar à taxa de crescimento de uma economia no longo prazo. E faz sentido. Com o tempo, imagina-se que os preços de imóveis aumentem no ritmo do crescimento geral da riqueza de uma economia.

Começo da década de 2000	2007	2008
O número de imóveis residenciais próprios, tanto nos EUA quanto no Reino Unido, atinge um recorde – cerca de 70% –, pois mais famílias adquirem suas próprias moradias	O preço dos imóveis nos EUA cai no país todo pela primeira vez desde que há registros	Mercados imobiliários nos EUA, Reino Unido, Austrália, Nova Zelândia, Irlanda e outros países entram em crise

Porém, a verdade é que os preços de imóveis têm se mostrado sujeitos a diversos ciclos de altos e baixos nos últimos 50 anos, culminando em 2008 com a queda nos preços de moradias nos EUA e no Reino Unido, com uma velocidade que não era vista desde a Grande Depressão. Por que os preços de imóveis são tão propensos a esses abalos?

Aumento no número de imóveis próprios A principal razão por trás da volatilidade do preço dos imóveis é que, tanto nos EUA quanto no Reino Unido, governos sucessivos declararam que iriam aumentar o máximo possível o número de imóveis próprios. Para perceber o efeito disso, basta ver o Reino Unido. Lá, até a Primeira Guerra Mundial, apenas 10% dos imóveis pertenciam ao seu ocupante, em comparação com quase metade nos EUA. Isso se deve, em parte, ao fato de muitas propriedades pertencerem aos membros mais ricos da população, que as alugavam, mas também era um fenômeno social. Até os jovens mais ricos preferiam alugar quartos a comprar ou alugar seus próprios imóveis quando se mudavam para Londres. Na maioria dos círculos sociais, era perfeitamente normal não ser nunca dono de seu próprio imóvel.

As coisas mudaram após as guerras mundiais, pois governos sucessivos adotaram a política de encontrar "lares para heróis". Foram impostos controles sobre locadores e milhões de libras foram injetadas em projetos residenciais. Ao mesmo tempo, a desigualdade estava diminuindo, o que significa que muito mais famílias de classe média começaram a poder adquirir sua própria moradia.

Em meio ao otimismo britânico no pós-guerra da década de 1950, a propriedade imobiliária, lenta mas firmemente, foi se arraigando como um objetivo social talismânico, juntamente com a educação e planos de saúde gratuitos e baixo desemprego. O apogeu foi o plano do "direito a comprar", de Margaret Thatcher, que permitiu que milhares de inquilinos de conjuntos habitacionais adquirissem suas casas.

Todos esses fatores contribuíram para um aumento acentuado do número de proprietários de residências. Cada governo que se sucedia introduzia incentivos fiscais lucrativos sobre hipotecas, e com isso o percentual de proprietários subiu, atingindo recentemente o pico histórico de 70%. Foi uma das maiores transformações sociais e econômicas da história da Grã-Bretanha.

> **"Ganhei muito, muito dinheiro em imóveis. Prefiro comprar imóveis a ir a Wall Street para receber 2,8% de rendimento. Esqueça isso."**
>
> **Ivana Trump**

O relacionamento do Reino Unido com imóveis residenciais não é único. Em termos de nível de propriedade de imóveis residenciais, a Espanha está bem na frente, e a França está se aproximando rapidamente dela. Significativamente, só em países com um grande número de proprietários de imóveis residenciais é que acontecem os ciclos mais importantes de desenvolvimento e de crise imobiliária – e é por isso que países como Alemanha e Suíça, por exemplo, onde mais gente tende a alugar do que a comprar, têm resistido a essas bolhas. Mas isso se deve menos a uma arraigada reticência cultural à aquisição de imóveis do que a leis que fazem com que seja mais interessante alugar sob a ótica financeira.

Nível de propriedade de residências

Espanha	85%
Irlanda	77%
Noruega	77%
Reino Unido	69%
EUA	69%
Áustria	56%
França	55%
Alemanha	42%

Perigos econômicos Se por um lado há inegáveis benefícios sociais no aumento do nível de propriedade residencial, há problemas econômicos associados a ele. Ele anula, por exemplo, a chamada mão invisível do capitalismo (veja o capítulo 1). Num mercado que funciona adequadamente, quando os preços atingem níveis que podem ser considerados pouco razoáveis, as pessoas param de comprar e os preços voltam a patamares mais sensatos. Se, no entanto, os governos oferecem aos compradores de imóveis – ou às companhias hipotecárias que os financiam – incentivos para comprar (com incentivos fiscais ou garantias implícitas de suporte), aumentam as possibilidades de que se forme uma bolha.

Foi justamente o que aconteceu nos anos anteriores a 2007, quando os dois gigantes hipotecários que dominavam o mercado de financiamento imobiliário norte-americano, Fannie Mae e Freddie Mac, assumiram riscos cada vez maiores em seus empréstimos. A maioria dos investidores presumiu que se essas duas empresas tivessem problemas, elas seriam salvas pelo governo – e tinham razão, pois em 2008 o governo viu-se forçado a nacionalizá-las. A questão que fica é se, no futuro, as instituições hipotecárias dos EUA e do Reino Unido terão de sobreviver sem a ajuda do governo, e se isso significaria o fim das bolhas e das crises imobiliárias.

A ideia condensada: os preços de residências podem baixar e podem subir

38 Déficit público

Se existe alguma coisa que os tempos recentes nos ensinaram, é que a cada ano os governos tomam mais e mais dinheiro emprestado. Mal passa um mês sem que uma instituição internacional, como o Fundo Monetário Internacional (FMI) ou a Organização para Cooperação e Desenvolvimento Econômico (OCDE) advirta os Estados Unidos e o Reino Unido sobre o estado deplorável de suas finanças.

De fato, em quase todos os anos após a guerra, o governo dos EUA registrou um *déficit orçamentário* – noutras palavras, a arrecadação de impostos foi inferior a seus gastos, e ele teve de tomar dinheiro emprestado para compensar a diferença. E não está sozinho. O Reino Unido também registrou uma série de déficits orçamentários – também conhecidos como *déficits fiscais* – nos últimos anos, levando as finanças do governo cada vez mais para o vermelho.

> **"Como temos visto repetidas vezes nos países em desenvolvimento, gastos e empréstimos governamentais descontrolados geram hiperinflação e devastação econômica. Logo, os déficits *devem* ser importantes."**
>
> **Alan Greenspan, ex-presidente da Reserva Federal**

Nem sempre foi assim. Na maior parte da história dos EUA – e em boa parte da história do Reino Unido – os governos mantiveram os orçamentos equilibrados, entrando no vermelho apenas em tempos de guerra ou períodos de recessão econômica. Diversos países mantêm superávits orçamentários, inclusive a Noruega (graças às suas prodigiosas reservas de petróleo) e a Austrália (por conta das reservas de metais).

Para onde vai o dinheiro? Apesar de ser alvo de discussões, muitos economistas acreditam que a era de déficits governamentais persistentes se iniciou quando o Estado começou a proporcionar sistemas amplos de seguridade social para seus cidadãos. Isso implicou gastos significativos em saúde, auxílio-desemprego e educação, por exemplo, que antes costumavam

linha do tempo

1936

Em seu livro *Teoria geral do emprego, do juro e da moeda,* Keynes argumenta que os governos devem tomar mais empréstimos em períodos de recessão

1945

A dívida pública total dos EUA atinge 120% do Produto Interno Bruto após a Segunda Guerra Mundial

ser geridos pelo setor privado ou por fundações e organizações de caridade. Foi a passagem do estado de guerra para o Estado de bem-estar.

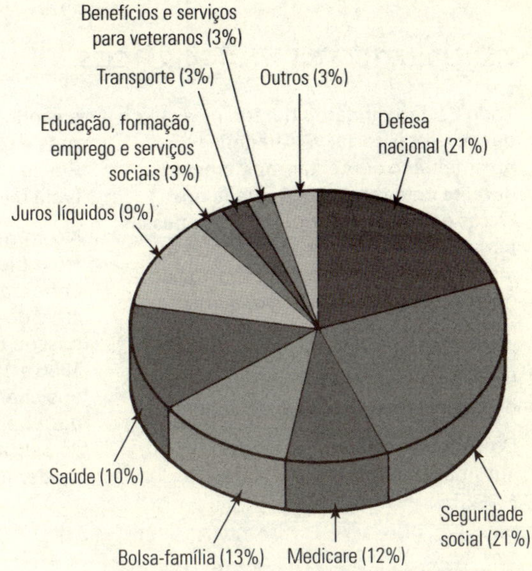

Fonte: Escritório de Administração e Orçamento dos EUA

O gráfico mostra os gastos do governo norte-americano para 2008. A divisão é semelhante na maioria das economias ocidentais

E como o dinheiro é gasto? Uma olhada rápida no orçamento federal dos EUA para 2008 (veja o gráfico à direita) mostra que a maior parte dele é gasta nos itens considerados obrigatórios – noutras palavras, gastos que o governo é obrigado a fazer. Entre eles, seguridade social (principalmente pagamentos a idosos), bolsa-família (pagamentos a famílias pobres), Medicare e outros programas de saúde, inclusive Medicaid (respectivamente, gastos governamentais com a saúde dos idosos e dos pobres) e o pagamento de juros sobre a dívida contraída pelo governo nos anos anteriores. De longe, a maior parcela dos gastos obrigatórios do governo vai para a defesa (salários de soldados da ativa e equipamentos – desde porta-aviões até armamentos). A categoria "outros" inclui gastos em instituições federais, como o sistema judiciário, a Nasa e a ajuda à agricultura.

Entretanto, como o valor gasto pelo governo dos EUA em 2008 ultrapassou o valor arrecadado em impostos, ele terá de tomar emprestado cerca de US$ 410 bilhões para equilibrar as contas – uma importância substancial.

Além disso, em função da estrutura federal do governo dos EUA, cada estado tem seu próprio orçamento (e capacidade para arrecadar impostos), cuja maior parte é gasta em educação e infraestrutura local, como estradas. Às vezes, os congressistas de alguns

2009

O presidente Barack Obama admite que o déficit orçamentário dos EUA vai ultrapassar US$ 1 trilhão como parte do esforço para combater a crise financeira

Estabilizadores automáticos

Todo Estado moderno dotado de sistema de bem-estar social vê seu déficit orçamentário aumentar rapidamente durante uma recessão. A queda nos lucros e nos salários que ocorrem nesses períodos significa que companhias e indivíduos pagam menos impostos ao governo. Ao mesmo tempo, aumenta a quantia que o governo precisa despender, pois precisa sustentar mais trabalhadores desempregados por meio de seu sistema de auxílio-desemprego.

O gasto governamental ajuda automaticamente a "estabilizar" a economia, tirando as pessoas das ruas e garantindo seu bem-estar. Em suma, é o keynesianismo em ação (veja o capítulo 9).

No começo da década de 1990, por exemplo, quando o Reino Unido enfrentou uma grande recessão e a crise do mercado imobiliário, o déficit passou de 1% do PIB para 7,3% entre 1990 e 1993. Isso aconteceu por causa dos chamados *estabilizadores automáticos*, inerentes à forma de estruturação dos orçamentos modernos.

estados inserem acréscimos especiais em projetos de lei federais para ajudar a pagar projetos locais mais caros (mesmo que a lei em questão não tenha relação alguma com o projeto que ajudará a custear). É a chamada política do "barril de porco", outro motivo pelo qual o déficit aumentou tanto – em especial no governo de George W. Bush, que, diferentemente de seus antecessores, mostrou-se relutante ao extremo em usar seu direito de veto aos projetos de lei. Seu sucessor Barack Obama prometeu reverter esse quadro no futuro.

Déficits cada vez maiores É importante diferenciar o déficit no orçamento anual do valor total da dívida governamental ainda por pagar. À medida que os déficits anuais se acumulam, aumentam a dívida total do governo – geralmente chamada de dívida líquida. No final de 2008, o valor total da dívida norte-americana nas mãos do público era de US$ 5,3 trilhões, embora não se incluam aí os passivos da Fannie Mae e da Freddie Mac, instituições hipotecárias que o governo salvou em setembro desse ano, e nem o dos bancos que o governo precisou nacionalizar temporariamente.

Tanto a dívida quanto os déficits orçamentários tendem a aumentar a cada ano. Isso não deve ser necessariamente motivo de preocupação, desde que a dívida não cresça muito mais rápido que a economia. É por isso que geralmente déficit e dívida se expressam como um percentual do Produto Interno Bruto do país. A dívida pública dos EUA no final de 2008, por exemplo, era de 37% do PIB. À medida que aumenta a dívida nacional de um país, o valor que precisa pagar a título de juros também aumenta, e esses pagamentos também aumentam por sofrerem taxas de juros mais altas.

Consequências do endividamento elevado Se o governo permite que o déficit se descontrole, o país pode sofrer uma série de problemas econômicos. O primeiro é que o nível elevado de endividamento tende a enfraquecer a moeda do país. No Reino Unido, em 2008, a libra perdeu quase um quinto de seu valor porque os investidores consideraram que o governo estava determinado a tomar empréstimos excessivos nos anos seguintes. É racional a decisão de deixar de investir na moeda de um país devedor, pois, quando a dívida atinge certos níveis, invariavelmente sua resposta é imprimir mais dinheiro para reduzir a dívida com inflação. Diante da mera insinuação de que isso pode acontecer – o que corrói o valor de qualquer coisa denominada nessa moeda –, os investidores estrangeiros saem correndo na hora.

A outra consequência é que os investidores vão exigir um rendimento maior por seus investimentos para compensá-los pelo risco. Isso eleva a taxa de juros que o governo tem de pagar sobre sua dívida, fazendo com que seja mais oneroso tomar empréstimos no futuro.

Mais importantes, porém, são as consequências no longo prazo de endividar-se em demasia. Com efeito, o endividamento governamental é simplesmente uma tributação adiada, pois o dinheiro emprestado terá de ser pago em algum momento no futuro. Isso não seria problema caso o dinheiro estivesse sendo usado para melhorar a qualidade de vida das gerações futuras, investindo em novas escolas, por exemplo, mas é causa real de preocupação caso o dinheiro esteja sendo usado simplesmente para satisfazer o atual apetite por dinheiro do setor público.

Quebrando a Regra de Ouro É por isso que diversos países criaram regras fiscais, assegurando-se de que as gerações futuras não terão de pagar o custo dos endividamentos atuais. Um bom exemplo é a Regra de Ouro estabelecida por Gordon Brown no Reino Unido quando era ministro da Fazenda. Ele prometeu usar o dinheiro emprestado para investir apenas em projetos públicos e nunca para financiar gastos correntes, como salários de funcionários públicos.

Entretanto, a regra teve problemas no final de 2008, quando ficou claro que o governo teria de se endividar muito para fazer frente à recessão. Foi um fenômeno com reflexos no mundo todo, e ressaltou a verdade perene sobre finanças públicas: os governos tomam empréstimos até os mercados ou os eleitores os impedirem de fazê-lo.

A ideia condensada: os governos são viciados em dívidas

39 Desigualdade

Se você caminhar pela orla marítima do Rio de Janeiro, depois de Ipanema e do Leblon, vai encontrar algumas das mais belas residências do Brasil. Esses palácios luxuosos, que valem vários milhões de dólares, abrigam muitos componentes exuberantes – cinemas totalmente equipados, quadras de tênis, piscinas, jacuzzis e dormitórios de empregados. Entretanto, a poucos metros dali, há uma das maiores e mais violentas favelas do mundo. Como é possível haver tanta pobreza ao lado de tanta fartura?

A desigualdade não é nova. Na Inglaterra vitoriana, ela foi particularmente grave: industriais ricos ganhavam fortunas sem precedentes, enquanto a família trabalhadora média era forçada a suportar enormes privações trabalhando em fábricas ou minas e vivendo em casas não muito diferentes daquelas encontradas nas favelas do Brasil.

Apesar dos esforços continuados dos políticos para reduzir a lacuna entre ricos e pobres, essa brecha ainda é extremamente grande. No quarto de século após o início da década de 1980, os níveis de desigualdade, com efeito, ampliaram-se significativamente em quase todos os países desenvolvidos do mundo. Apesar de essa lacuna ter diminuído na França, na Grécia e na Espanha, a separação entre ricos e pobres aumentou muito no Reino Unido, e, no final da primeira década do novo milênio, tanto no Reino Unido quanto nos EUA, a desigualdade atingiu o mais alto nível desde a década de 1930.

Lacunas de riqueza Tendo em vista o fato de o capitalismo ser um sistema que recompensa o esforço e o empreendedorismo dos indivíduos, não é surpresa o fato de alguns serem mais ricos do que outros – afinal, qual o incentivo do esforço se este não trouxesse algum tipo de retribuição? Entretanto, o que ficou alarmante é o tamanho da disparidade. Nos EUA, os 10% mais ricos têm renda 16 vezes maior que os 10% mais pobres, enquanto os ricos do México, cujas

linha do tempo

Década de 1840
Níveis de desigualdade na Inglaterra industrial inspiram Friedrich Engels a escrever *A situação da classe trabalhadora na Inglaterra*

1930
A desigualdade nos EUA atinge níveis inéditos

favelas são tão esquálidas quanto as do Rio, são 25 vezes mais ricos que os pobres.

Enquanto isso, em países nórdicos como Dinamarca, Suécia e Finlândia, a lacuna é bem menor, com os mais ricos recebendo cerca de cinco vezes a quantia recebida pelos mais pobres. Essas lacunas de riqueza são calculadas usando-se o chamado "coeficiente de Gini", uma comparação entre a renda dos que ganham mais e os que estão no fundo da pilha.

A disparidade é ainda maior quando comparamos os níveis de riqueza de diferentes países. Segundo a maioria dos parâmetros, os 20% mais pobres da população mundial – principalmente os moradores da África subsaariana – ainda vivem em condições econômicas equivalentes às da Idade Média, enquanto os mais pobres do Reino Unido e dos EUA são incomparavelmente mais ricos e saudáveis.

> **"Uma sociedade que põe a igualdade à frente da liberdade não terá nenhuma das duas. Uma sociedade que põe a liberdade à frente da igualdade terá um grau elevado de ambas."**
>
> **Milton Friedman**

O dividendo da redistribuição Há algumas explicações claras para essas disparidades. Os países nórdicos – e muitos do norte europeu – tendem a tributar mais pesadamente os cidadãos a fim de redistribuir o dinheiro para os pobres, por meio de sistemas de bem-estar social e redução de impostos. Este é um dos principais objetivos dos sistemas tributários das democracias modernas: reduzir a injustiça e ajudar a sustentar os cidadãos mais necessitados.

Com a construção dos sistemas de bem-estar social de países ricos do mundo do pós-guerra, os níveis de desigualdade foram bastante reduzidos. Oferecendo a todas as famílias acesso similar à educação e à saúde, muitos países – particularmente os nórdicos – tiveram êxito em equalizar as oportunidades disponíveis para as famílias. É o que muitos chamam de "Modelo Sueco" de administração de um país.

Entretanto, o simples ato de aumentar os impostos pagos pelos ricos para dar mais aos pobres não é suficiente. No Reino Unido, o governo trabalhista eleito em 1997 fez exatamente isso, e como resultado as fa-

Década de 1950	Década de 1990	Década de 2000
Diminui a divisão entre ricos e pobres, graças, em parte, ao *New Deal* de Franklin D. Roosevelt	Aumenta a lacuna em função do thatcherismo e reaganismo	A desigualdade atinge novos picos

Os benefícios da desigualdade

Alguns economistas afirmam que como por natureza as pessoas são diferentes em termos de hábitos e capacidades, é inevitável haver certa desigualdade em uma economia importante. Com efeito, aqueles que defendem o livre mercado dizem que as tentativas de redistribuir a riqueza têm consequências inesperadas e perversas. Impostos mais elevados podem levar os membros mais produtivos da sociedade a sair do país, ou desestimulá-los de trabalhar mais, o que, por sua vez, reduz a quantidade de riqueza gerada pela sociedade.

mílias com um progenitor viram sua renda aumentar cerca de 11% durante sua década no poder. Contudo, ao mesmo tempo, a desigualdade atingiu o nível mais elevado das últimas décadas. Pior: um estudo da Organização para Cooperação e Desenvolvimento Econômico (OCDE) descobriu que a renda de um filho estava intimamente ligada à de seu pai, implicando que os jovens tinham poucas oportunidades de se livrar da pobreza.

Movendo a diferença O mundo está em meio a uma mudança importante em sua estrutura econômica, com as companhias começando a capitalizar novas tecnologias, como a internet, a computação avançada e as telecomunicações. Quando essas mudanças acontecem, geralmente a desigualdade aumenta, pois quem está preparado para a mudança fica rico e quem não está – como um operário de alguma fábrica de automóveis de Detroit – vê-se deixado para trás. Foi o que aconteceu na Revolução Industrial e está acontecendo agora.

Outra explicação é que um número muito pequeno de pessoas conseguiu ficar super-rico. No Reino Unido, por exemplo, enquanto os 3 milhões de pessoas que compõem os 10% superiores dos trabalhadores ganham em média £ 105.000 brutos por ano, os 0,1% do topo da pirâmide, ou 30.000 pessoas, têm uma renda média anual de £ 1,1 milhão. Esses super-ricos conseguem evitar os impostos levando seu dinheiro a paraísos fiscais no exterior, o que significa uma menor redistribuição de rendas. Por outro lado, essas famílias ricas podem contribuir para a economia por meio dos impostos indiretos que pagam ao fazerem gastos extravagantes em bens de luxo, e empregando trabalhadores locais – desde faxineiros e empregados até cabeleireiros e advogados. Alguns dão a isso o nome de "efeito de gotejamento".

As consequências da desigualdade Não há provas claras de que, como um todo, um elevado nível de desigualdade impeça um país de ficar mais rico com o tempo. Na verdade, o proeminente economista Robert Barro descobriu que, embora pareça reduzir o crescimento no mundo em desenvolvimento, de fato a desigualdade fomenta o crescimento no mundo desenvolvido.

Entretanto, uma lacuna entre ricos e pobres pode ser nociva para o país de outras maneiras. A principal preocupação é a inquietude social. Estudos mostram que, em países e áreas nas quais a desigualdade é pequena, as pessoas tendem a confiar mais umas nas outras, o que faz sentido, uma vez que geralmente terão menos motivos para invejar as demais. Crimes violentos ou fatais também são bem menos comuns. Existe, por exemplo, uma forte correlação entre estados norte-americanos com grande distanciamento econômico e um grande número de homicídios.

A baixa renda também está intimamente associada à má saúde. Em Glasgow, na Escócia, onde a lacuna entre ricos e pobres é particularmente acentuada, a expectativa média de vida do homem é pior que a de muitos países em desenvolvimento, inclusive Argélia, Egito, Turquia e Vietnã.

As consequências da desigualdade não são achadas apenas na economia. As pessoas formam seu senso de autoestima (que influi na produtividade pessoal) principalmente pela forma como se veem em comparação com as outras. Quando as pessoas têm consciência de sua diferença de renda em relação às demais, tendem a ficar menos satisfeitas e a se esforçarem ainda menos.

Um estudo mostrou que atores de Hollywood que ganharam um prêmio da Academia viveram, em média, quatro anos mais do que seus colegas sem o prêmio, e aqueles que ganharam dois Oscar viveram seis anos mais. Ser recompensado por seu esforço faz diferença. Quer atinja seu orgulho, quer seu bolso, a desigualdade importa.

A ideia condensada: a lacuna entre ricos e pobres desestabiliza nações

40 Globalização

Do mesmo modo como *capitalismo* já foi uma expressão pejorativa em vez de elogio ou mera descrição, *globalização* tem sido mais usada para criticar do que para elogiar a economia do século XXI. Evoca imagens de oficinas de trabalho escravo na Malásia, centrais de atendimento em Bangalore, minas no Brasil e filiais do Starbucks e do McDonald's no mundo todo.

Tudo isso é consequência da globalização, mas descrever o fenômeno apenas nesses termos seria muito enganoso. Em economia, globalização refere-se aos vínculos comerciais e econômicos que ligam o mundo e que têm sido tão importantes para a história da humanidade.

Tão antiga quanto as montanhas? A globalização tem ficado cada vez mais importante desde 1492, ano em que Colombo desembarcou na América, embora já houvesse um vibrante comércio internacional entre a Europa e o Oriente muito antes disso. Apesar do uso da expressão ter ficado mais comum a partir da década de 1980, e de as décadas após a queda do Muro de Berlim e do fim da Guerra Fria serem consideradas como o divisor de águas da globalização, estamos longe de ser a primeira era de amplo comércio, intercâmbio e migração internacional. Esse título deve ir para a era vitoriana. No final do século XIX, quando o império britânico chegou ao seu apogeu, John Maynard Keynes descreve que, antes de 1914:

> O morador de Londres podia encomendar pelo telefone, enquanto saboreava seu chá matinal, diversos produtos do mundo todo, aguardando sua entrega rápida em sua casa; ao mesmo tempo, e pelo mesmo meio, podia aventurar-se nos recursos naturais e em novos empreendimentos feitos em qualquer parte do planeta, colhendo... seus frutos e vantagens posteriores...

Não foi só a Primeira Guerra Mundial, mas também o período de protecionismo após a Grande Depressão que pôs fim a essa era. Muitos temem que esta era moderna de globalização poderia encontrar um fim igualmente triste.

linha do tempo

Século XIX	1914
Primeira era de globalização	A Primeira Guerra Mundial põe fim a essa primeira era

Fatores vitais para a globalização A globalização mais recente baseia-se em cinco fatores cruciais:

1. **Livre comércio.** Governos do mundo todo derrubaram diversas barreiras e tarifas sobre importações e exportações. A China, por exemplo, depois de adotar reformas sobre livre comércio no final da década de 1980 e início da seguinte, removeu muitas restrições sobre seus mercados de exportação. Em função de sua imensa população, e portanto de salários baixos, isso significou que as nações ricas receberam um fluxo de mercadorias baratas provenientes da China e de seus vizinhos.

> **“A globalização é um fato da vida. Mas acredito que tenhamos subestimado sua fragilidade.”**
>
> **Kofi Annan**

2. **Terceirização.** As companhias têm conseguido economizar transferindo a produção de seus bens e serviços para lugares mais econômicos no exterior. Muitas fábricas fecharam suas unidades nos Estados Unidos e no Reino Unido, mudando-as para a China, México e outros lugares onde os trabalhadores aceitam salários mais baixos e – o que suscita controvérsias – as condições de trabalho costumam ser piores. Muitas empresas de serviços transferiram suas centrais de atendimento, e até partes de seu principal negócio, para a Índia e outros lugares onde são abundantes os graduados que falam inglês fluente.
3. **A revolução nas comunicações.** Duas revoluções importantes azeitaram as rodas do comércio internacional. A primeira foi a “conteinerização” – a revolução nos transportes, pela qual bens são transportados para o mundo todo em contêineres de tamanho padronizado, a custo reduzido e menor período de trânsito. A segunda foi a revolução na banda larga. Quando a mania da internet atingiu seu apogeu no final da década de 1990, os engenheiros gastaram bilhões em uma nova rede internacional de cabos de fibra óptica. Apesar de a bolha das “ponto com” ter estourado pouco depois, essa rede global de autoestradas da informação proporcionou uma conexão rápida e barata à internet para milhões de pessoas.
4. **Liberalização.** Muitos países que mantiveram suas fronteiras fechadas a contatos com o exterior durante a Guerra Fria foram estimulados a abri-las. Isso permitiu que companhias ocidentais ganhassem novos mercados. A eliminação dos chamados controles à

Década de 1980	**1989**	**2007**
Primeiros estudos de globalização econômica	Desenvolvimento da World Wide Web por Tim Berners-Lee	Um relatório da ONU revela que o fluxo mundial de comércio e de investimentos atingiu um nível inédito

circulação de capital fez com que o dinheiro pudesse circular livremente para dentro e para fora dessas novas economias de um modo que nunca fora feito antes. Enquanto isso, governos do mundo desenvolvido facilitaram a contratação e dispensa de trabalhadores para as empresas, afrouxando as leis trabalhistas.

5. **Harmonização jurídica.** Países do mundo todo se esforçaram para alinhar suas leis sobre direitos de propriedade e de propriedade intelectual, de tal maneira que uma patente requerida nos EUA, por exemplo, é reconhecida na China e vice-versa. Entre os planos para o futuro, inclui-se a criação de padrões internacionais para a qualidade das mercadorias a fim de evitar a repetição de incidentes como aqueles em que produtos chineses e de outros lugares tinham defeitos potencialmente perigosos.

Ganhos da globalização Sem dúvida, a globalização fez com que bilhões de pessoas pelo mundo ficassem significativamente mais ricas. As economias de países como Brasil, Índia e China receberam um forte impulso graças a aumentos significativos em suas exportações. Além disso, a entrada desse novo grupo de exportadores reduziu a inflação mundial durante quase uma década a partir de 1997, pois as empresas aproveitaram a oportunidade para reduzir custos e repassar as economias resultantes a seus clientes.

De fato, há muitas evidências a sugerir que a globalização foi, em grande parte, responsável pelo período que ficou conhecido como a "Grande Estabilidade" desses quinze anos até 2007. Nesse período, a economia mundial cresceu mais rapidamente e por mais tempo do que antes, e a inflação se manteve baixa e estável. É fato que a ele se seguiu uma grave crise financeira, mas esta deveu-se principalmente a outros fatores (veja o capítulo 35).

Críticas à globalização Quanto mais rápida a difusão pelo mundo dos fundamentos da globalização, mais estridentes as críticas feitas a ela. Normalmente, as reuniões das principais instituições multilaterais atraem milhares de manifestantes. A reunião da Organização Mundial de Comércio em Cancun em 2003, por exemplo, foi manchada pelo suicídio de um agricultor sul-coreano em protesto pela retirada do apoio à agricultura.

Críticos da globalização, entre os quais Naomi Klein, Joseph Stiglitz e Noam Chomsky, costumam rotular seus defensores mais ardorosos de neoliberais. O ataque ao fenômeno dá-se sob três ângulos:

1. **Econômico.** Alegam que a globalização elevou a riqueza total gerada no mundo, mas que essa riqueza não foi distribuída equitativamente. Com efeito, os níveis de desigualdade no mundo todo atingiram seus valores mais altos desde a década de 1930 (veja o

capítulo 39), e embora alguns tenham se tornado bilionários graças ao comércio global, muitos nos países mais carentes continuam a ser extremamente pobres.

2. **Direitos humanos.** Alguns dos maiores fabricantes de roupas e calçados foram alvo de críticas por usarem oficinas de trabalho escravo, nas quais os empregados recebem salários extremamente baixos e são forçados a trabalhar em condições pavorosas durante longas jornadas.
3. **Cultural.** Os críticos dizem que a crescente influência de corporações multinacionais e o domínio cada vez maior de marcas ocidentais têm dificultado a manutenção da identidade de culturas indígenas, fazendo com que pequenas lojas e produtores independentes fiquem de lado no mercado.

Uma era de paz e democracia? Malgrado as inúmeras críticas à globalização, as evidências mostram que, de modo geral, ela melhorou sensivelmente o nível de vida nos países que a acolheram – embora, como sempre ocorre no capitalismo, os ganhos não sejam distribuídos igualmente. Ademais, como fomenta as fortunas das classes média e profissional, alguns sugerem que a globalização também ajuda a disseminar a democracia. Estrategistas políticos suspeitam que o Partido Comunista pode ter dificuldades para se manter no poder na China, uma vez que vem aumentando a demanda popular por um regime democrático, alimentada pela influência crescente da classe média.

Outro argumento a favor da globalização é que vínculos econômicos mais fortes entre nações tendem a dissuadi-las de entrar em guerra uma contra a outra. Thomas Friedman, jornalista norte-americano e autor de *The World is Flat*, verdadeira apologia à globalização, postulou que nunca dois países que têm lojas do McDonald's entraram em guerra mútua. No entanto, essa afirmativa foi invalidada quando a Rússia declarou guerra à Geórgia em 2008. E a lição aprendida com a primeira era da globalização, encerrada com o terror da Primeira Guerra Mundial, é que nunca podemos presumir que a difusão do comércio e da riqueza tenha mudado o mundo para sempre.

A ideia condensada: a globalização é a adrenalina do capitalismo

41 Multilateralismo

Os anos que se passaram desde a virada do milênio testemunharam uma das maiores mudanças de poder na economia global. As placas tectônicas que sustentam a economia mundial começaram a se mover com mais velocidade do que a maioria já viu. Com o surgimento de uma nova espécie de contendores, liderados pela China e pela Índia, a impressão foi que os Estados Unidos começaram a perder a posição indiscutível de superpotência mundial. No passado, momentos assim provocavam instabilidade geopolítica, mas os economistas esperam que, desta vez, uma arma secreta evite o conflito: o *multilateralismo*.

Multilateralismo significa que um país colabora com todos os outros na tomada de decisões importantes, em vez de agir sozinho – unilateralmente – ou em parceria com outro país (ou grupo de países) – bilateralmente. Parece simples bom senso, mas, mesmo em uma era de globalização, o nacionalismo econômico ainda é uma força poderosa.

Em geral, quando um país decide elevar as tarifas alfandegárias ou inflar artificialmente o valor de sua moeda, provoca uma reação em cadeia que pode causar danos graves a outros países. A década de 1990 e a primeira década do novo milênio, por exemplo, foram caracterizadas pelo fato de países desenvolvidos deixarem suas taxas de câmbio flutuarem livremente, enquanto muitas nações asiáticas e do Oriente Médio fixaram suas moedas com base no dólar. Embora isso tenha permitido um crescimento um pouco mais rápido de países em desenvolvimento (pois manteve suas exportações mais baratas), acabou levando a um acúmulo maciço de dívidas no mundo rico, o que, por sua vez, contribuiu para a crise financeira de 2008.

> **“Graças ao intercâmbio, a prosperidade de um homem beneficia todos os demais.”**
>
> **Frédéric Bastiat, economista francês do século XIX**

linha do tempo

1944
Conferência de Bretton Woods Conference – fundação do FMI e do Banco Mundial

1945
Criação da Organização das Nações Unidas (ONU)

Foi para evitar problemas como esses que políticos do mundo todo desenvolveram instituições multilaterais. A primeira foi a Liga das Nações, idealizada pelo presidente Woodrow Wilson após a Primeira Guerra Mundial e que mais tarde se transformou nas Nações Unidas. Todavia, foi a safra de instituições econômicas multilaterais surgida após a Segunda Guerra Mundial que passou a dominar as relações entre as economias modernas nos últimos anos.

Filhos de Bretton Woods Na conferência de Bretton Woods, realizada em 1944 no opulento Hotel Mount Washington, políticos do mundo todo, sob a tutela de John Maynard Keynes, sentaram-se para criar uma nova arquitetura financeira e econômica para o mundo do pós-guerra. Além do sistema de taxas de câmbio fixas, criaram duas instituições importantes: o Fundo Monetário Internacional (FMI) e o antecessor do atual Banco Mundial, o Banco Internacional para Reconstrução e Desenvolvimento (BIRD). Também estabeleceram o Acordo Geral sobre Tarifas e Comércio (com sigla em inglês GATT), que depois metamorfoseou-se na Organização Mundial do Comércio (OMC).

Essas organizações multilaterais, que contam com quase todos os países do mundo entre seus membros, excetuados alguns regimes despóticos, ainda determinam a forma da economia global e a maneira como os países interagem uns com os outros.

O FMI atua como o banco central do mundo, arrecadando recursos entre seus membros e emprestando dinheiro para aqueles que estão passando por uma grave crise monetária ou de conta de capital (veja o capítulo 24). É uma fonte de empréstimos de última instância – mas para países, e não para bancos ou companhias. Seu segundo papel é assegurar-se de que os países estão administrando suas economias de maneira sensata, sem gerar problemas no futuro. Entretanto, por não ter "dentes" (o poder de impor disciplina a quem o desafia), ele não conseguiu impedir que alguns países tomassem más decisões econômicas no passado.

A Organização Mundial do Comércio é tanto um fórum no qual os países concordam com a remoção de barreiras comerciais quanto um árbitro ao qual um país recorre quando suspeita que outro está impondo ilegalmente cotas ou tarifas alfandegárias extras sobre seus produtos. Ela defende a redução de barreiras comerciais no mundo todo.

O BRICs

O BRICs é uma ideia, um fenômeno e um quarteto dos países mais promissores do mundo: Brasil, Rússia, Índia e China. Se a economia do século XX foi dominada pelo G7, certamente o século XXI será dominado pelo BRICs. A população maciça desses países, seu apetite incrível pelo trabalho e seu crescimento prodigioso significam que já são responsáveis por cerca de metade do crescimento econômico do mundo nos últimos anos. O homem que criou a expressão, Jim O'Neill, economista chefe do Goldman Sachs, calculou que a China estava crescendo tão depressa que em meados do século XXI ultrapassaria os EUA como maior economia do mundo.

Juntos, Brasil, Rússia, Índia e China representam 40% da população mundial e mais de um quarto da superfície terrestre. Suas economias crescem a um ritmo de 10%, ou talvez mais, enquanto as economias ocidentais tendem a se expandir a um quarto desse ritmo. Como oficinas do mundo, estão exportando bilhões de dólares a cada dia, tanto para nações ricas quanto entre si.

O Banco Mundial foi idealizado para proporcionar assistência aos países mais pobres do mundo. Emprestando – e, em alguns casos, doando – dinheiro para economias com problemas, a meta do Banco é tornar a economia mundial mais rica e estável. Porém, tem sido criticado pelas duras condições impostas a aqueles para quem empresta dinheiro – uma crítica que também tem sido dirigida ao FMI.

Sem consenso Durante a década de 1990, o FMI e o Banco Mundial tentaram impor políticas que remodelariam outras economias segundo seus próprios ideais, o que ficou conhecido como Consenso de Washington. A receita, que incluía o corte de déficits orçamentários e a abertura do mercado interno, foi descrita por Dani Rodrik, economista de Harvard, como "estabilizar, privatizar e liberalizar". O problema é que muitas economias simplesmente não conseguiram lidar com o fluxo maciço de capital do exterior que receberam quando abriram seus mercados para investidores estrangeiros.

Desde o fim da Guerra Fria e após a crise financeira de 2008, as instituições enfrentaram críticas crescentes por não terem conseguido impedir diversas crises em várias partes do mundo. A atitude dos EUA quanto a elas foi se tornando cada vez mais fria, com pedidos de reformas importantes – especialmente no FMI e no Banco Mundial.

Entre outras preocupações, diz-se que o FMI não representa suficientemente bem as novas potências econômicas mundiais e seu crescimento acelerado. Até pouco tempo atrás, a China – que cresceu tão depressa que está perto de se tornar a terceira economia do mundo – tinha o mesmo número de votos que a Bélgica.

Do G7 ao G20 A mesma crítica foi dirigida ao G7 – grupo das sete economias mais industrializadas do mundo. Esse grupo – que compreendia Estados Unidos, Japão, Alemanha, Reino Unido, França, Itália e Canadá – era uma representação justa das maiores potências do mundo entre as décadas de 1970 e 1990. Sempre que havia uma reunião econômica internacional importante, era dominada pelo G7, cujos membros tomavam as grandes decisões de comum acordo entre si.

Contudo, em 2008, quando o presidente George W. Bush convocou uma reunião de cúpula especialmente para discutir a crise financeira, ficou evidente que países como China, Brasil, Rússia e Índia tinham de ser incluídos. Assim, o G7 foi substituído pelo G20 – um grupo bem mais amplo das maiores economias do mundo.

O que se espera com a cooperação multilateral é que os membros (19 países mais a União Europeia) consigam fazer com que passemos de um mundo com uma única superpotência econômica para um mundo com duas ou mais.

A ideia condensada: as nações podem conseguir mais trabalhando juntas

42 Protecionismo

Na década de 1980, quando os cidadãos norte-americanos se preocupavam com o domínio cada vez maior do Japão no comércio global, alguns congressistas convocaram uma conferência de imprensa na escadaria do Senado e quebraram simbolicamente um rádio Toshiba. Alguns anos depois, na década de 1990, os políticos advertiram sobre um "gigantesco ruído de sucção" por causa de empregos indo para o sul após a remoção das barreiras comerciais com o México. E, uma década depois, os legisladores impediram uma empresa chinesa de adquirir uma companhia de petróleo dos EUA e a aquisição, por investidores do Oriente Médio, do setor norte-americano de um grupo portuário. Por que o protecionismo – o irmão feio da globalização – ainda está tão arraigado no mundo moderno?

O protecionismo – que normalmente significa a imposição de barreiras e impostos a produtos importados do exterior e medidas para impedir a absorção de empresas nacionais por companhias estrangeiras – é tão antigo quanto o próprio comércio. Um dos métodos mais antigos encontrados pelos governantes para arrecadar dinheiro foi a imposição de tarifas alfandegárias – algo que persiste desde a Antiguidade.

Atualmente, entre as maneiras de proteger uma economia, temos cotas sobre a quantidade ou o valor dos bens sendo importados; subsídios para produtores – dos quais um exemplo notório foi a Política Agrária Comum da União Europeia, que proporciona ajuda aos agricultores; subsídios para exportadores; manipulação da taxa de câmbio para manter a moeda local desvalorizada e tornar as exportações mais atraentes do que as importações; e burocracia adicional. Outro tipo de protecionismo, visto na crise financeira e econômica iniciada em 2008, envolveu bancos que só emprestavam dinheiro para companhias de seu próprio país. Em 2009, o primeiro-ministro britânico Gordon Brown chamou isso de "mercantilismo financeiro", pecado do qual também

linha do tempo

c. 1798

O presidente norte-americano George Washington elabora as primeiras tarifas alfandegárias sobre o comércio com o Reino Unido

1930

Os EUA adotam tarifas protecionistas, entre as quais a Lei Smoot-Hawley, que estabelece barreiras ao comércio exterior

era culpado, incentivando os bancos do Reino Unido a preferir clientes britânicos ao concederem novos empréstimos, em detrimento de seus clientes do exterior.

A favor e contra Quase todos os economistas abominam o protecionismo e preferem seu oposto, o livre comércio. Dizem que a formação dessas barreiras acaba deixando todos mais pobres no longo prazo, causam graves atritos políticos e podem até provocar guerras. Advertem que é uma das mais nocivas políticas econômicas.

Esses argumentos são amparados pela vantagem comparativa (veja o capítulo 7) – a teoria que mostra que, especializando-se em certos produtos e comercializando com outros países, todo país pode ficar mais próspero, mesmo que seja menos eficiente na produção de bens do que seus vizinhos.

Politicamente, porém, a questão é mais complexa. Digamos, por exemplo, que uma fábrica norte-americana enfrente um possível fechamento porque seus concorrentes estrangeiros podem produzir bens por preços bem inferiores. Um economista diria que o mercado está dando

De rodada em rodada

A Organização Mundial do Comércio (OMC) é a entidade encarregada de liderar a luta contra o protecionismo. O principal papel da instituição, que evoluiu a partir do Acordo Geral sobre Tarifas e Comércio do pós-guerra, é reunir os países para que discutam como remover tarifas alfandegárias e barreiras comerciais. Essas conversações precisam ser globais, pois só com a remoção internacional – e não unilateral – de tarifas é que todos os países podem se beneficiar.

No início da década de 1990, a OMC fechou a Rodada Uruguai de conversações multilaterais, que conseguiu desmantelar as principais barreiras comerciais no mundo inteiro e que teve o mérito de ajudar a impelir o crescimento econômico da década seguinte. Todavia, a Rodada Doha, que começou em 2001, sofreu diversos reveses sérios por causa de discussões entre países sobre suas contribuições. No verão de 2008, as conversações foram suspensas quando os EUA entraram em conflito com a China, Índia e Brasil por causa da escala de cortes que aquele estava preparado para fazer em seus subsídios agrícolas. Apesar da esperança de que as conversações possam ser retomadas, muitos advertem que agora estão praticamente mortas.

1994

A Organização Mundial do Comércio encerra a Rodada Uruguai, que desfaz as barreiras comerciais

2008

Suspensa a Rodada Doha de conversações comerciais

um sinal claro: a fábrica dos EUA não consegue mais competir e deve ser fechada. Um protecionista, por sua vez, recomendaria o aumento de tarifas sobre esses bens, injetando até subsídios no setor, para salvar empregos. É provável que essa opção ganhe o apoio popular – certamente, junto aos trabalhadores. Mas a economia mostra que isso serviria apenas para mascarar o problema, que iria acabar reaparecendo. O melhor para os trabalhadores despedidos, diria o economista, seria encontrarem empregos noutra indústria mais competitiva.

O protecionismo não é apenas a política mais fácil de vender aos eleitores: ele também pode mostrar sinais superficiais de sucesso. Se um governo impõe tarifas, as receitas podem aumentar inicialmente graças ao dinheiro extra arrecadado, enquanto as companhias domésticas desfrutam de um auge, já que os consumidores são estimulados a adquirir produtos feitos no país em vez de seus equivalentes estrangeiros. Um argumento mais convincente ainda para quem tem pendores patrióticos (ou nacionalistas) é que aparentemente o protecionismo pode garantir a independência do país, seja na produção de energia, aço, veículos, computadores ou o que for. Além disso, aproveita-se da percepção de que um país fica mais pobre quando uma empresa local é absorvida por um rival internacional.

O problema, no entanto, é que tais argumentos são muito enganosos. Vários estudos têm mostrado que, no longo prazo, o protecionismo empobrece os países – tanto aquele que aplica tarifas quanto aqueles que gostariam de comercializar com ele.

Lições da história O exemplo mais forte daquilo que o protecionismo pode acarretar data da década de 1930, quando – no meio da Grande Depressão – vários países do mundo, inclusive os EUA, ergueram barreiras comerciais importantes na crença de que elas protegeriam empregos domésticos e ajudariam os países a se recuperar mais rapidamente. Essas políticas eram chamadas de "empobreça seu vizinho", pois deixaram em situação difícil muitos países que antes dependiam do comércio com parceiros estrangeiros. Em resposta, muitos países levantaram suas próprias barreiras, fazendo com que o comércio mundial se paralisasse, piorando as tensões políticas e contribuindo para a ruptura de relações que provocou a Segunda Guerra Mundial.

"Quando as mercadorias não conseguem cruzar fronteiras, os exércitos o fazem."

Frédéric Bastiat, economista francês do século XIX

A vantagem comparativa só voltou ao cenário principal quando essas barreiras começaram a ser derrubadas após a Segunda Guerra Mundial, contribuindo para um período acelerado de crescimento mundial nas décadas de 1950 e 1960, quando cada economia se especializou na produção de certos bens. O comércio nunca foi tão livre quanto nesse período.

Outro exemplo é a China, vítima de uma política comercial destrutiva no século XV. Na época, era uma das economias mais avançadas e ricas do mundo, mas seus governantes iniciaram uma política de autarquia (autossuficiência econômica), cortando a maioria de seus vínculos econômicos e culturais com o resto do mundo e perdendo rapidamente sua proeminência. O país só voltou a concretizar seu imenso potencial econômico no final do século XX, quando cortou diversas barreiras comerciais e alfandegárias.

“Se existisse um Credo do Economista, certamente incluiria as afirmações ‘Creio no Princípio da Vantagem Comparativa’ e ‘Creio no Livre Comércio’.”

Paul Krugman, prêmio Nobel e especialista em comércio

Proteção a empregos? Malgrado os receios de algumas pessoas, não é necessariamente verdade que a eliminação de barreiras comerciais implica perda de empregos. Uma das maiores e mais eficientes fábricas de automóveis da Grã-Bretanha não é de uma empresa nacional e nem mesmo europeia, mas da japonesa Nissan. Ela emprega milhares de trabalhadores no nordeste da Inglaterra, área com elevado nível de desemprego. É verdade que alguns imaginam que, quando as companhias estrangeiras precisam reduzir custos, pode ser mais rápido cortar empregos nas unidades do exterior do que nas domésticas, mas há poucas evidências estatísticas para apoiar essa ideia.

O problema fundamental é que proteger as empresas de um país da concorrência estrangeira torna-as menos competitivas, e não as estimula a reduzir custos e a melhorar sua eficiência. Com efeito, os especialistas alegam que a ameaça de uma fusão com empresas estrangeiras é um dos principais elementos a garantir que a alta gerência vai se esforçar para manter seus negócios, uma vez que é muito difícil para os acionistas removerem um mau presidente.

Recaída protecionista? Num momento em que os países tentam consertar suas economias após a crise financeira de 2008, alguns receiam que isso possa levar a uma nova onda de protecionismo ao redor do globo. Com efeito, muitos especialistas acreditam que esta, e não a ameaça da depressão ou da deflação ligada à dívida, é a maior ameaça à economia global na próxima década. Como a história mostrou, é muito fácil cair na espiral protecionista, com consequências horripilantes para a paz e a estabilidade mundiais.

A ideia condensada: a maior ameaça à paz e à estabilidade mundiais

43 Revoluções tecnológicas

Por mais que queiramos romantizá-la, a vida na Inglaterra do século XVIII não era lá muito arcadista. A maioria das famílias vivia presa a uma existência de subsistência, mal ganhando o suficiente para sobreviver. Espantoso, mas 75% das crianças nascidas em Londres morriam antes dos cinco anos. Contudo, entre 1750 e o início do século XIX, tudo mudou radicalmente. A expectativa de vida aumentou, assim como a população e sua riqueza. Poucos períodos econômicos foram mais marcantes que o da Revolução Industrial.

Por trás dessa transformação havia uma nova tecnologia. A invenção da máquina a vapor e o aproveitamento de combustíveis fósseis como o carvão mudaram subitamente a maneira como as pessoas viviam, remodelando horizontes sociais e artísticos. Foi a era de Wordsworth e de Turner, uma época em que a arte expressava tanto encanto quanto horror diante das mudanças profundas que estavam acontecendo; e um período de insegurança política que coincidiu com a Revolução Francesa e a independência norte-americana.

Entretanto, essa famosa mudança de cenário não foi a única revolução econômica da história. Através dos séculos, a humanidade avançou aos trancos e barrancos à medida que se inventavam novas tecnologias. Geralmente, os trancos foram totalmente inesperados, mas provocaram mudanças radicais na prosperidade e na interação humanas.

Os historiadores da economia consideram que desde o século XVIII tivemos não apenas uma, mas *três* revoluções industriais – que eles veem como mudanças *estruturais* e não *cíclicas*; noutras palavras, mudanças nas próprias fundações da economia, em vez dos rotineiros altos e baixos.

linha do tempo

1600
Fundada a Companhia Britânica das Índias Orientais

1756
Redescoberta do concreto

1778
Construída a Ponte de Ferro em Shropshire, e James Watt aperfeiçoa sua máquina a vapor

A primeira revolução industrial A *primeira revolução industrial* foi desde meados do século XVIII – com a invenção da máquina a vapor – até o início do século XIX. Antes disso, os humanos dependiam da natureza – a força do vento, da água ou de animais como cavalos e bois – para sobreviver. Depois, conseguiram usar o carvão para impelir as máquinas, o que aumentou a produtividade. Então, os humanos dominaram a criação de máquinas de metal, o que deu origem às primeiras fábricas de verdade – a grandiosa encarnação da divisão do trabalho proposta por Adam Smith (veja o capítulo 6). No início, a revolução ocorreu na Inglaterra, mas não tardou a se espalhar pela Europa e, depois, pelos Estados Unidos.

Os efeitos da revolução foram profundos. Até então, o Produto Interno Bruto per capita do Reino Unido – uma medida de geração de riqueza (veja o capítulo 17) – vinha se mantendo estático desde a Idade Média. De repente, passou para um patamar drasticamente mais elevado. Aos olhos de alguns economistas, isso se deu quando as economias ocidentais escaparam da armadilha malthusiana (veja o capítulo 3), que as condenava a um crescimento estagnado por conta dos limites da população. Com o aumento da riqueza e da expectativa de vida, aumentou o tamanho da família média, e a população da Inglaterra e Gales passou de cerca de 6 milhões no século XVIII para mais de 30 milhões no final do século XIX.

> **“O impulso fundamental que põe em marcha o motor capitalista provém dos novos bens de consumo, dos novos métodos de produção ou transporte, de novos mercados e de novas formas de organização industrial criadas pela iniciativa capitalista.”**
>
> **Joseph Schumpeter**

1885	**1903**	**1989**
Inventado por Karl Benz, na Alemanha, o primeiro automóvel movido por motor de combustão interna	Os irmãos Wright voam no primeiro avião motorizado	Desenvolvimento da World Wide Web por Tim Berners-Lee

Salto de rã tecnológico

Entre os indubitáveis marcos do progresso, embora não conte propriamente como uma revolução, acham-se as tecnologias conhecidas como *saltos de rã*. Originalmente, muitas partes do mundo devem sua prosperidade a infraestruturas dispendiosas – os trilhos da estrada de ferro ou as redes de transmissão de energia elétrica. As partes do mundo sem esse legado de infraestrutura simplesmente não poderiam se desenvolver com rapidez. No entanto, o celular levou a telefonia a vastas extensões da África nas quais teria sido pouco econômico construir uma rede. Pequenas usinas de energia solar prometem fazer algo similar, proporcionando eletricidade para comunidades que nunca haviam se beneficiado da eletricidade. Está para se ver se isso significa, como alguns suspeitam, uma mudança gradual ao redor do mundo, passando para cidades e comunidades menos centralizadas, embora os ambientalistas acreditem que pode ser uma resposta à poluição e às mudanças climáticas (veja o capítulo 45).

A segunda revolução industrial A *segunda revolução industrial*, às vezes chamada de revolução elétrica ou técnica, viu a humanidade desenvolver a metalurgia (criando o aço e outros metais), dominar a eletricidade e explorar o petróleo cru para criar petróleo refinado e gasolina. Foi essa era – uma extensão da primeira revolução – que deu ao mundo o automóvel e o aeroplano, bem como as corporações internacionais e o telefone. Ela também viu a Grã-Bretanha começar a perder sua influência global, com os EUA e a Alemanha assumindo rapidamente suas posições como florescentes superpotências econômicas globais.

A terceira revolução industrial – a era dos computadores Foram tantos os avanços recentes na tecnologia que muitos economistas identificam uma *terceira revolução industrial*, estendendo-se desde o final da década de 1980 – uma revolução provocada pelo desenvolvimento do computador e da internet, que revolucionou a comunicação e o comércio globais. No século XXI, tornou-se possível transferir grandes quantidades de capital (riqueza e ativos) de um canto do mundo para outro apertando um simples botão. As companhias podem terceirizar divisões inteiras de seus negócios na Índia, China e outros países graças a avanços na comunicação de banda larga, proporcionando bilhões em economia e aumentando seus lucros.

Tal como ocorreu nas revoluções anteriores, esse salto tecnológico coincidiu com a ascensão de novas possíveis superpotências, ávidas por se aproveitar da mudança – neste caso, a China e a Índia. Na década encerrada em 2006, a ascensão desses países, somada à revolução tecnológica, contribuiu para o mais longo período de crescimento econômico mundial de que se tem registro. Embora depois a economia global tenha entrado em recessão profunda, a maioria dos economistas acredita que a terceira revolução industrial vai continuar a render frutos nas próximas décadas.

Embora seja certo que houve um salto tecnológico, alguns duvidam que a nova economia da internet represente uma mudança tão significativa quanto as vistas nas revoluções anteriores. Por mais profundas que tenham sido as mudanças recentes, elas não causaram – segundo o economista Robert Gordon da Universidade Northwestern – um impacto tão profundo sobre as vidas das pessoas quanto inovações anteriores, como a eletricidade, o transporte de massas, cinema, rádio e encanamentos domésticos.

Revoluções futuras A era da informática pode ser apenas um arauto de uma revolução que irá transformar os próprios seres humanos. Há muitas evidências a sugerir que a recente decodificação do genoma humano pode levar a grandes avanços na capacidade humana. Numa possível biorrevolução, em breve os humanos podem ser capazes de obter o controle sobre sua estrutura genética, e, embora atividades como a clonagem humana ainda sejam muito controvertidas, alguns suspeitam que pode haver nela a oportunidade de avanços econômicos para a humanidade no futuro.

Poucas pessoas anteviram a capacidade revolucionária do computador ou a extensão com que a internet mudaria a economia mundial. É provável que novos avanços tecnológicos tornem o mundo do futuro um lugar quase totalmente irreconhecível.

A ideia condensada: a tecnologia é o combustível econômico

44 Economia do desenvolvimento

A queda do Muro de Berlim e o colapso do comunismo no antigo bloco soviético foram, sem dúvida, dois dos mais importantes catalisadores do crescimento econômico em todo o mundo. Ficou claro que a economia da antiga União Soviética tinha reprimido o crescimento, empobrecido milhões e deixado muitos russos passando fome e desamparados. Com a adoção do livre mercado pelos antigos Estados comunistas, suas economias decolaram rapidamente, e, apesar de alguns terem ficado para trás, milhões ficaram bem mais ricos.

Mas essa história feliz tem um lado B. Um dos subprodutos da Guerra Fria foi que os dois lados não tiveram escolha senão tratar as nações mais pobres do mundo (o Terceiro Mundo, dos países em desenvolvimento) com bondade. Lançaram riquezas sobre elas com medo de perder seu apoio. Isso quer dizer que, muitas vezes, a Rússia ou o Ocidente ajudaram a apoiar ditadores corruptos, como o presidente Mobutu no Zaire ou Augusto Pinochet no Chile, e a concorrência pelo apoio garantiu o fluxo de dinheiro para esses países.

Um novo mundo Subitamente, esse fluxo secou com a queda da Cortina de Ferro. Muitos países que antes se beneficiavam com a ajuda externa para sustentar suas economias (apesar de boa parte dessa ajuda ser desviada para contas de seus ditadores em bancos suíços) mergulharam ainda mais na pobreza. Mas isso não aconteceu em toda parte. Com efeito, a libertação dos severos controles econômicos do comunismo ou do socialismo ajudou a China e boa parte do Leste Asiático a ter um rápido crescimento econômico, tirando milhões da pobreza. O mapa do mundo mudou.

linha do tempo

Século XIX
A expectativa de vida no Ocidente dá um salto durante a Revolução Industrial

1990
A queda da União Soviética coloca a China e a Índia no caminho para a riqueza

A economia global não é mais formada por um quinto de ricos e quatro quintos de pobres. O novo mundo é composto por um quinto de economias ricas, três quintos de emergentes, que estão se industrializando e avançando com rapidez, e um quinto de pobres. A economia do desenvolvimento preocupa-se principalmente com a situação deste último quinto, ou, nas palavras de Paul Collier (um dos maiores especialistas mundiais no assunto), o "bilhão de baixo".

O que torna rico um país? Há muitas teorias sobre a razão para que alguns países consigam superar a pobreza com tanta facilidade, enquanto outros permanecem presos à miséria. Algumas se concentram no clima e na topografia do país, fatores que podem dificultar as colheitas e o desenvolvimento agrícola; outras, em hábitos culturais, como a maneira de lidar com a propriedade; e outras focalizam o sucesso ou o fracasso de instituições políticas e sociais. Para alguns, a riqueza ou pobreza de um país é um acidente da história; para outros, uma questão de destino. Também foram sugeridos alguns fatores um pouco menos óbvios. Jared Diamond, biólogo e antropólogo, acredita que a resistência a certas doenças é uma precondição essencial para o desenvolvimento, enquanto o economista Gregory Clark diz que a disseminação da cultura ou dos genes da classe média trabalhadora pela sociedade são fatores-chave.

Objetivos de desenvolvimento do milênio

Os objetivos de desenvolvimento do milênio (ODM) são um conjunto de oito objetivos que visam melhorar a situação de vida nas nações em desenvolvimento. Foram estabelecidos pelas Nações Unidas em 2001, e a intenção é atingi-los até 2015. No entanto, em 2009, após mais da metade do prazo, os proponentes da campanha advertiram que o progresso estava lento demais.

- **Objetivo 1:** erradicar a pobreza extrema e a fome
- **Objetivo 2:** atingir o ensino básico universal
- **Objetivo 3:** promover a igualdade entre os sexos e a autonomia das mulheres
- **Objetivo 4:** reduzir a mortalidade infantil
- **Objetivo 5:** melhorar a saúde materna
- **Objetivo 6:** combater o HIV/Aids, a malária e outras doenças
- **Objetivo 7:** garantir a sustentabilidade ambiental
- **Objetivo 8:** estabelecer uma parceria mundial para o desenvolvimento

Seja como for, o fato é que na Idade Média havia muito pouca diferença significativa em termos de riqueza entre os países que hoje cha-

2001
A ONU estabelece os objetivos de desenvolvimento do milênio

2015
Data limite para a realização dos ODMs

> **"Antes [do fim da Guerra Fria], havia o desafio da Rússia, e por isso era melhor tratar razoavelmente bem os países em desenvolvimento que, do contrário, poderiam ir para o outro lado – assim, havia concorrência."**
>
> **Joseph Stiglitz, prêmio Nobel e ex-economista chefe do Banco Mundial**

mamos de desenvolvidos e em desenvolvimento. Entre essa época e os dias atuais, abriu-se um grande abismo, e no coração desse abismo encontra-se a África. Em termos econômicos, o continente ainda está preso à época medieval. A maior parte da África subsaariana é dominada pela agricultura de subsistência, e em vários lugares os índices de mortalidade são piores que os da Europa pré-Reforma. Nos últimos anos, isso foi agravado pela disseminação da Aids pelo continente, e com isso a expectativa média de vida nos seis países mais pobres é de apenas 50 anos, com uma criança em cada sete morrendo antes de completar cinco anos.

As armadilhas Segundo Collier, os países pobres podem cair em quatro armadilhas, das quais é imensamente difícil escapar:

1. **Guerra civil.** Aflige quase três quartos das pessoas que vivem no bilhão de baixo. Entre os exemplos temos Angola, onde meio milhão de pessoas perderam a vida, e a República Democrática do Congo, mergulhada de forma mais ou menos permanente em guerra civil desde 1997.
2. **A armadilha dos recursos naturais.** Um país que descobre grandes reservas de recursos naturais – como petróleo, ouro ou diamantes – dentro de suas fronteiras também fica vulnerável, pois líderes corruptos têm ainda mais oportunidades para se apegar ao poder e impedir que o dinheiro chegue até os pobres.
3. **A armadilha do entorno.** Países sem acesso ao mar podem se ver vulneráveis aos caprichos de seus vizinhos, o que estrangula o comércio e com isso suas economias.
4. **Mau governo.** Em termos simples, isso significa má liderança e corrupção por parte de quem foi eleito ou simplesmente forçou o caminho até o poder.

O que deve ser feito? Desde a Guerra Fria, surgiu um imenso aparato de instituições dedicadas a tirar da pobreza o mundo em desenvolvimento. Entre elas, há desde ministérios do desenvolvimento em países ricos, instituições multilaterais como o Banco Mundial e as Nações Unidas (veja o capítulo 41) e organizações não governamentais (ONGs) como Oxfam e Ajuda Cristã.

A forma de tratar o problema mudou ao longo do tempo. No passado, normalmente países e indivíduos ricos faziam doações diretas aos países afligidos, mas volta e meia os ditadores desviavam esse dinheiro para seus próprios fundos em vez de gastá-lo em saúde e educação. Hoje em dia, as organizações de ajuda gastam o dinheiro diretamente "no campo" ou tentam impor certas condições às doações, estipulando que devem ser usadas em projetos específicos, como o fornecimento de redes contra mosquitos e livros escolares, até a construção de escolas, estradas e pontes.

Entretanto, o problema que a comunidade de desenvolvimento enfrenta – e que foi exposto por William Easterly, economista norte-americano – é que esses donativos não conseguem equipar as nações para passarem da pobreza à industrialização. A China recebeu ajuda durante muitos anos, mas esse auxílio teve pouca ou nenhuma relação com seu crescimento fenomenal a partir da década de 1990.

Uma solução para a pobreza na África é permitir que seus países comercializem com as nações ricas sem terem de pagar tarifas alfandegárias sobre suas exportações. Outra é permitir que levantem barreiras temporárias sobre importações para que suas indústrias manufatureiras não sejam prejudicadas pelos concorrentes da China e de outros países.

Ironicamente, parte da resposta à crise de desenvolvimento pode estar na própria China: tendo enriquecido com tamanho sucesso nos primeiros anos do novo milênio, os donativos da economia gigante da Ásia aos Estados africanos têm aumentado rapidamente. Resta ver se ela condiciona as doações de maneira a ajudar de fato as nações com maiores dificuldades a escapar da armadilha da pobreza.

A ideia condensada: o objetivo é tirar da pobreza o bilhão de baixo

45 Economia ambiental

Economia e meio ambiente estão ligados de forma indissociável. O desenvolvimento econômico é, por exemplo, uma das principais causas das alterações climáticas, mas também pode conter a chave para sua solução. Do mesmo modo, o estudo da economia está na vanguarda das investigações sobre aquecimento global, e são as ferramentas econômicas – como impostos e regulações – que deverão incentivar as pessoas a poluir menos no futuro.

A evolução econômica da humanidade tem andado junto com a exploração dos recursos naturais do planeta, particularmente desde a Revolução Industrial. Sem o uso de recursos como carvão e petróleo, é difícil imaginar como as economias ocidentais poderiam ter se desenvolvido tanto e criado tamanha riqueza e prosperidade nos últimos séculos.

Mas é claro que esse desenvolvimento teve seu preço. Um grande número de estudos mostra uma relação entre a queima de combustíveis fósseis e o aquecimento global. Alguns têm afirmado que as mudanças climáticas causadas pelo homem podem ser responsáveis até pelo aumento da instabilidade dos sistemas climáticos globais, contribuindo, por exemplo, para furacões mais fortes, como o Katrina, que arrasou Nova Orleans em 2005. Outros previram que se as temperaturas globais continuarem a aumentar, em décadas as calotas polares podem derreter, o que vai elevar o nível do mar no mundo todo e inundar cidades importantes como Nova York e Londres. Outros resultados temidos incluem o fim da Corrente do Golfo no Atlântico, o que, segundo alguns, poderia prejudicar seriamente o clima no norte da Europa e noutros lugares mais distantes.

O dilema ambiental Essas eventualidades seriam desastrosas para a prosperidade futura do mundo, e por isso estamos diante de um dilema sério. Devemos reduzir o atual consumo de combustíveis fósseis para di-

linha do tempo

1992
Conferência de cúpula do Rio de Janeiro convida os governos a estabilizarem os níveis de emissão de gases-estufa

1997
Negociado o Protocolo de Quioto – países concordam em controlar suas emissões de poluentes

"As evidências sobre a gravidade dos riscos da inação ou da demora em agir são avassaladoras. Corremos o risco de sofrer danos em uma escala maior que a das duas guerras mundiais do século passado. O problema é global e a resposta precisa ser a colaboração em uma escala global."

Sir Nicholas Stern, economista do Reino Unido

minuir o impacto das mudanças climáticas sobre as gerações futuras, mesmo que isso signifique crescimento mais fraco e maior pobreza em um futuro imediato? Ou devemos continuar como estamos, presumindo que a geração de amanhã, mais rica e cientificamente mais avançada, descobrirá um modo de combater ou mitigar as mudanças climáticas?

Segundo Sir Nicholas Stern, economista britânico e autor de um dos primeiros relatórios sobre esse dilema, eventualmente os custos associados às mudanças climáticas poderiam atingir cerca de 20% do Produto Interno Bruto do planeta – cerca de US$ 6 trilhões – em comparação com um custo de apenas 1% do PIB caso enfrentemos agora essa ameaça.

Por outro lado, a opção alternativa – esperar – não deve ser descartada de antemão. Ao longo da história, avanços tecnológicos têm ajudado a resolver problemas ambientais aparentemente insolúveis. Basta lembrar das previsões apocalípticas de Thomas Malthus e compará-las com o resultado final, bem mais feliz, para perceber que o mercado tende a desenvolver soluções para os problemas que enfrenta.

Na era vitoriana, por exemplo, um dos maiores receios da população de Londres era que, com o aumento da cidade e, consequentemente, do número de cavalos nas ruas, a capital inglesa acabaria soterrada por montes de esterco de cavalo. É claro que esse receio nunca se concretizou, graças ao surgimento do carro a motor (que, é claro, tem seus próprios problemas ambientais). De modo similar, há muitas evidências a sugerir que novas tecnologias – sejam automóveis com motor a hidrogênio, geradores de fusão nuclear ou instalações para captura de dióxido de carbono – vão ajudar a resolver a crise sem reduzir significativamente o crescimento econômico da geração atual.

2005

Entra em operação o plano de comércio de direitos de emissão da União Europeia

2007

As economias ocidentais concordam em reduzir as emissões de CO_2 pela metade até 2050

A maior externalidade As mudanças climáticas são um exemplo de falha do mercado. Nas palavras de Sir Nicholas Stern, é a maior falha do mercado que o mundo já viu. Num mercado que funciona corretamente, o preço de alguma coisa sobe quando sua oferta diminui ou a demanda por ela aumenta – é um elemento central da teoria da mão invisível proposta por Adam Smith (veja o capítulo 1). Se todos forem egoístas, os mercados vão produzir o que as pessoas querem e isso contribuirá para o bem maior.

Porém, como até pouco tempo não havia um preço estipulado sobre o ar puro ou a poluição, a economia não prestou muita atenção neles. Ninguém "possui" o ambiente no sentido mais estrito, embora todos os humanos o façam, é claro. É isso que os economistas chamam de externalidade. O custo implícito efetivo da poluição é muito alto. Se a poluição causa mais furacões, mais desertificação e eleva o nível dos mares, causando estragos em cidades e povoados, o preço será muito alto. Porém, só quando os cientistas perceberam que as mudanças climáticas têm o poder de causar esses fenômenos é que se começou a tentar descobrir seu verdadeiro custo. Em teoria, o preço do combate às mudanças climáticas deve ser o que as pessoas estão dispostas a pagar para garantir que elas e seus filhos terão ar limpo no futuro. Se estão dispostas a enfrentar o ar poluído e todas as suas consequências, não há externalidade.

O desafio Os cientistas dizem que para prevenir os efeitos catastróficos causados pelas mudanças climáticas, o mundo deve reduzir pela metade as emissões de gases de efeito estufa (chamados assim porque fazem com que o calor fique preso na atmosfera da Terra, como em uma estufa) até 2050. Pediram que se tomassem medidas para combater o desmatamento, responsável por um aumento de 15 a 20% na emissão desses gases.

Como os países podem reduzir suas emissões

1. Impostos verdes. Oneram atividades que poluem a atmosfera, inclusive impostos sobre combustíveis, sobre companhias elétricas pela emissão de carbono, e sobre o descarte de materiais perigosos.

2. Mercado de carbono. É o método preferido pelos economistas, e implica que os governos devem fazer leilões que autorizam as companhias a emitir certa quantidade de carbono. Isso precifica as emissões de CO_2. Qualquer empresa que precise poluir mais pode comprar uma licença de outra que precise poluir menos, e a quantidade total de emissões fica sob controle. O problema com tal plano é que o comércio de carbono ainda está na infância, e até pouco tempo atrás era visto com suspeitas pela maioria das nações que não estão na União Europeia.

3. Tecnologia. Diversas tecnologias verdes, que vão desde energia solar até carros elétricos, podem reduzir as emissões. O obstáculo é que, até pouco tempo, essas tecnologias têm sido mais caras do que outras que simplesmente queimam carvão ou petróleo. Todavia, com mais investimentos, é provável que se tornem mais acessíveis.

É muito difícil alcançar tais metas porque nem todos aceitam que isso seja necessário. Durante alguns anos, os EUA e diversos outros países, inclusive a Austrália e a China, abstiveram-se várias vezes de se comprometer com as promessas de redução de emissões por medo de prejudicar suas economias. A redução na emissão de gases-estufa costuma andar junto com um crescimento menor.

Além disso, nações em desenvolvimento, como China, Brasil e Índia, têm alegado, com certa justificativa, que não devem ser penalizadas com a responsabilidade de reduzirem significativamente suas emissões. Como a mudança climática é principalmente fruto da poluição gerada pelo mundo ocidental e não por essas economias mais jovens, por que estas deveriam pagar por danos causados pelos outros? Infelizmente, essas economias mais recentes é que deverão produzir a grande maioria da poluição adicional dos próximos anos. De forma similar, os países mais pobres – especialmente aqueles situados nos trópicos – serão os mais afetados pelas mudanças climáticas.

Além disso, devemos reconhecer que embora a maioria dos cientistas sugira que o aquecimento global é não só real como produzido pelo homem, alguns ainda estão céticos quanto às evidências. No entanto, a visão dominante é que o custo da inação (o possível desastre climático de amanhã) é bem maior do que o custo de se agir agora (limitando as emissões e o crescimento econômico). O combate às mudanças climáticas deve ser visto como uma apólice de seguro para as próximas gerações.

A ideia condensada: agir hoje para evitar terríveis custos ambientais

46 Economia comportamental

A economia tem um calcanhar de Aquiles. Até pouco tempo atrás, muitos de seus praticantes tentavam ignorar ou questionar essa fraqueza – mas, em última análise, ela pode ser considerada responsável por muitos dos erros gritantes cometidos pelos economistas ao longo de centenas de anos. É errôneo presumir que os seres humanos são racionais.

A experiência mostra que as pessoas não se mostram consistentemente racionais. Se o fumante obeso fosse mesmo racional, começaria a fazer uma dieta e pararia de fumar imediatamente, reconhecendo o perigo que está causando à sua saúde. Se fôssemos mesmo racionais, não nos deixaríamos levar por ofertas do tipo "compre um e leve outro grátis"; julgaríamos a adequação de nossos salários apenas com base em seu nível absoluto sem nos preocuparmos em compará-los com o que nosso vizinho ou concunhado ganham.

Todavia, apesar desses exemplos corriqueiros de irracionalidade, a economia "neoclássica" convencional baseia-se na ideia de que as pessoas têm uma capacidade ilimitada para a racionalidade, força de vontade e altruísmo. Essa é a base da teoria da mão invisível de Adam Smith (veja o capítulo 1), que postulava que quando ações egoístas e racionais acontecem em massa, vão resultar, de modo geral, em uma sociedade mais próspera. Esse típico homem racional imaginado pelos economistas costuma ser chamado de *Homo economicus*.

Na verdade, porém, as pessoas estão sujeitas a emoções – excitação, amor, ciúme, pesar, por exemplo – que podem fazê-las agir irracionalmente.

As origens A economia comportamental estuda o porquê e como as pessoas agem irracionalmente. É uma das áreas de estudo acadêmico

linha do tempo

1955
Herbert Simon, ganhador do Prêmio Nobel, questiona a premissa de que as pessoas têm capacidade ilimitada para processar informações

Década de 1970
Trabalhos pioneiros de Tversky e Kahneman combinando psicologia e economia

mais novas e fascinantes, combinando economia e psicologia. Além disso, longe de ser apenas um campo interessante de estudos, está começando a ter um papel-chave na política econômica. E com o aumento de nossa compreensão do funcionamento da mente e do cérebro, os economistas comportamentais permitem-nos entender o que realmente leva as pessoas a agirem do modo como o fazem.

Os pioneiros da economia comportamental foram os psicólogos Amos Tversky e Daniel Kahneman, que, na década de 1970, adaptaram teorias sobre o processamento de informações no cérebro e compararam-no com modelos econômicos.

Descobriram que quando as pessoas se defrontam com a incerteza, elas tendem a reagir de certas maneiras previsíveis e não de forma racional ou mesmo aleatória. Geralmente, valem-se de atalhos mentais – regras práticas – que Tversky e Kahneman chamaram de *heurística*, que podem ser influenciados pela experiência ou pelo ambiente. Se alguém se queimou com uma panela de fritura, por exemplo,

Cinco princípios da economia comportamental

1. As pessoas são influenciadas por juízos morais e de valor. Geralmente, fazem aquilo que acreditam que é "certo", e não o que lhes seria mais proveitoso.

2. As pessoas julgam de maneira bem diferente as situações que envolvem dinheiro e as que não envolvem. Distinguem o contexto de mercado do contexto social. Para um economista neoclássico, porém, não existe diferença entre dar a seu melhor amigo um livro de US$ 20 ou uma nota de 20 dólares.

3. As pessoas são irracionais quando fazem investimentos financeiros. Valorizam mais os eventos recentes do que os mais antigos, e não sabem calcular probabilidades corretamente. Do mesmo modo, não reagem muito bem quando perdem dinheiro. Tendem a se apegar a investimentos, pois têm um forte sentido de possessão.

4. As pessoas costumam agir segundo seus hábitos em vez de observarem seu comportamento para saber se é o ideal. É difícil modificar um hábito.

5. As pessoas são uma mistura de experiências – próprias e alheias. Geralmente, fazem as coisas com base no que viram alguém fazer e não segundo seu próprio juízo.

1980
A economia comportamental começa a influenciar as teorias sobre poupança

1996
Morte de Amos Tversky

2002
Daniel Kahneman recebe o Prêmio Nobel de Economia

> **"Sem dúvida, o próximo campo interessante para pesquisas [é] a economia comportamental, que integra economia e psicologia. Promete oferecer novas perspectivas para as políticas governamentais."**
>
> **Greg Mankiw, professor de economia de Harvard**

vai tomar mais cuidado ao pegar outra no futuro.

As evidências As pessoas também podem ser influenciadas a tomar certas decisões em função da maneira como uma proposição é apresentada – o que é conhecido como *efeito moldura*. Num experimento, Tversky e Kahneman apresentaram um cenário no qual os Estados Unidos estavam diante de um surto de uma doença asiática incomum, que deveria matar 600 pessoas. Postularam dois caminhos: o Programa A, no qual se estimava que 200 pessoas seriam salvas, e o Programa B, com um terço de probabilidades de salvar 600 pessoas e dois terços de probabilidades de ninguém ser salvo. Cerca de 72% dos participantes escolheram o Programa A, embora o resultado real dos dois programas fosse idêntico.

Um exemplo mais recente foi apresentado por Dan Ariely, economista comportamental do MIT, que pediu a seus alunos para escreverem parte de seu número de seguridade social em um papel e depois perguntou quanto estariam dispostos a pagar por uma garrafa de vinho em um leilão. O valor que estavam dispostos a pagar dependia de seu número de seguridade social – quem tinha os algarismos mais baixos fez a menor oferta, e quem tinha os maiores ofereceu mais. Esse fenômeno é conhecido como *ancoragem*, e, como o efeito moldura, derruba a crença de que os preços do mercado dependem da oferta e da demanda.

O mais recente desenvolvimento da economia comportamental aproveita a moderna tecnologia de imagem por ressonância magnética (IRM) para mapear o cérebro dos sujeitos e ligar a atividade observada a decisões econômicas. Uma descoberta interessante da *neuroeconomia* é que quando alguém tenta vender alguma coisa e recebe uma oferta insultuosa por um comprador potencial, a parte do cérebro que reage é a mesma que se ativa quando as pessoas se veem diante de uma imagem ou odor desagradável.

Economia do empurrão As pessoas nem sempre tomam decisões com base em seu próprio interesse. Essa é uma descoberta muito importante, pois a maioria das economias se estrutura principalmente em torno dessa premissa. Geralmente, os economistas presumem que as pessoas vão economizar durante a vida toda porque têm interesse em ter algum dinheiro depois que se aposentarem. Supõem que as pessoas não vão assumir mais dívidas do que acreditam que podem pagar. Com efeito, segundo a economia comportamental, volta e meia somos levados a assumir dívidas, não por interesse pessoal, mas pela heurística. A implicação disso é que as pessoas precisam ser empurradas em certa direção – para poupar, para perder peso, para melhorar sua situação financeira – em lugar de se esperar que o façam por vontade própria.

Isso levou a aquilo que alguns chamam de "paternalismo libertário" ou "economia do empurrão" – esforços para pôr em prática a economia comportamental. Por exemplo, embora as pessoas não devam ser privadas da liberdade de escolha, alguns sustentam que elas devem ser empurradas suavemente em determinada direção positiva. Um exemplo comum é o de inscrever automaticamente os funcionários em planos de aposentadoria, oferecendo ao mesmo tempo a possibilidade de saírem dele. Outra ideia controvertida – sugerida em 2008 pelo então primeiro-ministro britânico Gordon Brown – é aplicar o conceito de "presunção do consentimento" à doação de órgãos, supondo, na falta de indicação contrária, que todos estão dispostos a doar órgãos, a menos que declarem explicitamente que não desejam fazê-lo.

Contudo, esses planos podem ser perigosos nas mãos erradas. Os governos têm o dever de proteger seus cidadãos de guerras, crimes e penúria, mas será que também devem protegê-los de sua própria irracionalidade? Qual o limite para isso? Se as pessoas tomam decisões erradas sobre economias ou doação de órgãos, não fazem o mesmo nas urnas?

Apesar dessas preocupações, o campo da economia foi transformado pela visão comportamental, que solapou irrevogavelmente a suposição de que os seres humanos sempre agem racionalmente e em seu próprio interesse. A verdade é que as pessoas são mais complexas. Para a economia de amanhã, a tarefa será encontrar um modo de integrar esses dois modelos.

A ideia condensada: as pessoas são previsivelmente irracionais

47 Teoria dos jogos

Uma cena do clássico *A princesa prometida*, de 1987, adaptado do livro de William Golding, coloca o herói Westley contra seu inimigo Vizzini em uma batalha de intelectos. Westley põe duas taças de vinho sobre a mesa e diz que uma delas contém um veneno mortal chamado pó iocano. Ele desafia Vizzini a escolher uma taça.

"É muito simples", diz Vizzini. E prossegue:

> Tudo que tenho a fazer é adivinhar a partir daquilo que conheço de você. Você é do tipo que poria o veneno em sua própria taça ou na de seu inimigo? Bem, um homem astuto poria o veneno em sua própria taça, pois saberia que só um tolo iria pegar a taça mais próxima. Não sou um grande tolo, e por isso é claro que não posso escolher o vinho à sua frente. Mas você deve saber que não sou um grande tolo; você teria contado com isso, e portanto não posso escolher o vinho diante de mim.

Eles acabam bebendo, Vizzini da sua taça e Westley da sua, e Westley o adverte que ele fez uma má escolha. Mas Vizzini, que em segredo trocou as taças, ri com satisfação. Acontece que Westley tinha posto veneno nas duas taças, já que se tornara imune ao pó iocano: com isso, Vizzini tomba e o herói salva a princesa. À primeira vista, o filme não tem muito a ver com economia. Mas o que acabamos de estudar foi um exemplo perfeito da teoria dos jogos.

A teoria dos jogos é a ciência por trás da estratégia humana. Estuda como os humanos tentam prever as ações dos outros e quais são as consequências finais dessas ações. Assim, tornou-se uma das mais influentes ideias econômicas das últimas décadas. No século XVIII, Adam Smith argumentou que os seres humanos são intrinsecamente egoístas, mas que quando esse egoísmo é canalizado por um mercado, o resultado final é a melhoria da sociedade. A teoria dos jogos, por sua vez,

linha do tempo

1944
Publicação do livro *A teoria dos jogos e o comportamento econômico*, de John von Neumann e Oskar Morgenstein

1950
Formulação do *dilema do prisioneiro*; Nash propõe sua teoria do equilíbrio

examina de que forma o egoísmo influencia a maneira como as pessoas negociam umas com as outras.

O dilema do prisioneiro O modelo clássico da teoria dos jogos sugere uma prisão na qual dois cúmplices de um crime são interrogados separadamente. Eles têm duas opções: confessar o crime ou ficar calados. Se um confessar e seu parceiro ficar calado, o confessor será absolvido e seu cúmplice ficará na prisão por dez anos. Caso ambos fiquem calados, cada um receberá uma pena de um ano. Caso ambos confessem, ficarão presos durante cinco anos.

A matemática indica que a opção mais sensata para ambos seria ficarem calados. No entanto, um dos preceitos da teoria dos jogos é que o egoísmo dos indivíduos faz com que ambos acabem invariavelmente se traindo, pois o incentivo para evitar a pena mais longa, além da chance de sair livre, é mais convincente do que correr o risco de ficar em silêncio e ser traído por seu cúmplice. O argumento é que em certas circunstâncias a melhor decisão nem sempre é a óbvia.

E se o dilema do prisioneiro for repetido diversas vezes? Quando os prisioneiros conhecem os parâmetros do jogo, podem perceber que a cooperação é uma tática mais benéfica do que a traição. De modo análogo, quando esse dilema foi usado como experimento, algumas vezes mostrou a propensão das pessoas a escolherem o caminho altruísta em vez de optar pelo silêncio.

> **“Não faças aos outros o que queres que te façam; os gostos deles podem ser diferentes.”**
>
> George Bernard Shaw

Encontramos outro exemplo da teoria dos jogos no filme clássico de James Dean, *Rebelde sem causa*, no qual o protagonista enfrenta um oponente em um “jogo da galinha”: ambos aceleram seus carros rumo a um penhasco e o perdedor é o primeiro a pular do carro em velocidade. Embora estejam procurando o melhor resultado para si mesmos, arriscam ao máximo suas próprias vidas.

A arte de prever Porém, a teoria dos jogos é um estudo muito mais amplo do que sugerem esses exemplos. Ela examina como

1960
Publicação de *A estratégia do conflito*, de Thomas Schelling

1982
Maynard Smith publica *Evolução e teoria dos jogos*

1994
Nash recebe o Prêmio Nobel de Economia

Hollywood e a teoria dos jogos

A teoria dos jogos encontrou um público inesperadamente popular quando foi incluída no filme *Uma mente brilhante*, que ganhou o Oscar em 2001. Russell Crowe fez o papel de um de seus primeiros teóricos – o matemático John Nash –, que sofreu de esquizofrenia paranoide durante a maior parte da carreira, antes de receber o Prêmio Nobel de Economia de 1994. No entanto, a realização de Nash não foi a idealização da teoria dos jogos (o pioneiro da teoria foi John von Neumann, matemático de Princeton), mas o fato de tê-la refinado e encontrado aplicações para ela. O equilíbrio de Nash – teoria idealizada por Nash – descreve uma situação na qual dois participantes de um jogo conhecem a estratégia de seu oponente, mas, sem terem certeza se o adversário irá segui-la ou mudar de ideia, acabam usando a mesma estratégia.

se comportam os seres humanos em qualquer cenário que se pareça com um "jogo" – em oposição àquele em que não há uma estratégia. O que esses cenários têm em comum é que as ações de um participante influenciam invariavelmente o resultado próprio e o dos outros. Isso inclui jogos de soma zero, nos quais os interesses de cada participante conflitam de tal modo que a vitória de um é a derrota do outro, ou jogos com resultado ganha-ganha.

A parte mais importante da teoria é que nessas circunstâncias as pessoas são forçadas a adivinhar as intenções de outro ser humano racional e egoísta. Tendo em vista como a interdependência estratégica se aplica a grande número de interações humanas, a teoria dos jogos tornou-se uma disciplina extremamente influente e com frequência aplicada em política, economia e comércio. É usada por banqueiros quando lidam com aquisições, empregadores e sindicatos em negociações salariais, políticos tratando de acordos comerciais internacionais – ou quando estudam se devem ou não ir à guerra – e empresas, que o utilizam para determinar o preço que seus produtos devem ter para venderem mais que seus concorrentes.

Jogos de guerra Uma das primeiras e mais controvertidas aplicações da teoria dos jogos deu-se durante a Guerra Fria. Tanto a União Soviética quanto os EUA tinham armas nucleares capazes de causar destruição em massa ao inimigo; ambos sabiam que o disparo de um único míssil resultaria garantidamente na destruição recíproca; noutras palavras, o oponente lançaria mísseis em retaliação. De fato, o filósofo Bertrand Russell comparou o impasse nuclear a um "jogo da galinha".

Em seu livro clássico *A estratégia do conflito*, de 1960, Thomas Schelling explorou como a teoria dos jogos motivaria a União Soviética e os EUA a responderem um ao outro. Uma de suas conclusões notáveis foi que países que enfrentam um impasse desse tipo devem tentar proteger suas armas e não sua população. A lógica é que um país que acredita que pode suportar as consequências de uma guerra tem mais probabilidades de iniciar uma. Assim, disse Schelling, em lugar de construir abrigos nucleares para todos, seria melhor demonstrar sua capacidade de revidar com vigor caso seu oponente lance uma ogiva nuclear em sua direção. Essas ideias influenciaram a maneira como os oponentes da Guerra Fria lidaram com a arte da diplomacia de risco – convencendo-os, por exemplo, a colocarem ogivas nucleares em submarinos em vez de fazê-lo em pontos terrestres fixos. Nesse caso, o problema é que nenhum deles sabia quantos mísseis o outro tinha, sua localização e para onde estavam apontados, uma incerteza que só serviu para perpetuar o impasse.

Ciência ou arte Um exemplo clássico da teoria de jogos é o xadrez, que muitos de nós já jogaram. Sempre que jogamos um jogo de estratégia, tomamos decisões com base naquilo que esperamos que nosso oponente vá fazer. O número de movimentos possíveis em qualquer estágio do jogo, porém, é quase infinito, e por isso não resta outra opção exceto planejar alguns movimentos antecipadamente e confiar na experiência e na intuição para preencher o restante das lacunas.

A teoria dos jogos é uma das áreas de mais rápido desenvolvimento da economia, e está ajudando cada vez mais a descobrir verdades fundamentais sobre o comportamento humano. Entretanto, nas palavras de um de seus principais especialistas, Avinash Dixit da Universidade de Princeton, "A teoria está longe de ser completa, e, de várias maneiras, o traçado de uma estratégia bem-sucedida ainda é uma arte".

A ideia condensada: nos jogos, as pessoas se comportam de forma diferente

48 Economia da vida diária

O que acontece quando a economia sai da sala de reuniões e vai para o dormitório ou quando é usada para examinar criminosos e não empresas? O que acontece quando suas ferramentas são empregadas para analisar tudo, desde o mercado paralelo até a vida familiar? As ferramentas da teoria econômica são tão poderosas e universais – desde oferta e demanda até teoria dos jogos – que podem ser usadas para lançar luzes sobre questões aparentemente desconexas.

Pense na parábola do vendedor de bagels, um dos muitos exemplos dados por Steven Levitt e Stephen Dubner em seu livro de 2005, *Freakonomics* (baseado na pesquisa de Levitt, professor de economia). É mais ou menos assim: um empreendedor que entrega bagels nas empresas resolve que, em vez de ficar esperando cada cliente lhe pagar, ele simplesmente deixa na companhia uma caixa e um bilhete pedindo que paguem o que lhe devem. Para sua tranquilidade, esse sistema baseado em confiança se sai muito bem. E o mais interessante é que seus relatos revelam algumas tendências fascinantes: as pessoas são mais honestas quando trabalham em escritórios menores, quando o clima vai bem e quando há um feriado por perto.

O livro tira algumas conclusões pouco convencionais sobre algumas das questões mais controvertidas da sociedade moderna, como aborto e raça. Entre outras coisas, revela vínculos surpreendentes entre a Ku Klux Klan e corretores de imóveis, além de revelar como os professores das escolas de Chicago e os lutadores de sumô conseguem enganar os outros.

A questão, no entanto, é que mesmo nos ambientes mais exóticos e sem relação com o mercado encontramos aplicação para as regras fundamentais da economia – quer isso signifique oferta e demanda, a

linha do tempo

1776	1992
Publicação de *A riqueza das nações*, de Adam Smith	Gary Becker recebe o Prêmio Nobel de Economia

Paternidade: altruísmo ou investimento?

Geralmente, os pais tratam os filhos com aparente altruísmo. Cobrem-nos de atenção e de presentes sem receber muitas recompensas diretas e apesar dos bebês serem inerentemente egoístas durante boa parte da infância. Apesar de muitos suporem que isso é apenas uma manifestação do amor familiar, Becker tem argumentos diferentes. Ele afirma que a indulgência dos pais é, na verdade, um modo de investir indiretamente em sua própria velhice. Argumenta que a taxa de retorno do investimento nos filhos é maior que a de fundos de aposentadoria, pois é provável que um filho bem-sucedido e rico cuide de seus pais se for preciso.

mão invisível, incentivos humanos ou quaisquer outras do panteão de regras econômicas. Afinal, a economia é o estudo das decisões humanas, que não necessitam de um cenário monetário para funcionar.

Entretanto, o livro de Levitt e Dubner, que teve muito sucesso e gerou diversos imitadores nos anos seguintes, não representou a primeira vez que um economista formado aplicou as regras de sua profissão à vida cotidiana habitual. Gary Becker, economista da Universidade de Chicago, foi o verdadeiro pioneiro nisso. Becker, que recebeu o Nobel em 1992, mostrou que todos – desde criminosos e racistas até famílias e viciados em drogas – são influenciados, de algum modo, por forças econômicas como incentivos e tomada racional de decisões.

Saindo-se bem No cerne das teorias e argumentos de Becker, encontra-se a ideia de que tudo tem, quase sempre, um custo associado – mesmo que seja um custo social ou emocional, e não um valor explicitamente monetário. Por exemplo, uma de suas ideias é que aqueles que discriminam minorias costumam aumentar mentalmente o custo de uma transação caso envolva uma interação com elas.

O momento *eureka!* de Gary Becker deu-se quando ele precisou decidir entre estacionar em um local proibido ou ir até um estacionamento a alguns quarteirões de distância, ao

> **“Como a ciência da economia é basicamente um conjunto de ferramentas e não uma matéria em si, nenhum tema, por mais extravagante que pareça, deve ficar fora de seu alcance.”**
>
> **Steven Levitt**

2003
Steven Levitt recebe a Medalha John Bates Clark

2005
Publicação de *Freakonomics*

> **“A quantidade de crimes é determinada não apenas pela racionalidade e preferências dos possíveis criminosos, como também pelo ambiente econômico e social criado por políticas públicas, inclusive os gastos com policiamento, punição para os crimes e oportunidades de emprego, de estudos e programas de treinamento.”**
>
> **Gary Becker**

custo de tempo e esforço adicionais. Ele preferiu estacionar no local proibido, considerando que o risco de ser flagrado e punido não era maior do que o esforço adicional de ter de dirigir até o estacionamento e ir a pé até onde queria. Decisões similares, concluiu, eram tomadas por criminosos para decidir se iriam infringir a lei.

A conclusão tem implicações importantes para a maneira como os políticos administram o sistema judiciário, pois corrobora a ideia de que as multas e as penalidades deveriam ser mais severas. Quanto mais dura a punição, maior o custo de ser flagrado e maior seu poder de dissuasão. Foi essa percepção que ajudou Becker a receber seu Prêmio Nobel.

A teoria foi comprovada alguns anos depois por Levitt, que comparou o índice de delinquência juvenil em diversos estados norte-americanos com os índices de criminalidade de adultos. Descobriu que assim que os adolescentes atingiam a idade em que enfrentariam as penas aplicadas a criminosos adultos, bem mais severas, a atividade delinquente diminuía.

De fato, Tim Harford, autor de O *economista disfarçado*, viu isso pessoalmente quando estava indo com Becker a um restaurante. O ganhador do Prêmio Nobel parou em um local onde podia permanecer por 30 minutos, tempo que excedeu em muito. Como os parquímetros não eram conferidos com frequência, calculou o risco de ser flagrado e considerou-o tolerável, tendo em vista a conveniência da localização. Disse que faz isso sempre, e embora tenha sido multado algumas vezes, a frequência das multas não o impede de estacionar lá. Estava simplesmente se comportando de forma racional.

Aplicações sociais Naturalmente, a economia não se aplica apenas a situações criminosas. Harford, por exemplo, mostrou que os participantes de sessões de *speed dating*, ou “encontros-relâmpago”, tendem a aumentar ou a diminuir suas expectativas quanto à qualidade do parceiro procurado não só com base em suas exigências absolutas, como na qualidade do conjunto de candidatos. O número de pessoas que escolhem um parceiro com sucesso tende a permanecer constante, independentemente se o conjunto é muito atraente ou não. Basicamente, essa é uma lição de ancoragem, um dos preceitos da economia comportamental (veja o capítulo 46).

Levitt usa as teorias econômicas para provar que as crianças se definem menos pela maneira como foram criadas do que pelo histórico econômico e às vezes étnico de seus pais. Ficou famoso por dizer que a causa da redução dos índices de criminalidade nos EUA na década de 1990 foi a legalização do aborto na década de 1970, pois com isso as famílias em áreas mais pobres não precisavam ter filhos descontroladamente.

"Na verdade, a macroeconomia não se ocupa com o comportamento humano", diz Levitt:

> A economia faz parte de um conjunto de ferramentas amplas para se entender o mundo. Mas diz para colocarmos em prática políticas absurdas, pois não se preocupa com coisas como equidade, moralidade ou fatores psicológicos.
>
> Pela economia, a punição adequada para quem estaciona em uma vaga para deficientes seria a execução com sons de baixa frequência ou a tortura pelo mesmo processo – e creio que seria perfeitamente compreensível.

Embora a aplicabilidade das teorias econômicas à vida cotidiana tenha limites, os legisladores aprendem uma lição clara com elas: a economia não é uma estrutura perfeita para observarmos o mundo. No entanto, é o melhor método disponível para se determinar como influenciar as pessoas e como prever seu comportamento. E isso se aplica tanto a nossos pecadilhos sociais quanto a nossas atribulações financeiras. É uma conclusão que Adam Smith teria aprovado plenamente.

A ideia condensada: a economia pode ser aplicada a tudo

49 Economia da felicidade

Na década de 1970, no pequeno reino do Butão, no Himalaia, a economia do país passou por um minucioso exame. Segundo a maioria dos indicadores, como Produto Interno Bruto, renda nacional, nível de emprego e outros, seu crescimento era muito lento. O rei do Butão fez algo incomum: decretou que, dali em diante, o progresso do país não seria medido por esses parâmetros econômicos tradicionais, mas por sua felicidade interna bruta.

Na época, pode ter parecido uma resposta pouco convencional às críticas externas, mas o rei teve uma ideia que se tornaria um estudo importante e cada vez mais respeitável – o da economia da felicidade. É um assunto que a maioria consegue entender. Como nações e indivíduos, quase todos nós estamos mais ricos e mais saudáveis do que antes. Porém, essa riqueza veio de mãos dadas com mal-estar e descontentamento. Nos últimos 50 anos, os cidadãos de nações ricas vêm se mostrando cada vez menos felizes.

A busca da felicidade A economia tradicional não tem uma explicação satisfatória para isso. Desde a época de Adam Smith, presume-se que a riqueza é a principal medida do progresso de um país. É por esse motivo – e pelo fato de ser fácil medir o dinheiro – que os economistas tendem a se concentrar em medidores como Produto Interno Bruto, desemprego e um punhado de indicadores sociais como expectativa de vida e desigualdade. Mas até pouco tempo, a felicidade não era um desses medidores, o que, se lembrarmos da importância atribuída pelos filósofos ao contentamento desde os primeiros dias da humanidade, é de se surpreender.

A ideia de que o progresso de um país deve ser medido por sua felicidade não começou há alguns anos no Butão. Em 1776, Thomas Jefferson

linha do tempo

1776

A declaração da Independência dos Estados Unidos afirma o direito dos seres humanos à "vida, liberdade e busca da felicidade".

1780

Jeremy Bentham propõe o "princípio da utilidade" (maior felicidade para o maior número).

determinou que os americanos deveriam ter o direito não apenas à vida e à liberdade, como também à "busca da felicidade". Jeremy Bentham, que criou a filosofia do utilitarismo no século XIX, disse que os humanos deveriam almejar a "maior felicidade para o maior número".

No Butão, a busca da felicidade parece ter produzido resultados concretos. Desde que adotou o índice da felicidade interna bruta, o país cresceu em um ritmo admirável, mesmo segundo parâmetros econômicos convencionais. Em 2007, foi a segunda economia de mais rápido crescimento no mundo, sem deixar de aumentar sua felicidade interna bruta. Num esforço para manter o nível de satisfação da população, foram baixados decretos que determinam que 60% do país deve se manter coberto por florestas e que o turismo – que aparentemente diminui a felicidade – é limitado. O dinheiro é redistribuído dos ricos para os pobres a fim de eliminar a pobreza maciça.

A medição da felicidade Os esforços para tornar mais feliz o Butão parecem ter dado muitos frutos. Segundo uma pesquisa realizada em 2005, apenas 3% da população não se considerava feliz, e quase metade disse que estava muito feliz. Mas essas pesquisas podem ser vagas, pouco convincentes e de difícil comparação empírica. É bem mais difícil medir a felicidade do que o nível de riqueza ou de expectativa de vida, digamos, e é por isso que ela ficou negligenciada na economia. Todavia, avanços recentes no mapeamento cerebral ajudaram os neurocientistas a identificar a região do sistema nervoso central mais esti-

A hierarquia das necessidades

Existem algumas necessidades humanas básicas, que devem ser satisfeitas se queremos ser felizes. Vão desde aquelas ligadas à fisiologia (o funcionamento apropriado das funções corporais) e à segurança (abrigo, emprego, saúde), ao amor, estima e moralidade. Essa hierarquia, apresentada pelo psicólogo Abraham Maslow em um trabalho de 1943, resume aquilo que contribui para a satisfação humana. Os economistas que lidam com a felicidade perceberam que quando se satisfaz a maioria das necessidades mais simples – a fisiologia e a segurança – a felicidade chega até a diminuir.

1972

O Butão começa a desenvolver um índice de felicidade interna bruta.

2006

Depois de um golpe militar, o novo primeiro-ministro tailandês, Surayud Chulanont, estabelece um índice semelhante.

> **"A ideologia da felicidade interna bruta conecta as metas de desenvolvimento do Butão com a busca da felicidade. Isso significa que a ideologia reflete a visão do Butão sobre o propósito da vida humana, uma visão que coloca o desenvolvimento pessoal do indivíduo no centro."**
>
> **Dasho Meghraj Gurung, ministro do Butão**

mulada pela felicidade, e as descobertas ajudaram a acrescentar uma camada de credibilidade científica à medição da felicidade.

Nas últimas décadas, economistas e psicólogos conseguiram começar a medir pela primeira vez, a sério, a felicidade das pessoas em estudos de longo prazo. A conclusão a que chegaram é que apesar da felicidade individual aumentar quando a pessoa passa da pobreza para a riqueza, o nível de satisfação começa a cair à medida que se afasta da linha de pobreza. Segundo Richard Layard, economista britânico especializado na economia da felicidade, quando o salário médio de uma nação supera US$ 20.000, um aumento de renda deixa de fazer as pessoas mais felizes e elas vão ficando menos satisfeitas. Em linguagem econômica, além desse ponto a felicidade tem retorno decrescente.

É isso que Richard Easterlin, um dos pioneiros nesses estudos, chama de "ciclo hedonista" (expressão derivada da palavra grega que significa prazer): quando você fica rico, acostuma-se muito rapidamente com isso, e não demora para considerar natural esse novo padrão de vida. Além disso, pesquisas feitas no campo da economia comportamental (veja o capítulo 46) mostraram que se nossas necessidades básicas estão satisfeitas, paramos de medir nosso contentamento com base em nossas realizações ou riqueza absoluta e começamos a nos comparar com os outros. Diz o ditado que a pessoa fica feliz com seu próprio salário caso ele seja maior que o salário de seu concunhado, e a psicologia comprova isso. As descobertas indicam que nossa cultura de noticiários 24 horas por dia e de celebridades instantâneas, com acesso permanente ao estilo de vida dos ricos, belos e famosos, acaba reduzindo ainda mais a satisfação das pessoas.

Dinheiro não é tudo Ministros de países que vão do Reino Unido e Austrália à China e Tailândia estão determinados a encontrar uma medida internacional de bem-estar interno bruto. Embora alguns economistas tradicionais ironizem esse objetivo, seria errado presumir que a atual coleção de parâmetros para avaliar o progresso de um país seja definitiva. Uma medida independente, idealizada pela New Economics Foundation, é o índice planeta feliz, que combina medidas como a satisfação nacional com a vida, a expectativa de vida e a pegada ecológica per capita. Segundo ele, o país com melhor pontuação em 2006 foi a ilha de Vanuatu, no Pacífico, seguida pela Colômbia e Costa Rica, enquanto Burundi, Suazilândia e Zimbábue foram os piores. A maioria dos países mais ricos do mundo, inclusive os EUA e o Reino Unido, aparece abaixo da metade da lista.

A economia da felicidade tem influenciado cada vez mais a maneira como os políticos dos países desenvolvidos criam leis. Já foi sugerido, por exemplo, que impostos maiores sobre quem ganha mais torna feliz a sociedade como um todo, pois isso reduz o nível nacional de inveja. Outra ideia é que as empresas deveriam limitar a parcela salarial devida ao mérito. Lorde Layard sugeriu que se financiem programas maciços de terapia cognitiva comportamental para todos os membros da população. Embora tais ideias sejam controvertidas, estão ganhando força no Reino Unido e nos EUA, onde os políticos procuram uma forma de inspirar eleitores apáticos.

O desenvolvimento da economia da felicidade inspirou certa reação negativa. Alguns psicólogos afirmam que o descontentamento e a inveja podem ter um papel importante na motivação para o aprimoramento individual. Além disso, há a questão de se saber se almejar a felicidade de uma nação é moralmente justificável. Em 1990, o Butão expulsou de seu território 100.000 forasteiros de outra etnia. Aparentemente, a medida aumentou a felicidade nacional, mas ao custo de prejudicar o histórico de direitos humanos do país. É claro que a riqueza não é tudo, mas tampouco o é a felicidade.

A ideia condensada: a economia não se resume ao dinheiro

50 Economia do século XXI

Os economistas têm sido ridicularizados por não conseguirem prever importantes mudanças no cenário financeiro e por não terem percebido sinais que apontavam para uma súbita catástrofe no mercado de valores. Agora, nos primeiros anos do terceiro milênio, foram levantadas questões mais fundamentais sobre as bases da disciplina – e é difícil demais ignorá-las.

A primeira é o fato de que suas principais doutrinas, estabelecidas inicialmente por John Maynard Keynes e depois por Milton Friedman, foram testadas até a destruição no século XX, em geral com resultados desagradáveis.

A segunda é uma falha mais profunda. Desde seus primeiros dias, a economia tem se norteado pela ideia de que os seres humanos agem de maneira racional: agem sempre em seu interesse pessoal, e tais ações, em um mercado que funciona plenamente, tornará mais próspera a sociedade (veja o capítulo 1).

Contudo, isso não explica porque com frequência as pessoas tomam decisões que evidentemente não visam seu próprio interesse. Não é do interesse de ninguém morrer cedo, mas apesar de tantas advertências sobre perigos como câncer de pulmão e obesidade, as pessoas ainda fumam e comem alimentos gordurosos. Argumentos similares foram lançados contra as mudanças climáticas e a poluição produzida pelo homem.

Novas disciplinas, como a economia comportamental (veja o capítulo 46), revelam que, na maior parte do tempo, as pessoas tomam decisões não com base no que seria melhor para elas, mas com base na chamada heurística – regras práticas derivadas da experiência pessoal – ou copiando os outros.

linha do tempo

1776

Publicação de *A riqueza das nações*, de Adam Smith

Década de 1930

Com a Grande Depressão, vêm as políticas keynesianas

O mal-estar hipotecário

A economia convencional presume que as pessoas podem escolher habilmente o melhor produto para seus interesses, apesar da complexidade da tarefa. O fato de que se tratava de uma premissa errônea foi comprovado quando os mercados imobiliários atingiram o apogeu no começo da década de 2000. Muitas das famílias mais pobres assumiram financiamentos hipotecários sem perceber que, após alguns anos de taxas de juros baixas, a prestação mensal atingiria subitamente níveis que as impossibilitariam de pagar. Os economistas convencionais não previram a escala da crise que se seguiria, em parte porque não perceberam que as pessoas estavam tomando decisões claramente irracionais que, em última análise, fariam com que perdessem suas residências.

Uma abordagem sortida Percebendo que as pessoas não agem sempre de maneira racional, é possível que os legisladores adotem uma posição mais paternalista. Já há, por exemplo, tentativas para regular mais severamente o mercado hipotecário, e com isso os consumidores teriam mais dificuldades para tomar decisões contrárias a seus melhores interesses no longo prazo.

A economia está evoluindo de uma disciplina que deposita uma fé quase ilimitada na capacidade dos mercados para decidir o melhor resultado para uma que questiona se os mercados sempre encontrarão o resultado preferido. Como um romance moderno, que se vale de diversos estilos em vez de se limitar a um único discurso, a economia do século XXI vai escolher entre o keynesianismo, o monetarismo, a teoria dos mercados racionais e a economia comportamental para criar uma nova fusão.

A ideia condensada: intervenha quando as provas não se mostram racionais.

Início da década de 1980	Década de 1990	Década de 2000
As ideias monetaristas são postas em prática por Ronald Reagan e Margaret Thatcher	A economia comportamental ganha popularidade	Começa a ganhar força o estilo eclético na economia

Glossário

Ações Também conhecidas como participações. Unidade de propriedade em uma companhia. Uma ação dá ao possuidor direito a dividendos e a votar nos planos da companhia.

Agregado Sinônimo de “total”. Refere-se a grandes números – como, por exemplo, o Produto Interno Bruto ou as vendas totais de uma companhia durante um ano.

Banco central Principal autoridade monetária de um país. Emite a moeda nacional e regula a oferta de crédito – principalmente pelo controle das taxas de juros.

Capital Dinheiro ou ativos físicos usados para gerar uma renda.

Capitalismo Sistema econômico no qual o capital pertence a indivíduos e a corporações.

Comunismo Ideia marxista segundo a qual o capitalismo seria substituído por uma sociedade na qual o povo (ou melhor, o governo) possui os meios de produção de uma economia.

Controle de capitais Restrições impostas pelo Estado à quantidade de capital que pode sair e entrar em um país.

Corrida bancária Quando muitos clientes receosos tentam sacar seu dinheiro de um banco, o que costuma levar a seu colapso.

Crédito Sinônimo mais brando para dívida; a promessa de que se pagará a alguém no futuro por aquilo que se toma emprestado hoje.

Crise de crédito Crise financeira na qual os bancos receiam emprestar dinheiro ou não têm condições de fazê-lo, afetando o restante da economia.

Déficit Valor a descoberto em uma conta, seja no orçamento governamental, seja nas contas-correntes do país.

Deflação Situação na qual os preços das mercadorias de uma economia estão, em média, diminuindo em vez de aumentar.

Demanda Quantidade total de bens ou de serviços que as pessoas estão dispostas a pagar e podem fazê-lo a determinado preço. Geralmente, quando o preço aumenta, a demanda diminui.

Depressão Uma recessão mais severa. Geralmente, é definida pela contração do Produto Interno Bruto em 10% , ou quando a recessão dura três anos ou mais.

Dinheiro Ativos comumente empregados para a compra de bens e o pagamento de dívidas. É um meio de troca, uma unidade de conta e um depósito de valor.

Estabilizadores automáticos Gastos ou receitas de um governo, que se expandem ou contraem para compensar os altos e baixos da economia.

Estagflação Quando à inflação

elevada se soma a estagnação do crescimento econômico.

Expansão monetária quantitativa Métodos empregados pelos bancos centrais quando as taxas de juros não funcionam mais, tal como aconteceu no Japão na década de 1990 e boa parte do mundo ocidental na década de 2000. Tentam influenciar a quantidade de dinheiro presente na economia, e não no preço do dinheiro.

Exportações Bens e serviços produzidos localmente e vendidos a países estrangeiros.

FMI Fundo Monetário Internacional. Organização internacional encarregada de monitorar a economia global e de salvar países que passam por crises financeiras.

Fundos de cobertura Chamados em inglês de fundos de hedge (e no Brasil também chamados de fundos multimercados), são um tipo de veículo de investimento que pode apostar no aumento ou na redução do valor de uma companhia, além de muitas outras estratégias mais complexas.

Hiperinflação Quando a inflação foge ao controle. Um fenômeno muito prejudicial, do qual dois exemplos são o da Alemanha na década de 1920 e do Zimbábue na década de 2000.

Importações Bens e serviços adquiridos em outros países.

Inflação Ritmo com que aumentam os preços dos bens em uma economia.

Jogo de soma zero Situação na qual os ganhos do vencedor equivalem às perdas dos vencidos. Contrasta com jogos de soma positiva, nos quais ambos participantes têm algum benefício.

Juros Quantidade, expressada em termos percentuais, que alguém espera receber por um investimento. Do ponto de vista contrário, a quantidade que se paga por um empréstimo.

Laissez-faire Do francês "deixem (-nas) fazer (como quiserem)"; quando os governos tentam interferir o mínimo possível nos mercados.

Liquidez Medida da facilidade com que alguém pode trocar um ativo – uma casa, uma barra de ouro ou um maço de cigarros – por dinheiro ou algum outro tipo de moeda.

Macroeconomia Estudo da economia governamental e internacional: examina, a certa distância, o funcionamento e o desempenho de economias como um todo – o que afeta o Produto Interno Bruto, os preços ou o desemprego.

Marginal A diferença que faz comprar ou vender uma unidade adicional de alguma coisa, em oposição a seu custo médio.

Mercado Onde compradores e vendedores se encontram (às vezes virtualmente) para comercializar bens e serviços.

Mercado de capitais Expressão genérica para mercados onde se negociam valores e títulos.

Mercado de touros Quando os investidores estão confiantes, levando ao otimismo generalizado e a um aumento do crescimento.

Mercado de ursos Quando o mercado de valores cai constantemente, levando ao pessimismo generalizado e à redução do crescimento.

Mercados monetários Rede de corretores e investidores que negociam empréstimos a curto prazo – de algumas horas a um ano.

Microeconomia Estudo das minúcias das economias: o que leva as pessoas a tomarem certas decisões, como as companhias se tornam lucrativas, e assim por diante.

Monopólio Controle exclusivo de um produto específico em um mercado por um único vendedor.

Mora Quando uma pessoa, instituição ou país deixa de pagar suas dívidas.

Oferta Quantidade total de bens ou serviços que podem ser adquiridos por determinado preço. Juntamente com a demanda, movimenta a economia de mercado.

Oferta monetária A quantidade de dinheiro que circula em uma economia.

Padrão-ouro Sistema internacional no qual as moedas dos países são fixadas tomando como base o preço do ouro.

Patrimônio líquido negativo Quando um ativo pessoal, geralmente o imóvel residencial, perde tanto valor que passa a valer menos do que a hipoteca ou empréstimo que o financiou.

Política fiscal Decisões tomadas por um governo em termos de gastos públicos, arrecadação de impostos e empréstimos a contrair.

Política monetária As decisões que tomam os governos ou bancos centrais (geralmente estes últimos) para regular a quantidade e o preço do dinheiro que circula pela economia.

Preço de equilíbrio O preço no qual a oferta de um produto coincide com a demanda.

Privatização Quando uma companhia ou instituição que antes era de propriedade do governo é vendida para uma entidade privada.

Produtividade Quantidade de produção econômica gerada em comparação com a quantidade de esforço (em termos de horas trabalhadas ou número de trabalhadores).

Recessão Queda no crescimento econômico de um país: quando o PIB se contrai em vez de aumentar por dois trimestres sucessivos.

Subsídio Importância em dinheiro dada por alguém – geralmente um governo – para auxiliar determinado negócio ou indústria. Muitos o criticam por ser uma forma de protecionismo.

Tarifa Taxa imposta por um governo sobre bens importados do exterior.

Taxa de emprego Percentual da população ativa que está trabalhando.

Título Certificado de dívida emitido por um país, estado ou companhia.

Valores mobiliários Contratos financeiros que concedem a alguém a participação em um ativo: pode significar desde títulos e ações a derivativos complexos.

Vantagem absoluta Quando um país pode produzir alguma coisa de forma mais eficiente; noutras palavras, com menos investimentos e esforço, do que outro.

Índice

acionistas 123-24
ações 122-25
ações a descoberto 125
Acordo Geral sobre Tarifas e Comércio (GATT) 171, 175
África subsaariana 8, 130, 272
agências de classificação de risco de crédito 116, 140
Aids 28, 183
ajuda 184
Akerlof, George 97
Alemanha 82
alíquota tributária marginal 59, 93
alíquota única59, 92
altos e baixos 44, 53, 130-33, 147, 148, 152, 156
ancoragem 192, 201
Apple 15-16
aquecimento global 111, 186, 189
Ariely, Dan 66, 192
armadilha malthusiana 17-21, 179
balança de pagamentos 102-05
Banco Central Europeu 48, 79
Banco da Inglaterra 79, 89
Banco do Japão 79, 89
Banco Mundial 43, 170, 171, 172, 184
bancos 118-21, 138-40 *ver também* bancos centrais
bancos centrais 46, 47, 49, 68, 78-81, 88, 120, 141, 145
bancos de investimento 119
Barings 126
Barro, Robert 164
Bartlett, Steve 136
Bastiat, Frédéric 170, 176
Baumol, William J. 77
Becker, Gary 198-200
Beckham, David 62, 63, 65
Bernanke, Ben 48, 88
Blinder, Alan 44
Böhm-Bawerk, Eugen 63
bolha da Mississippi Company 143
bolha da South Sea 143
bolha e queda das ponto com125,142, 144, 145, 147,167
bolha no mercado de valores 124-25
Bolsa Mercantil de Chicago 124, 128
Brasil 172
Bretton Woods 100, 104, 170
BRICs 172
Brown, Gordon 25, 72, 79, 130, 161, 174, 189, 193
Buffett, Warren 105, 127-29,
Bundesbank 48
Bush, George H. W. 61, 90
Bush, George W. 61, 112, 160, 173
Butão 202, 203, 204
CAC 40: 124
câmbio fixo 100, 105, 170
câmbio flutuante 100, 105
capitalismo 38-41, 52, 53, 107, 162
Carlyle, Thomas 17
cartões de recompensa de supermercados 27
Carville, James 114
China 41, 53, 74, 100, 112, 167, 168, 169, 170, 175, 180, 185
Chomsky, Noam 168
ciclo hedonista 204
ciclo Juglar 132
ciclo Kitchin 132
ciclo Kuznets 132
ciclos de crédito 146
ciclos econômicos 132-35
ciclos: crédito 146; de negócios 131
cisne negro 147
Clark, Gregory 20, 183
Coca-Cola 11
coeficiente de Gini 163
Colbert, Jean-Baptiste 60, 93
Collier, Paul 183
combustíveis fósseis 110, 111, 186, 187
Companhia Britânica das Índias Orientais 122
companhias 122
computadores 180
comunismo 41, 50-53, 109, 182
confiança, e a lei 106-09
Connally, John 100
Consenso de Washington 172
consumo 76
conta-corrente 102-04
conta de capital 103, 104
conteinerização 167
Corporação Federal de Seguro de Depósito 121
cotas 174
crise creditícia 146-49
crise financeira (2008)45, 49, 80, 121, 125, 128, 140, 141, 144, 170
curva de Laffer 58, 59, 60
Curva de Phillips 48, 97

curva de rendimento 117
curva oferta-demanda 16
custo de oportunidade 22-25
Daly, Herman E. 19
Darwin, Charles 150
DAX 124
de Soto, Hernando 108
déficit comercial 76
déficit em conta-corrente 103-06
déficits fiscais 158
déficits governamentais 158-61
déficits orçamentários 158-61
deflação 85, 86-89
deflator do Produto Interno Bruto 83
democracia, capitalismo e 41
depressões 77, 151 *ver também* Grande Depressão
desemprego 44, 94-97, 111
desigualdade 162-65, 169
desincentivos 28-29
desinflação 86
desintermediação 140
destruição criativa 39, 144, 150-53
dilema do prisioneiro 194-95
dinheiro 66-69
dinheiro fiduciário 67-68
dinheiro-mercadoria 67
direito à propriedade intelectual 107-08, 168
direito autoral 108
direitos de propriedade 107-09, 168
dívida 86-89
dividendos 123
divisão do trabalho 30-33, 34, 36, 179
Dow Jones Industrial Average 124
Dubner, Stephen 198
Easterlin, Richard 204
Easterly, William 185
economia ambiental 186-89
economia aplicada 73
economia comportamental 190-93, 201, 204, 206
economia da felicidade 202-05
economia do cotidiano 198-201
economia do desenvolvimento 182-85
economia do empurrão 193
economia do lado da oferta 58-61
economia informal 75
economia normativa 72
economia positiva 13, 72
economias mistas 39
econômicas, bolhas 142-45, 149, 157
"efeito de gotejamento" 164
efeito moldura 192
elos de retroalimentação 144
emissões de gases-estufa 111, 188, 189
empresa de participações 125
empréstimo com garantia hipotecária 155
empréstimos interbancários 138
energia 110-13
energia alternativa 114, 188
energia nuclear 113
Engels, Friedrich 51
equação Black-Scholes 146-47, 149
escambo 66- 68
Escola Austríaca 54, 55-56
Escritório Nacional de Pesquisa Econômica 133
especialização 32-33
especulação/especuladores 127-28
espirais inflacionárias 85, 88
Esquema de Compensação de Serviços Financeiros 121
esquemas de seguro de depósito 121
estabilizadores automáticos 160
estado de bem-estar social 91, 134-37, 163
estagflação 83, 111
estoques 132
euro 99, 100
expansão monetária quantitativa 81, 89
exportações 103
externalidades 111, 188
fábrica de alfinetes 32
Fannie Mae 157, 160
Feldstein, Martin 95
Fisher, Irving 88
FMI (Fundo Monetário Internacional) 43, 158, 171, 173
Ford, Henry 30, 32
Forex 98
Foundation for Economic Education 31
Franklin, Benjamin 69, 90
Freddie Mac 157, 160
Friedman, Milton 41, 46-47, 60, 84, 86, 97, 163, 206
Friedman, Thomas 169
FTSE 100 124
Fukuyama, Francis 38
Fundo Monetário Internacional *ver* FMI
fundos de cobertura 125
fundos de pensão 39, 116, 125
futuros/ mercado de futuros 111, 126-29
G20 173
G7 173
Galbraith, John Kenneth 81
gastos governamentais 40-41, 42-43, 44-45, 46, 76
globalização 166-69
Graham, Benjamin 123, 127
Grande Depressão 40, 42, 44-45, 47, 77, 86-87, 88, 89, 96, 100, 121, 135, 145, 153, 176

"Grande Estabilidade" 168
Greenspan, Alan 49, 79, 88, 142, 143, 158
Harford, Tim 200, 201
harmonização jurídica 168
Hayek, Friedrich 55, 56, 57, 152, 153
heurística 192, 193, 206
hiperinflação 82
hipotecas 141, 207
hipotecas *subprime* 141
importações 103
imposto de renda negativo 60
"impostos do pecado" 28
imposto sobre a renda 91, 92
imposto sobre ganhos de capital 91
imposto sobre grandes fortunas 91
imposto sobre heranças 91
imposto sobre propriedade 91
imposto sobre vendas 91
impostos 28, 58-61, 90-93, 163-67, 188 *ver também* tipos individuais
impostos ad valorem 91
impostos empresariais 91
impostos verdes 188
incentivos 26-29
Índia 172, 181
Índice de Preços ao Consumidor (IPC) 83
Índice de Preços ao Varejo (IPV) 83
Índice de Preços Industriais (IPRI) 83
Índice Planeta Feliz 205
índice SSE Composite 124
individualismo 54-57
inflação 46, 48, 80, 82-85, 88, 97, 168 *ver também* desinflação
interesse pessoal 10-11, 13, 29, 34, 41, 56, 192-93, 206
internet 148, 180-81
investidores 125, 127-29
investimento 76
Japão 88, 89, 100, 128, 135, 137
jogo de soma zero 129, 196
K
Kahneman, Daniel 191, 192
Keynes, John Maynard/keynesianismo 42-45, 46, 48, 49, 71, 143, 149, 151, 160, 166, 171, 206
King, Mervyn 55, 155
Krugman, Paul 44, 177
lacuna de financiamento 140
lacuna de produção 131
lacunas de riqueza 162-63, 165
Laffer, Arthur 58, 59
laissez-faire 39-40, 57
Layard, Richard 204, 205
Leeson, Nick 126
lei, e confiança 106-09
Levitt, Steven 198, 199, 200, 201
liberalização 167-68
Libor (London Interbank Offered Rate) 138-39, 141
Liga das Nações 171
liquidez 67
livre mercado 11, 13, 39, 40, 58, 94, 150, 164
livre-comércio 36, 167, 175
Long-Term Capital Management 147
macroeconomia 70-73, 201
Malthus, Thomas 18-21, 150, 187
Mankiw, Greg 25, 192
mão invisível 10-13, 27, 34, 41, 42, 53, 157, 188, 190
Marshall, Alfred 15, 64-65
Martin, William McChesney 78
Marx, Karl 33, 50-53, 54
marxismo/marxistas 38, 53
Maslow, Abraham 203
McCluhan, Marshall 32
Mecanismo Europeu de Taxas de Câmbio (ERM) 99, 101
medindo o dinheiro 68-69
Mellon, Andrew 153
Menger, Carl 55, 63
mente brilhante, Uma 196
mercado de carbono 188
mercado de touros 124
mercado de ursos 124
mercadorias 128
mercados de derivativos 126, 129, 147
mercados monetários 138-41
mercantilismo 40
microeconomia 70-73
Minsky, Hyman 149
Modelo Sueco 163
moedas 98-101
momento Minsky 149
monetarismo/monetaristas 45, 46-49, 80, 84
monopólios 39
More, Thomas 51
mudança 148
mudanças climáticas 180, 186, 187, 188-89, 206
multilateralismo 170-73
Nações Unidas 171, 183, 185
Nash, John 196
necessidades, hierarquia das 203
neuroeconomia 192
New Deal 45
Nikkei 124
Nissan 177
Nixon, presidente Richard 29, 68
Northern Rock 120, 141
O'Neill, Jim 172

Obama, Barack 141
Objetivos de Desenvolvimento do Milênio (ODMs) 183
obrigações de dívida colateralizadas (CDOs) 140
oferta e demanda 10, 14-17, 19, 57, 71
oficinas de trabalho escravo 169
oligarquias 39
oligopólios 39
onda/ciclo Kondratiev 132
opções/mercados de opções 126-27, 128, 147
Opep (Organização dos Países Exportadores de Petróleo) 110-12
Orçamento Federal (2008) 159
Organização Internacional do Trabalho (OIT) 96
Organização Mundial do Comércio (OMC) 168, 171, 172, 175
Organização para Cooperação e Desenvolvimento Econômico (OCED) 158, 164
originais, corporações 122-23
ouro 25, 67
padrão-ouro 100, 105
padrões, estabelecimento de 106-07
países pobres *ver* economia do desenvolvimento
participações 123
paternalismo libertário 193
patrimônio negativo 155
pensões 134-37
petróleo 110-13
Phelps, Edmund 97
Phillips, A.W. 97
PIB (Produto Interno Bruto) 74-77, 160, 179
Pigou, A. C. 49
Pitt o Moço, William 93
pleno emprego 94, 96, 130
PNB (produto nacional bruto) 75
Pöhl, Karl Otto 82
política "empobreça seu vizinho" 176
Política Agrária Comum 174
política do "barril de porco" 159
políticas anticíclicas 145
políticas pró-cíclicas 145
poluição 180, 188, 206
população 18-21
preço de equilíbrio 15-16
preço do petróleo 17, 64, 110, 111, 112, 129
preço elástico/inelástico 17
preços 15-17, *ver também* deflação
preços de alimentos 29
preços de imóveis 15-16, 143, 154-57
Princesa Prometida, A (filme) 194
privatização 25
Produto Interno Bruto *ver* PIB
produto nacional bruto (GNP) 75
propriedade imobiliária 154-57
protecionismo 174-77
Protótipo Internacional do Quilograma 106
Quarta-feira Negra (1992) 101
Queda de Wall Street (1929) 40, 87, 125, 145
Read, Leonard 31
Reagan, Ronald 49, 57, 59, 61, 82, 85
Rebelde sem causa 195-96
recessões 77, 131, 151, 152, 153
Regra de Ouro 161
relação preço-qualidade 24
Relatório Beveridge (1942) 135
Reserva Federal 47, 48, 49, 68, 79, 81, 89, 111-12
reservas bancárias fracionárias 120
retornos decrescentes, lei dos 20-21
Revolução Industrial 21, 30-31, 107, 110, 178, 179
revolução marginalista 62-65
revolução nas comunicações 167, 180-81
revoluções industriais 178-81
revoluções tecnológicas 178-81
Ricardo, David 35-36, 92
risco, redistribuição do 126-27
Rodrik, Dani 172
Rothschild, Nathan 117
Rússia 53, 104, 169, 172
Samuelson, Paul 36, 37, 131
Say, Jean-Baptiste 42
sazonalidade 15
Schelling, Thomas 197
Schiller, professor Robert 155
Schumpeter, Joseph 151, 152, 153, 179
Schwartz, Anna 46
securitização 139-41, 148
Segunda-feira Negra (1987) 125
shekel 68
sistema feudal 40
sistemas de seguridade social 134-35, 158-59
Smith, Adam 10-13, 31-32, 33, 40, 56, 62-63, 92-93, 106, 195
sobrevivência do mais apto 153
Soros, George 101, 128, 133
Sowell, Thomas 23, 94
Stern, Sir Nicholas 187, 188
Stiglitz, Joseph 168, 184
subsídios 174
Taleb, Nassim Nicholas 147
tarifas 91, 174, 175, 176
taxa de desemprego sem acelerar a inflação (NAIRU) 97

taxa de tendência ao crescimento 131
taxas de câmbio 98-101, 105, 170
taxas de juros 42, 78-81, 84-85, 88, 115-16, 131, 145
tecnologia *salto de rã* 180
tendência ao crescimento 131
Teoria da Equivalência Ricardiana 92
teoria do valor-trabalho 52
teoria dos jogos 194-97
terceirização 167
Tesouro 133
Thatcher, Margaret 48, 49, 54, 57, 59, 156
títulos com grau de investimento 116
títulos governamentais 114-17, 122
títulos podres 116, 148
títulos/mercados de títulos 80, 114-17, 122
tragédia dos comuns 13, 109
transferências financeiras condicionais 28
Trocando as bolas (filme) 126
Tversky, Amos 191, 192
União Soviética 29, 53, 109; colapso da 38, 41, 66, 182
utilidade marginal 63-66
valor do tempo investido 24
valores/mercado de valores 122-25
Vantagem absoluta 34
vantagem comparativa 25, 34-37, 175, 176
Volcker, Paul 48
Wall Street – Poder e Cobiça (filme) 10
Welch, Jack 36-37
Wolf, Martin 49
Zimbábue 82

Acreditamos nos livros

Este livro foi composto em Goudy Old Style
e impresso pela Gráfica Santa Marta para a
Editora Planeta do Brasil em março de 2020.